왜의 쓸모

WHY?

Convention

Stories

Codes

Technical Accounts

왜의 쓸모

관계와 힘의 구조를 파악하는 네 가지 프레임

찰스 틸리 지음
최지원 옮김

WHY?

Copyright © 2006 by Princeton University Press
All rights reserved.

No part of this book may be reproduced or transmitted in any form or by any means, electronic or mechanical, including photocopying, recording or by any information storage and retrieval system, without permission in writing from the Publisher.

Korean translation copyright © 2025 by UU Press
Korean translation rights arranged with Princeton University Press
through EYA Co.,Ltd

이 책의 한국어판 저작권은 EYA Co.,Ltd를 통해 Princeton University Press와
독점계약한 도서출판 유유에 있습니다. 저작권법에 의하여 한국 내에서 보호를 받는
저작물임으로 무단전재 및 복제를 금합니다.

살아 있는 나의 형제자매와 그들의 배우자
리치, 엘리사베스, 캐럴린, 레그, 스티브 그리고 엘리자베스에게
— 이유는 차고도 넘친다

일러두기
본문의 각주는 옮긴이의 주다.

서문
이유 제시는 사회적 활동이다

사람들은 왜 자신이 한 일이나 다른 이들이 자신에게 한 일, 혹은 일반적으로 세상에서 벌어지는 일에 이유를 대려 할까? 이를 궁금해한 적이 있는가? 나는 그런 호기심에 이끌려 결국 이런 책까지 쓰게 되었다. 이 책을 집필하면서 나는 혁명이나 민주화 같은 대규모 정치과정을 분석하던 평소의 연구 주제에서 벗어났다. 이러한 일탈을 일으킨 동력에는 두 가지가 있다.

첫째, 대중매체와 학생들 그리고 동료 사회과학자들이 복잡한 사회현상을 관습적으로 설명하는 걸 보면서, 왜 저들은 의외의 결과나 점증 효과, 사회적 상호작용을 통한 미묘한 조율은 간과하면서 소수 유력 행위자의 의사결정에만 그토록 집중하는지 궁금해졌다. 개인적인 경험과 사회적 과정에 관한 학문적 연구를 통해, 나는 사람들이 자신의 의도를 정확히 달성하는 경우는 거의 없으며, 사건이 자신의 예상과 다르게 전개되는 상황을 수없이 목격한다는 데 생각이 미쳤다. 그렇다면 사회적 과정에 관한 그들의 묘사와 설명은 왜 의도적 계산을 강조하는 경우가 압도적으로 많은 것일까?

둘째, 대부분의 사회적 과정이 독백이나 체스 대가의 수읽기보다는 치열한 대화와 유사하다는 나의 애처로운 주장은 거의 누구도 설득하지 못했다. 내 분석 대상의 사회적 규모가 너무 컸기 때문인지도 모른다. 아니면 이해하기 쉽고 신뢰할 만한 묘사와 설명에 필요한 기술을 내가 충분히 고민하지 않았기 때문일 수도 있다. 성공하든 못 하든, 나는 이러한 이중의 문제를 단행본 분량으로 써 보겠다고 마음먹었다. 이 책이 그 결과이다.

'이유의 제시는 사회적 활동이며, 따라서 사회적 상황에 따라 타당한 이유가 달라진다'는 사실을 내가 발견했다고 주장할 생각은 추호도 없다. 이 책에서 나는 아리스토텔레스가 『시학』과 『수사학』에서 제시한 개념을 명백한 전거로 삼았다. 이것이 학술 논문이라면 내 논의의 기원을 찾아 존 듀이와 조지 허버트 미드가 전파한 미국의 실용주의까지 거슬러 올라가야 했을 것이다. 그들의 계보를 잇는 비평가 겸 철학자 케네스 버크Kenneth Burke는 실질적으로 상황을 설명하는 것은 내면의 상태가 아닌 '동기를 품은 언어'라고 주장했다. 또한 그는 기발하게도 이러한 주장이 개에게도 적용된다고 말했다. "시골에 사는 날렵한 새끼 테리어는 주인의 과보호로 사탕이나 딱딱한 포장도로 산책이 유일한 모험인 도시의 뚱보 푸들과는 전혀 다른 동기의 어휘를 가지고 있다." 서로 다른 종류의 개들은 각자의 상황에 따라 서로 다른 이유로 행동한다.

사회학자 찰스 밀스Charles Mills는 자신의 평론집에서 '동기의 어휘'라는 버크의 개념을 가리켜 그것의 사회적 측면을 설명하고, 자신의 논의가 존 듀이의 논의와 동일하다고 분명하게 강조했다. 밀스는 미국인의 생활과 정부 정책을 직설적으로 비판한 자신의 그 유명한 비평보다 훨씬 더 과장된 언어로 이렇게 주장했다.

동기에 대한 비난과 시인이 발생하는 통상적인 상황에는 첫째, 사회적 언어를 보유한 생명체의 (명시된) 프로그램에 관한 **사회적** 행동, 가령 타인의 행위와 발언에 관한 참고를 지향하는 프로그램과 행위가 포함된다. 둘째, 동기에 대한 시인과 비난은 '질문'이라고 알려진 언어 형식에 수반된다. 질문 뒤에 이어지는 상황에는 일반적으로 **대안**이나 **예상치 못한** 프로그램, 혹은 분석적으로 볼 때 '위기'를 나타나는 상태의 행위가 포함된다. 이러한 질문은 운동 반응이 아니라 또 다른 **언어적** 행동을 끌어낸다는 점에서 차별화된다. 질문은 대화의 한 요소이다.

이 복잡스러운 구절이 담긴 책의 뒤편에서 밀스는 '동기의 시인과 전가'를 '이유의 제시'와 거의 동일시하면서, 그것은 언제나 정당화, 합리화, 회복이라는 사회적 작업을 수행한다고 말한다.

당신이 펼쳐 든 이 책은 이따금 아리스토텔레스를 언급하는 것 외에는 상세한 이론을 제시하지 않고, 그러한 계보를 추적하지도 않으며, 내 주장을 다른 이론들과 비교해 그에 동의하거나 차이점을 강조하지도 않는다. 사실 관습에 관한 장에서는 통찰력 있는 사회학자 어빙 고프먼Erving Goffman이 비슷한 문제를 어떻게 다루었는지 짚고 넘어가긴 한다. 또한 설명이 난해한 부분에서는 나 자신을 포함한 학자들의 논문을 끼워 넣는 방식으로 조금씩 꼼수를 부리기도 했다. 그러한 인용문을 삽입한 건, 흥미로운 개념들을 더 찾아보고 싶어 할 학생들과 내가 그런 개념을 어디서 얻었는지 궁금해할 전문가들을 위해서였다. 하지만 나는 내 주장이 이유의 제시에 관한 이전의 연구와 어떻게 연관되는지 보여 주기보다는, 우리가 매일같이 직면하는 사회적 상황에서 이유가 얼마나 중요한지에 관한 독자들의 이해를 돕는 데 집중했다. 이 책의 가치를 판단할 시금석은 기존의 문헌을 얼마나 개선했는지가 아니라, 이걸 읽은 사람들이 "왜?"라는 질문에 대한 자신과 타인의 답을 더욱 명확하게, 아니면 적어도 전과는 다르게 파악하게 되었는가 하는 것이다.

이 글을 집필하는 동안 앤드루 애벗, 에런 시쿠렐, 린 이든, 모나 엘고배시, 잭 캐츠, 더글러스 미첼, 캐서린 뉴먼, 데이비드 로스먼, 로버트 코트니 스미스, 로라 틸리, 비비아나 젤라이저 그리고 익명의 독자 두 명으로부터 내게 꼭 필요한 비판과 정보와 조언과 격려를 받았다. 편집자 팀 설리번의 열정은 험난했던 수정 과정 중에 나의 기운을 북돋아 주었다. 존 먼크는 매의 눈과 번개 같은 손놀림으로 내 글을 노련하게 교정해 주었다. 1장의 초기 버전은 『사회학 이론』Sociological Theory 22호(2004) 445~455쪽에 게재된 바 있으며, 미국사회학회의 허가를 받아 이 책에 다시 실었다.

목차

서문 — 이유 제시는 사회적 활동이다 007

1장 왜 이유를 제시하는가
이 책에서 논하는 '이유' 032
이유의 유형 045
이유를 설명하기 061
앞으로 살펴볼 것들 074

2장 관습
관습은 어떻게 작동하는가 094
응급실에서 이유가 사용되는 방식 110
행위의 정당화 118
이유가 전쟁 계획에 사용될 때 125

3장   이야기

이야기의 미덕 142

이야기의 작용 151

수사학으로서의 이야기 158

변명, 사과 그리고 책망 166

생애사 이야기 172

악당의 자서전 182

투병기 190

4장   코드

코드는 어떻게 작동하는가 215

공식의 작동 221

의료 코드 228

의료 과실 239

이야기를 코드로 전환하기 247

코드의 약점 255

5장   학술적 논고

학술적 논고의 역할 271

폭력에 관한 학술적 논고 274

범죄 분석 코드 280

공유자원의 관리 286

코드와 경합 293

인간의 진화에 관한 학술적 논고 298
팔색조의 다이아몬드 306
학술적 논고에 관한 재고 314

6장 네 가지 이유의 조화
테러를 바라보는 엄격한 시선 338
청중과 양질의 이야기 347
전문적인 이유를 널리 알리기 355

참고문헌 365

1장

왜 이유를 제시하는가

최초의 관찰자들은 무슨 일이 벌어졌는지 파악하느라 허둥거렸다. 2001년 9월 11일 오전 8시 19분, 미국 노스캐롤라이나주 캐리의 아메리칸항공 남동부 예약센터에 승무원 베티 옹의 전화가 걸려 왔다. 발신지는 아메리칸항공 11편. 오전 8시 정각 보스턴에서 이륙해 로스앤젤레스로 운항 중인 여객기였다. 노스캐롤라이나에서 전화를 받은 사람은 니디아 곤잘레즈였다. 옹은 비행기 탈취범들이 여객기를 장악했다고 알려 왔다. 승무원 두 명이 자상을 입었고, 승객이 한 명 이상 살해되었다. 옹을 비롯한 몇몇은 스프레이 형태로 분사된 물질 때문에 눈이 따갑고 호흡이 곤란한 상태였다.

8시 27분, 곤잘레즈는 옹의 전화를 크레이그 마키스에게 연결했다. 마키스는 텍사스주 포트워스에 있는 아메리칸항공 운항관리센터의 총괄 매니저였다. 거의 같은 시각, 해당 항공편이 뉴욕주 올버니 인근에서 남쪽으로 급선회했다는 항공 교통 관제소의 보고가 들어왔다. "뉴욕으로 가는군!" 마키스는 이렇게 소리쳤다고 당시를 회상했다. "뉴어크와 JFK 공항에 연락해서 납치된 항공편에 대비하라고 해." 그는 탈취범들이 비행기를 착륙시키리라 예상하고 명령을 내렸다. "설마 건물을 들이박을 거라고는 상상도 못 했습니다." 베테랑 총괄매니저인 마키스는 과거 사례들에 비추어 11편 항공기의 탈취범들이 금품이나 망명, 혹은 정치범의 석방을 요구할 거라고 합리적으로 유추했다. 협상을 위해 비행기와 승무원, 승객을 인질로 삼았다고 추측한 것이다. 거의 같은 시각, 보스턴 항공 관제소는 미 연방항공청 지휘센터에 해당 여객기가 탈취되었을 가능성이 있다고 보고했다. 8시 38분, 그때까지 소곤소곤 기내 상황을 전해 주던 베티 옹이 비행기가 하강한다고 말했다. 그리고 8시 44분, 별안간 전화가 끊어졌다.

아메리칸항공 11편의 탈취범들은 크레이그 마키스

의 추론이 틀렸음을 곧바로 증명했다. 베티 옹의 전화가 끊어지고 2분 후, 미 관세청 조사국장 케빈 매케이브는 뉴저지주 엘리자베스에 있는 사무실에서 동편 창밖을 내다보고 있었다. 훗날 그가 스티븐 브릴에게 진술한 바에 따르면, "8시 46분에 전화 통화를 하며 커피를 마시는 중이었다. 그때 첫 번째 비행기가 세계무역센터에 충돌했다. 비행기가 아주 커 보여서, 의도적인 공격일 수도 있겠다고 생각했다. 재빨리 텔레비전을 켜고 뉴욕 본청에 전화를 걸었다. 그쪽은 사무실이 세계무역센터에 있어서 무슨 일인지 알아보고자 한 것이다."

그로부터 몇 분 후, CBS의 브라이언트 검벨이 맨해튼에서 뉴스를 보도했다. 미확인 항공기가 세계무역센터에 충돌했다고 전해 들은 직후였다. 8시 52분, 첫 번째 목격자인 스튜어트 뉴릭과 전화 연결이 되었다. 뉴릭은 소호의 한 식당에서 자리가 나기를 기다리던 중이었다. 그때 "작은 비행기 같은 게…… 눈에 들어왔는데…… 우당탕 소리가 나더니, 비행기가 건물에서 튕겨 나오는 것 같았습니다. 그러다가 건물 꼭대기에 커다란 불덩이가 생기더라고요. 그리고 나선 연기가 엄청나게 나고는 깨진 파편과 유리 같은 것들이 떨어져 내렸습니다." 잠시 후, 이번에는 메리어트 호텔 세계무역센터점의 도어맨 웬델 클라인이 검벨에게 목격담을 전했다.

검벨: 그러니까 실외에 계셨군요. 그때 보고 들은 걸 말씀해 주시죠.
클라인: 처음엔 폭발음이 들렸어요. 그게 지나가던 비행기였다는 건 잠시 후에야 깨달았죠. 그러다가 별안간 벽돌이며 종이며 온갖 것이 떨어져 내리기 시작했어요. 저는 떨어지는 파편과 유리를 피해서 건물 안으로 뛰어 들어갔죠. 그런 소동이 잠깐 멈췄을 때, 남자의 비명이 들렸어요. 주위를 둘러보니 몸에 불이 붙은 사람이 있어서 얼른 달려가 불을 꺼 주려 했죠. 남자는 계속 소리를 질렀어요. 제가 바닥에 굴러 보라고 하니까 못 하겠다고 하더군요. 그때 또 다른 사람이 와서⋯⋯ 그 남자한테 붙은 불을 꺼 줬어요.

이제 시계는 9시 2분을 가리키고 있었다.
검벨은 세 번째 목격자인 테리사 르노를 연결했다. 르노는 8번 애비뉴와 16번가가 교차하는 아파트에서 사건을 목격했다. 세계무역센터에서 북쪽으로 3킬로미터

쯤 떨어진 거리였다. "10분 전쯤이었을 거예요." 르노가 말하기 시작했다.

르노: 80층 정도에서 엄청나게 큰 폭발이 일어났어요. 4개에서 8개 층 정도가 영향을 받았지 싶어요. 건물 북쪽과 동쪽 면에서 거대한 불길이 뿜어져 나오고 있어요. 아주 커다란 폭발음이 난 다음에 불길이 타올랐는데, 지금도 건물 내부는 화염에 휩싸여 있는 것 같아요.
앗, 또 와요. 또 다른 비행기가 충돌했어요. [헉 소리, 고함] 어머, 어떡해! 방금 또 다른 비행기가 충돌했어요. 이번엔 다른 건물이에요. 건물 한가운데로 뚫고 들어갔어요. 맙소사, 건물 한가운데 박혀 있어요.
캠벨: 이번엔 타워 2로요?
르노: 네, 네, 건물 한가운데로…… 저건 누가 봐도…… 의도적인 거예요.
캠벨: 왜 누가 봐도 의도적이라고 말씀하신 거죠?
르노: 곧장 건물을 향해 날아갔으니까요.

그 시간 영화감독 쥘 노데는 맨해튼 다운타운에서 소방대에 관한 다큐멘터리를 제작 중이었다. 첫 번째 비행기가 세계무역센터로 돌진한 직후, 노데는 소방대장과 함께 현장으로 달려갔다. 처음 사고가 난 북쪽 타워 로비에서 화재 진압 활동을 촬영하는데, 두 번째 비행기가 또 다른 건물을 들이박았다. "별안간 밖에서 폭발음이 들렸어요. 창밖을 보니 불붙은 파편들이 건물 앞마당으로 떨어져 내리고 있었죠. 무전기에서 또 다른 비행기가 타워 2와 충돌했다며 구조를 요청하는 소리가 들렸어요. 뜻밖의 사고일지도 모른다는 생각은 깨끗이 사라졌죠. 뉴욕이 침공당한 거예요." 워싱턴 D.C.도 공격을 받았다. 날벼락 같은 일이 벌어진 것이다.

9월의 그날 아침, 탈취된 민간 항공기가 뉴욕 세계무역센터와 워싱턴 국방부 그리고 펜실베이니아주의 들판에 떨어지자, 전 세계는 이유를 찾기 시작했다. 왜 누군가가 이런 잔인한 공격을 감행했을까? 그들은 왜 미국을 표적으로 삼았을까? 미 당국은 왜 공격을 막아 내지 못했을까? 관찰자들은 단순히 지금 무슨 일이 발생한 건지 파악하는 데에서 재난의 이유를 찾는 과정으로 신속히 옮겨 갔다. 사건 당사자들은 이중의 도전에 봉착했다. 그들은 이 끔찍한 사건의 종합적인 이유는 물론이고 자신이 직접 겪거나, 목도하거나, 원인을 제공한 구체적인 문제의 이유도 찾아야 했다.

현장에 출동한 구급대원들은 지나치게 많은 의문을 제기하지 않고 곧바로 통상적인 절차를 가동했다. 그들은 구조 작업을 진행하는 도중에야 눈앞에 펼쳐진 재앙에 대한 납득할 만한 이유를 진지하게 고민하기 시작했다. 뉴욕 소방국 구급대원 게리 스마일리도 그런 사람 중 하나였다. 그는 브루클린 다운타운에서 초과근무를 하던 중, 구급차 무전기를 통해 세계무역센터의 110층짜리 북쪽 타워(타워 1)가 비행기와 충돌했다는 소식을 들었다. 무전이 들어온 시각은 8시 48분이었다. 스마일리와 동료 대원들은 곧장 브루클린 다리를 건너 맨해튼으로 달려갔다.

스마일리는 두 동의 건물 사이에 환자 중증도 분류 구역을 설치했다. 그리고 타워 1에서 갓 뛰쳐나온 여성을 부축해 길을 건너는데, 그녀가 "비행기"라고 외쳤다. 고개를 들어 보니 두 번째 항공기가 남쪽 타워(타워 2)로 돌진하고 있었다. 당시 시각은 오전 9시 3분. 첫 번째 충돌에서 17분이 경과한 시점이었다. 길을 중간쯤 갔을 때 머리 위로 건물 파편들이 떨어져 내렸다. 스마일리는 여성을 땅에 주저앉히고 몸을 던져 그녀를 감쌌다. 불에 붙은 누군가의 절단된 팔이 그의 등으로 떨어져 살갗을 지졌다. "아수라장이었습니다." 그는 훗날 이렇게 회고했다. "모두가 사방팔방 내달렸죠. 그때 불현듯 머릿속이 환해졌어요. 이게 무슨 일인지 깨달은 거예요. 저는 1993년 세계무역센터 폭파 사건* 때 현장에 있었거든요. 길 건너 밀레니엄 호텔에서 부상자 백여 명을 돌봤죠. 그래서 이번에도 테러라는 걸 알아차렸어요. 우리는 사람들에게 그렇게 말했고, 그걸 들은 사람들은 우리의 지시를 따라 줬죠." 스마일리는 먼저 상황을 분석해 자신만의 이유를 찾은 다음, 다른 이들에게 들려주었다. 그의 말을 들은 사람들은 스마일리의 이유를 받아들인 데다 즉시 그의 지시에 따라 행동했다. 북쪽 타워 고층에 있던 사람들이 스스로 몸을 던져 죽어 가고 있었다. 스마일리는 낙하하는 신체들을 피해 구급차를 안전한 위치로 옮겼다. 이어 건물 내부로 들어가 구조 작업을 시작했다. 바로 그때(오전 9시 50분) 화염에 싸인 남쪽 타워가 무너져 내렸다.

남쪽 타워가 붕괴된 직후, 스마일리는 건물 잔해에

* 사제폭탄을 실은 승합차가 폭발해 6명이 사망하고 천여 명이 부상을 입은 사건.

파묻힌 대원들을 구하러 달려갔다. 하지만 이 작업은 얼마 지속되지 못했다. 북쪽 타워가 돌연 허물어지며(오전 10시 29분) 난류가 발생해 보도블록으로 내동댕이쳐진 것이다. 분진 때문에 질식할 수도 있겠다는 생각에 그는 트럭 밑으로 기어들었다. 그러자 3년 전에 묻지 마 강도를 당해 세상을 떠난 아버지가 떠오르며 분노가 치솟았고, 자신이 이렇게 죽으면 자신의 두 자녀가 어떻게 될지에 생각이 미쳤다. 다시 머릿속이 환해졌다.

그 순간 마음가짐이 달라지며, 반드시 빠져나가겠다는 열망이 생겼어요. 머릿속이 환해지고, 내가 오늘 죽을 리 없다는 생각이 들었죠. 여기서 빠져나갈 거라고요.
흔히들 '신은 당신을 위해 다른 계획을 세워 놓았다'고 하잖아요. 저는 저희 아버지가 저를 위해 다른 계획을 세워 놨다고 생각해요. 저를 지켜 주신 거죠. 그때부터 저는 땅을 파기 시작했어요. 그런 마음이 들기까지 트럭 밑에 얼마나 오래 있었는지 모르겠지만, 돌덩이와 파편들을 헤치며 기어 나가기 시작했어요. 겨우 벗어났을 때, 저처럼 건물 잔해에 파묻혀 있던 소방관 한 명이 빠져나오더군요. 그 사람과 둘이서 비틀거리며 주변을 둘러보았죠.

겉으로 드러난 피부에 전부 화상을 입은 스마일리는 가까스로 노스 엔드 애비뉴에 있는 식료품점까지 걸어갔다. 상점 안은 부상당한 경찰관과 소방관으로 북적였다. 다시 한번 폭발음이 들려왔고, 그들은 원인을 추측했다. "경관 한 명이 2차 폭발일지도 모른다고 했어요. 테러범들은 이런 일을 벌일 때, 구조 인력을 살해하려고 주변에 2차 폭발물을 설치하거든요. 테러의 표식 같은 거죠. 그 시점에는 어떤 말을 믿어야 할지 불분명했어요. 어떤 상황인지 다들 영문을 몰랐고, 모든 가능성이 열려 있었으니까요. 맨해튼의 심장부가 공격당했다는 게 우리가 아는 전부였죠." 그래도 이 시점에 이르자 현장에 있던 많은 사람이 당시 벌어진 상황의 정의와 대책을 공유했다. 테러범들이 우리를 공격했으니 그에 맞서 우리 자신을 지켜야 한다는 말이 퍼져 나갔다.

고위 당직자들도 재난 현장으로 달려가 원인을 파악하려 애썼다. 뉴욕시 경찰국장 버나드 케릭이 본청에서 아침 운동을 막 끝냈을 때 참모가 샤워실 문을 두드렸다. 비행기 한 대가 세계무역센터에 충돌했다는 소식에 케릭은 측근 두 명과 사이렌을 울리고 경광등을 번쩍이며 현장 가까이로 차를 몰았다. 북쪽 타워에서 사람들이 투신하는 모습이 눈에 들어왔다. 케릭은 뉴욕시 전역에 경찰 동원령을 내렸다. 그로부터 얼마 지나지 않아 두 번째 여객기가 남쪽 타워에 충돌했다. 비행기 파편과 절단된 신체 부위가 광장으로 우수수 떨어져 내렸다.(케릭 일행은 이 비행기를 직접 목격하지는 못했다. 경호원인 헥터 산티아고는 훗날 이렇게 진술했다. "국장님은 폭발물이 터졌다고 생각했어요. 테러범의 소행으로 여기고 기합을 잔뜩 넣었죠.")

케릭과 수행원들은 가까스로 목숨을 구했다. 그들은 세계무역센터 7동에 있는 우체국 뒤편으로 대피했다. 그 다음 상황을 케릭은 이렇게 회고했다.

뒤를 돌아봤습니다. 참혹한 현장이 눈에 들어왔죠. 그때 항공 무전으로 비행기 조종사들의 고함이 들려왔어요. 일을 낸 게 민간 여객기라는 거였죠. 그 순간 우리가 테러 공격을 당했다는 걸 깨달았어요. 참모인 존에게 각 관할서에 전화를 돌리라고 외쳤지만, 통신망이 마비돼 있었어요. 휴대전화가 먹통이라 무전기로 연락을 취해야 했죠. 저는 부하들에게 항공국에 연락해 영공을 봉쇄하라고 소리쳤습니다. 그리고 공중 지원이 필요하니 속히 지원을 요청하라고 닦달했죠.

부하들이 저를 빤히 바라보더군요. F-16 전투기를 부르는 전화번호 같은 게 대관절 어디 있나요? 어디에 전화를 해요? 어떻게 하면 되는데요? 이런 표정이었죠.

어쨌든 항공국이 이미 알아서 그 문제를 처리하고 영공을 봉쇄했더군요. 그쪽에서 군에 원조도 요청했죠. 저는 그 시점에 도시 전체의 봉쇄를 명령했어요. 모든 교량과 터널을 폐쇄했죠. 아무도 들어오거나 나갈 수 없게요. 당시 저의 가장 큰 염려는 지상에 2차 공격이 계획돼 있을지 모른다는 거였습니다. 공중에서 습격을 했으니 지상에도 무언가 준비해 놓지 않았을까? 지상에 테러범들이 있을까? 또 다른 우려는 그들이 대체 누구냐는 거였습니다. 놈들의 정체가 뭐지? 일련의 사건이 발생하는 동안, 우리는 모든 정보를 짜 맞추려 애썼습니다. 엄청나게 많은 사항을 동시에 고민해야 했죠.

얼마 후, 루돌프 줄리아니 뉴욕 시장도 여기에 합류했다. 줄리아니 시장은 백악관에 연락을 취했다가 국방부도 항공기의 공격을 받았다는 사실을 알게 됐다. (부시 대통령은 플로리다에 있었고) 백악관의 참모들은 철수 중이었다. 세계무역센터의 잔해 인근에 현장 지휘본부가 차려졌지만, 남쪽 타워가 붕괴할 때 쓰러져서 이스트 20번가의 시립 경찰학교에 임시 본부를 세워야 했다. 케릭 국장과 줄리아니 시장은 이날의 활약으로 전국에서 인지도를 얻었다. 케릭은 이에 힘입어 2004년에 미 국토안전부 장관 후보자로 지명되기도 했다(케릭은 며칠 후 자진해서 후보직을 내려놓았다. 언론의 뒷조사가 시작되자 그는 불법 이민자를 가사도우미 겸 유모로 고용했고, 그 과정에서 세금 신고를 하지 않았다고 인정했다. 몇 주간의 소란이 지나간 후, 케릭은 줄리아니 전 시장이 9·11 사건 이후 설립해 번창하고 있던 보안 컨설팅 회사에서 물러났다. 사직의 이유는 유모 문제와 개인적인 연애사, 과거 범죄 연루설 같은 부당한 의혹들이 회사에 해를 끼쳤기 때문이라고 밝혔다. 적어도 그가 내세운 이유는 그러했다. ─원주).*

---

* 케릭은 그 후 조세 포탈 등 8가지 범죄 사실에 대해 유죄 판결을 받고 징역 4년 형을 받았다.

이 책에서 논하는 '이유'

　세계무역센터와 국방부에 있던 목격자들은 사건의 원인을 파악하고자 지극히 보편적인 인간의 사고 과정을 따랐다. 인간은 이유를 제시하는 동물이라고도 정의할 수 있다. 다른 영장류도 어느 정도는 언어, 도구, 심지어 문화까지도 향유하지만, 오직 인간만이 어려서부터 이유를 제시하고 요구하며, 평생에 걸쳐 이유를 추구하며 살아간다.

　이유는 "X는 왜 Y를 하는가(했는가, 해야만 하는가)?"라는 질문에 체계적인 답을 제공한다. X는 약속 시간에 왜 늦었는지 해명하는 당신이 될 수도, 복권에 당첨된 일을 설명하는 내가 될 수도, 세계무역센터와 국방부로 여객기를 몰고 간 탈취범들이 될 수도 있다. X가 반드시 단수나 복수의 사람일 필요는 없다. 신이나 악령, 이슬람교나 공산주의, 보통 명사인 '그들'도 X가 될 수 있다. X는 때로 개인들, 집단들, 조직들, 범주들, 세력들 혹은 보이지 않는 실체들을 의미하기도 한다. 그리고 X는 Y를 야기한다.

세계무역센터 사건은 다음과 같이 다양한 층위에서 이유 찾기를 촉발했다.

- 테러범들은 왜 항공기를 탈취해 건물에 충돌했을까?
- 세계무역센터 건물들은 왜 불이 나고 무너졌을까?
- (현장에 있던 당사자의 경우) 나는 왜 그런 식으로 행동했을까? **우리**는 (우리가 누구든 간에) 왜 그런 식으로 행동했을까?
- (현장에 있던 당사자나 관찰자의 경우) 다른 사람들은 (개인의 집합이나 다수의 집단을 가정했을 때) 왜 그런 식으로 행동했을까?
- 테러를 초래하는 요인은 무엇인가?
- 일반적으로 폭력을 초래하는 요인은 무엇인가?

이 책에서는 다양한 층위를 오가며, 호의적이면서 탐구적인 자세로 '이유의 제시'에 관해 살펴보려 한다. 사람들이 자신이나 타인의 행위, 혹은 자신이나 타인에게 발생한 사건의 이유를 어떻게, 왜, 얼마나 다른 방식으로 제시하는지 탐구할 것이다. 삶이나 악, 인간의 연약함같이 거창하고 보편적인 이유가 아니라, 일상의 업무를 수행할 때, 곤경에서 벗어나려 할 때, 서로를 판단할 때, 혹은 9·11 참사와 같은 응급 상황에 직면했을 때 서로 다른 부류의 사람들이 제시하거나 수용하는 현실적인 이유에 주목하려 한다.

당신이 읽기 시작한 이 책은 사회적 측면에서의 이유 제시에 초점을 맞추고 있다. 즉 개별 신경계가 새로 들어온 정보를 어떻게 처리하느냐가 아니라, 일반적으로 통용되는 이유를 인간이 어떻게 공유하고, 전달하고, 논의하고, 공동으로 수정하는지 살핀다. 사람들이 제시하는 이유가 옳은지 그른지, 좋은지 나쁜지, 믿을 만한지 그렇지 않은지는 논외로 하고, 이유를 제시하는 사회적 과정에 집중할 것이다. 또한 어떤 일이 왜 그런 식으로 발생했는지에 관한 포괄적인 지적 토론에는 그리 많은 지면을 할애하지 않으며, 대형 사건의 원인을 둘러싼 폭넓은 견해차를 어떤 식으로 좁힐 수 있을지에는 더더욱 관여하지 않을 생각이다.

9·11 테러는 수많은 논쟁을 불러일으켰다. 이 사건의 함의를 분석한 공동 연구서는 다음과 같이 기술하고 있다. "9·11의 근본적인 의의가 전체적인 맥락 안에서만 이해될 수 있다는 데에는 이론의 여지가 없다. 그러나 그 맥락의 경계 자체를 두고 치열한 논쟁이 벌어지고 있다." 이 연구서의 저자들은 9·11의 원인으로 알카에다의 광신주의, 미국의 잘못된 외교 정책, 중동 정권들의 고유한 특성, (위험하기는 해도) 안정적이었던 세계 질서의 붕괴 등을 제시했다. 내게는 하나같이 무척 친숙한 주제들이다. 다양한 정치과정의 원인을 가려내는 일이 내 연구 작업의 대부분을 차지하기 때문이다. 가령 나는 혁명이 왜 일어나는지, 무엇이 민주화와 탈민주화를 초래하는지, 테러리즘이 다양한 형태를 취하는 이유는 무엇인지 등을 연구한다. 그러나 이 책에서는 포괄적인 정치 문제가 아닌, 개인 대 개인의 차원에서 이유를 제시하는 사회적 과정에 집중하려 한다. 이유를 제시하는 일은 이처럼 개인적인 차원에서도 중요하다.

차차 살펴보겠지만, 이유를 제시하는 행위는 사람

들을 서로 연결해 준다. 설령 관찰자들이 보기에 그 이유가 설득력이 없거나 작위적이거나 비현실적이더라도 마찬가지이다. 9·11 테러처럼 불확실한 상황에 놓이면, 대다수 사람들은 제일 먼저 과거에 다른 사람들과의 상호작용을 통해 습득한 기존의 모형에 현재 발생 중인 사건의 이유를 끼워 맞춘다. 개인이 이용할 수 있는 모형은 집단, 상황, 관계에 따라 크게 달라진다. 그러나 이유는 그 내용이 무엇이든 간에 사람들이 이렇게 혹은 저렇게 행동하는 근거와 현재 상황에 관한 공동의 설명을 제공한다. 또한 이유는 그러한 이유를 주고받는 사람들 간의 관계를 드러낸다.

9·11 사건 당시 세계무역센터에서 이유가 제시되던 양상을 되짚어 보자. 적어도 구급대원들과 뉴욕시 공무원들은 이전의 경험과 이용 가능한 범주 그리고 기존의 루틴을 참고해 무슨 일이 벌어졌는지 추론할 수 있었다. 세계무역센터 건물에서 근무하던 사람들은 대체로 의지할 만한 게 거의 없었다. 전문가 척 앨런조차 재난이 전개되는 과정에서 자신이 찾은 이유를 수정해야 했다.

앨런은 북쪽 타워 83층에 있는 '라바 트레이딩'의 직원으로 컴퓨터 작업을 담당했다. 그뿐 아니라 비행 면허가 있는 조종사이자 아마추어 무선 통신사이기도 했다. 오전 8시 45분경, 그는 허드슨강을 따라 남쪽으로 저공 비행하는 항공기를 보고 깜짝 놀랐지만, 뉴어크 공항에 접근 중일 거라고 짐작했다. 그러나 잠시 후 엔진을 급가속하는 익숙한 소리가 들리더니, 비행기가 굉음을 내며 그의 사무실보다 13층 높은 곳에 충돌했다. 건물이 흔들리며 파편이 쏟아졌고, 기체에서 연료가 폭포수처럼 흘러나와 화재가 발생했다.

겁에 질린 동료 컴퓨터 프로그래머가 인터컴으로 무슨 일인지 묻자, 앨런은 "제트 구동 헬리콥터가 건물에 충돌한 것 같다"고 소리쳤다. 잠시 후, 그는 인파에 섞여 83층에서부터 우당탕 계단을 내려왔다. 그러는 도중에 휴대하고 있던 양방향 라디오로 메이데이* 신호를 보냈다.

신호를 전송하자마자 그는 통신망에서 쫓겨나고 말았다. "긴급 연락을 위한 주파수 확보를 위해 모든 통신을 금지합니다. 이 주파수에서 나가세요." 그들은 앨런이 장난

---

* 국제 무선 통신에서 사용하는 조난 신호로 "메이데이"라고 세 번 반복한다.

을 치는 줄 알았다. 단편적인 대화를 통해 앨런은 아메리칸항공 여객기가 건물에 충돌했다는 사실을 알 수 있었다. 그는 도무지 이해가 되지 않았다. "그래, 비행기가 추락할 수 있지. 종종 있는 일이잖아. 그런데 왜 건물로 돌진했지? 넓디넓은 허드슨강을 놔두고 도대체 왜? 정신을 어디다 빼놓았길래?"

앨런은 한 무리의 사람들을 이끌고 83층부터 계단을 내려와 건물 북쪽 광장으로 나갔고, 거기서 한 경찰에게 이런 말을 들었다. "우린 이걸 고의적인 공격으로 보고 있어요." 이때부터 일련의 새로운 이유가 부상했다.

뉴욕의 9·11 테러 생존자들은 습격당한 건물에서 대피하는 와중에도 이 재난의 이유를 곰곰이 헤아려 보았다. 제리 가이타는 세계무역센터를 관리하는 뉴욕 항만관리청의 건축기사였다. 훗날 가이타가 당시의 위험했던 탈출 과정을 구술한 바에 따르면, 그와 동료들은 북쪽 타워 88층(척 앨런의 출발 지점보다 다섯 층 위)부터 건물 잔해와 어둠을 뚫고 계단을 내려왔다. 토지과의 일레인 더치는 항공기가 돌진하며 발생한 화재 때문에 입고 있던 드레스가 피부에 들러붙는 부상을 입었다.

일레인은 가장 먼저 내려온 무리에 속했어요. 토지과의 동료 비서인 도린 스미스가 그녀와 함께 내려갔죠. [이 건물에 새로 들어온 임차인 래리] 실버스타인 밑에서 일하는 한 여직원이 일레인의 존엄을 지켜 주려고 허리에 스웨터를 둘러 줬어요. 스웨터의 두 팔을 동여매서 등 부분에 큰 매듭을 지었죠. 도린이 일레인 앞에서 길을 트며 혹시라도 그녀가 고꾸라지면 붙잡을 수 있도록 대비했어요. 저는 일레인 뒤에서 내려가며 그녀가 쓰러지지 않게 매듭을 붙들었고요. 우리는 그렇게 88개 층을 걸어 내려왔어요. 76층까지 내려왔을 때, 방연벽 역할을 하는 횡단 복도가 나왔어요. 이 복도는 약 15미터 길이에 양쪽 끝에 내화성 문이 있어서 연기가 스며들지 않는 공간이었죠. 우리는 첫 번째 문을 통과했지만 두 번째 문이 열리지 않았어요. 제가 수십 번을 발로 찼는데 꿈쩍도 안 하더라고요. 그러자 이것도 테러 계획의 일부일지 모른다는 생각이 들었어요. 사람들이 대피할 걸 예상하고 계단통의 문을 잠가 놨다고요. 하지만 실은, 저도 나중에 깨달았지만, 비행기가 건물에 충돌할 때 문에 충격이 가해지며 고장 났을 가능성도 있었죠.

가이타는 처음엔 테러범들이 이 사건의 세세한 부분까지 계획했다고 여겼다. 그러나 베테랑 건축기사인 그는 나중에 더 복합적인 설명을 찾아냈다. 충돌로 인한 예상치 못한 결과를 적용한 것이다.

얼마간 시간이 흐른 후, 딘 머피와 미첼 핑크, 로이스 마티아스 그리고 『슈피겔』의 기자들은 생존자들을 인터뷰하여 9·11을 생생히 회고하는 저작물을 출간했다. 구술에 참여한 생존자 대부분은 거의 즉각적으로 자신이 겪은 재난을 테러 공격으로 코드화했다. 이는 1993년에 폭발물을 실은 승합차로 세계무역센터를 무너뜨리려 한 이슬람 극단주의자들이 미국 법원에서 유죄를 선고받은 전례 때문인지도 몰랐다. 아니면 2000년에 예멘에서 미 해군 구축함 콜호 폭파 사건이 벌어진 뒤로, 미국 정부가 오사마 빈 라덴의 사악한 의도를 경고해 왔기 때문일 수도 있었다.

생존자 상당수는 이번 테러가 새로운 전쟁의 포문을 여는 비열한 공격이라며, 또 다른 '진주만 공습'이라 비유했다. 연방예금보험공사의 경제학자 리처드 브라운은 전미기업경제학협회에서 주최하는 회의에 참석하러 뉴욕에 와 있었다. 아메리칸항공 11편이 북쪽 타워로 돌진했을 때, 그는 아내 캐시와 네 자녀 중 두 명(7세와 10세)과 함께 세계무역센터에 있는 메리어트 호텔에 묵고 있었다. 브라운 가족은 재빨리 대피했다. 브라운은 훗날 이렇게 구술했다. "비행기 두 대가 건물에 충돌한 후, 우리는 배터리 공원에 피신해 있었습니다. 저는 아이들에게 이건 『진주만』 같은 거라고 말해 줬어요. 최신 블록버스터 영화를 보고 그런 사건을 접하는 경우가 있었거든요. 이건 『진주만』과 『타이타닉』을 합쳐 놓은 거라고 했죠." 적어도 인터뷰에 응한 생존자들은 자신이 겪은 재난의 이유를 찾는 데 그다지 어려움을 겪지 않은 것으로 보였다. 테러범들이 자신을 해치려 했고, 하마터면 정말로 그렇게 될 뻔했다는 거였다.

조금 더 깊은 사고를 거쳐 이야기를 구체화한 생존자나 목격자도 있었다. 맨해튼 자치구 커뮤니티 칼리지의 졸업반 학생 킴벌리 모랄레스도 자기만의 의견을 갖고 있었다. 그녀는 학교 근처에서 비행기가 충돌하고, 폭발과 화재가 발생하고, 북쪽 타워가 끝내 붕괴하는 과정을 쭉 지켜보았다. 궁지에 몰린 사람들이 건물에서 투신해 죽음을 맞이하는 모습도 보았다. 그날 브롱크스로 귀가하면서 모랄레스는 이런 생각을 했다. "집에 가는데 감정이 점점 격해졌어요. 정치에 관해 많은 생각을 했죠. 너무너무 화가 나는데, 분노의 방향을 어디에 맞춰야 할지 모르겠는 겁니다. 이런 일을 예방하라고 정부에 앉혀 놓은 사람들은 대체 어디에 있었던 거죠? 우리가 이런 고통을 당하고 있을 때, 값비싼 요트에서 호화로운 휴가를 즐기느라 자리를 비운 건가요?" 원인 탐구는 책임 평가와 비난으로 신속히 옮겨 갔다. 비행기를 탈취해 쌍둥이 빌딩과 국방부, 펜실베이니아의 들판으로 몰고 간 것은 신원 미상의 테러범들이었지만, 애초에 그들이 여객기를 납치할 수 있었던 건 다른 누군가의 태업 때문이었다.

공직자들도 비슷한 방식으로 원인과 책임, 비난의 대상을 찾으려 했다. 널리 회자된 줄리아니 뉴욕 시장의 9월 11일 기자회견은 커다란 맥락 안에서 이유를 제시했다. "오늘 무참히 희생된 모든 분께 뉴욕 시민들의 결의와 지지를 보여 드리는 길은, 우리가 그들의 삶을 마저 살아 내고, 사악하고 비겁한 테러범들이 자유 국가라는 우리의 존재와 정상적인 작동을 막을 수 없다는 사실을 만천하에 드러내는 것이라 믿습니다. 우리는 이를 증명하기 위해 모든 노력을 다할 것입니다." 이러한 이유('자유 국가'의 작동을 무너뜨리려는 '사악하고 비겁한 테러범들')가 그에 합당한 반응과 냉철한 결심을 이끌어 냈다.

같은 날, 미 국무부 장관 콜린 파월도 비슷한 첫 성명을 발표했다. "또 한 번 우리는 테러리즘을 목도했습니다. 우리가 목도한 테러범들은 민주주의를 믿지 않는 자들이며, 건물을 파괴해 시민들을 살해하면 어떻게든 정치적 목적을 달성할 수 있으리라 믿는 자들입니다. 그들은 건물을 부술 수 있고, 사람들을 죽일 수도 있습니다. 우리는 이 비극으로 인해 슬픔에 잠기겠지만, 결단코 그들이 민주주의의 정신을 말살하도록 내버려 두지는 않을 것입니다. 그들은 우리 사회를 파괴할 수 없습니다. 민주주의적 방식에 대한 우리의 믿음 또한 파괴할 수 없습니다." 파월에 의하면 이 비극은 마음을 비뚤게 먹은 테러범이 미국의 공공건물을 파괴하면 미국인의 의지를 뒤흔들 수 있으리라 오판했기 때문에 발생했다. 9·11의 충격으로부터 9일이 지난 후, 조지 W. 부시 대통령은 의회 연설에서 범인들의 신분을 밝히고 이들을 전 세계의 악당들과 연관시키며, 파월이 제시한 사건의 원인을 더욱 상세히 소개했다. 부시는 이렇게 선언했다. "테러와의 전쟁은 알카에다로 시작하지만 거기서 끝나지 않습니다.

전 세계의 모든 테러 집단을 추적하고, 저지하고, 패배시키기 전에는 끝나지 않을 것입니다."

이유의 유형

공직자와 구급요원, 대학생을 막론하고, 인간이 자기 자신과 남들에게 이유를 제시하는 것은 진실이나 일관성에 대한 보편적인 갈망 때문이 아니다. 사람들은 때로 얄팍하고 모순되고 거짓된, 혹은 (적어도 관찰자의 시각으로 보기엔) 억지스러운 이유에 만족한다. 이유를 제시하며 다른 어떠한 행동을 하든, 인간은 그것을 통해 사회적 삶을 조율한다. 그들은 이유를 제시함으로써 자신과 상대방의 관계에 대해 어떠한 사실을 드러낸다. 이를 통해 화자와 청자는 둘 사이의 적절한 관계를 확증하고, 조정하고, 바로잡는다.

사람들 사이에서 일반적으로 제시되는 이유는 서로

중첩되는 네 가지 범주로 분류된다.

1. **관습Convention**: 태업, 파격, 비범함, 행운에 관해 관습적으로 용인되는 이유들은 다음과 같다. 기차가 연착됐어요, 이제 너도 때가 된 거야, 그 여자는 집안이 좋아, 그 남자는 그저 재수가 좋은 거야 등등.

2. **이야기Stories**: 인과 관계를 설명하는 서술. 생소한 현상이나 9·11 참사와 같은 특수한 사건뿐 아니라, 친구에게 배신당했거나, 큰 상을 받았거나, 이집트의 피라미드에서 20여 년 만에 고교 동창을 만난 일 등에도 사용된다.

3. **코드Codes**: 법원 판결, 종교적 참회, 메달 수여 등의 행위에 관여한다.

4. 앞의 세 가지 범주에서 발생하는 결과에 대한 **학술적 논고Technical Accounts**: 9·11 사건에서 세계무역센터 건물에 여객기가 충돌했을 때 88층에 있던 일레인 더치에게 일어난 일을 건축 공학자, 피부과 의사, 정형외과 의사는 각각 어떻게 설명할 것인가.

이유를 제시하는 이 네 가지 방식은 각기 다른 특성

을 지닌다. 네 가지 모두 화자와 청자의 사회적 관계에 따라 내용이 달라진다. 그리고 네 가지 모두, 무엇보다도 사회적 관계에 강력한 영향을 끼친다. 기존의 관계를 확증하거나, 그 관계를 개선하거나, 새로운 관계를 요구하거나, 관계적 요구를 거부한다. 그러나 네 가지 이유 제시법은 형식과 내용 면에서 상당히 다르다. 각각의 이유가 유효한 경우도 다르다.

관습은 적당한 인과적 해명을 지어내지 않는다. 내가 왜 당신의 신문에 커피를 쏟았는지 시시콜콜 설명하려 들면(밤에 잠을 제대로 못 자서, 일자리 때문에 걱정돼서, 최근에 몸이 덜덜 떨리는 증상이 생겨서 등등), 당신은 분명 지루해할 것이다. "이런, 제가 좀 덤벙거려서요!" 정도면 충분하다. 덧붙여서 새로운 신문을 가져다주겠다고 제안하면 더 바랄 게 없다.("죄송해요, 카펫에 발이 걸려서요"도 괜찮다.) 관습은 사회적 환경에 따라 엄청나게 달라진다. 가령 똑같은 태업이나 파격, 행운을 설명하더라도 버스에서 옆 사람을 납득시키는 정도의 이유로는 배우자의 노여움을 가라앉히지 못할 것이다. 관습은 사회적 관계를 요구하거나, 확증하거나, 개선하거나, 거부한다. 따라서 현재 맺고 있는 사회적 관계에 따라 크게 달라진다.

그러나 예외적인 사건이나 생소한 현상에는 다른 종류의 이유가 요구된다. 바로 **이야기**이다. 지독한 실패나 값진 승리, 대대적인 실수, 공동체적 비극, 한밤중에 들리는 의문의 소리 등을 경험한 사람들은 "어쩌다 보니 그렇게 됐다"는 말로 만족하지 않는다. 그들 역시 당면한 상황과 사회적 관계에 이유를 맞추려 하지만, 이제는 이유 쪽에 더욱 무게가 실린다. 결혼이나 이혼, 부모의 죽음 같은 인생의 중요한 전환점에도 관습이 제공하는 것보다 무게감 있는 설명이 필요해진다. 예외적인 사건의 이유를 제시할 때, 우리는 대체로 약간의 정당화나 비난으로 설명을 보완한다. 회사에서 당신보다 나에게 보너스를 더 많이 준 이유는 내가 더 열심히 일하고 컴퓨터를 더 많이 팔았기 때문이다. 화자와 청자를 잇는 관계의 성질, 강도, 지속성, 적합성에 관한 암묵적 주장은 관습보다 이야기에서 훨씬 더 강력하다.

이야기는 세 가지 고유한 특성 때문에 사회생활에서 매우 중요하다. 첫째, 이야기는 사회적 과정을 재가공하고 단순화하여 그 과정을 구술할 수 있게 해 준다. X가 Z에게 Y를 했다는 말은, 벌어진 일에 관해 기억에 남을 만한 이미지를 전달한다. 둘째, 이야기는 강력한 책임 전가를 포함하고 있어서 윤리적 평가에 이용된다. 나의 공로를 주장하고, 그를 비난하고, 그들이 우리를 속였다는 식이다. 이 두 번째 특성 때문에 이야기는 사후 평가에 대단히 유용하며, 사람들이 그다지 용감하지 못한 행위를 하고 나서 그 사건에 대해 고쳐 말하는 행위도 이를 통해 이해할 수 있다. 셋째, 이야기는 당면한 관계에 예속되어 있기에, 관계에 따라 달라진다. 축구 경기에서 패한 이유에 관해 TV 인터뷰 진행자가 듣게 되는 이야기는 선수들끼리 하는 말과 다르다.

그뿐 아니라 이야기는 인과 관계를 간략하게 축소한다. 이야기는 일반적으로 제한된 수의 행위자만을 소환하는데, 이러한 행위자의 성격과 행위로 인해 초래되는 일들은 한정된 시공간 안에서 발생한다. 이따금 초자연적인 존재나 신비한 힘이 행위자가 되기도 하지만(무속 신앙에서 제시하는 불행의 원인처럼), 무슨 일이 발생했는지 설명해 주는 건 다름 아닌 행위자의 성격과 행위이다. 따라서 이야기는 필연적으로 오류나 예상치 못한 결과, 간접 효과, 점증 효과, 동시 효과, 피드백 효과, 환경 효과의 인과적 역할을 축소하거나 도외시한다. 이야기는 주로 스토리텔링의 양식을 따른다. 실제로 9·11 사건 초기에 제시된 이유들은 대부분 이야기의 형태였다.

이야기와 달리 **코드**는 유효한 규칙을 준수하는 한, 설명에 큰 비중을 둘 필요가 없다.(나는 미 해군에서 보급 및 임금 지불 담당 장교로서 규칙을 휘두르는 입장에 있었는데, 당시 내게 업무 교육을 해 준 베테랑 고등 관리원 에드워드 맥그로티는 이런 농담을 즐겨 했다. "여기에 무슨 이유 같은 건 없어. 그냥 규정이 그래!") 종교적 지령, 법규, 권위 있는 시상 제도에는 이유가 넘쳐나지만, 그러한 이유는 실제 결과를 초래한 원인이 아니라, 벌어진 일이 현재의 코드와 어떻게 일치하는지를 설명해 준다. 판사, 성직자, 시상식 위원회 등의 제삼자는 코드에 따라 이유를 제시하는 데 지대한 역할을 한다.

루이스 틸리*와 나는 중요하고도 방대한 밀라노의 19세기 족보 기록을 복사하는 과정에서 밀라노 시립 기록보관소의 [회계사처럼 깐깐한] 라지오니에 치암판 소장이 내세우는 코드와 충돌하는 유익한 경험을 했다. 처음에 소장은 시장의 승인 없이는 외부인에게 기록물을

---

* 미국의 역사학자로 찰스 틸리의 아내다. 남편과 함께 다수의 역사학 및 사회학 연구를 진행했다.

내줄 수 없다며 퇴짜를 놓았다. 우리는 연줄을 이용해 정말로 시장의 허가서를 들고 가서는, 언제부터 카메라를 설치하면 되겠느냐고 물었다. 그 왜소한 사내는 창가로 성큼성큼 걸어가더니 거기에 놓인 두꺼운 지방 조례집을 펼쳤다. "외부인은 기록보관소의 자료를 사진으로 촬영할 수 없다"는 조목이 적힌 부분이었다. 그는 이 거룩한 서책에 손을 얹더니 반대쪽 손을 들어 올리며 선언했다. "저는 법률에 매여 있는 몸입니다." 우리는 힘겹게 손으로 기록을 옮겨 적어야 했다.

코드로 인해 피해를 본 사람들조차 그것을 확정된 판결로 받아들일 때가 많다. 데이비드 패터슨(3장에서 다시 보게 될 인물)은 1980년대 중반, 전자 산업의 침체로 힘든 시간을 보냈다. 한창 호황기였던 1980년대 초반에 회사는 캘리포니아 지사의 임원이었던 그를 뉴욕 메트로폴리탄 지역의 지부장으로 승진시켰다. 패터슨 부부는 10대 자녀 두 명을 데리고 뉴욕 교외의 부유한 지역으로 이사했다. 아이들은 새로운 환경에 적응하느라 고통을 겪었다. 그러다가 1980년대 중반에 불황이 닥치자 회사는 패터슨의 지부를 없애고 그를 해고하면서 퇴직 수당으로 4주 치 임금만을 지급했다. 패터슨은 다른 회사의 임원직을 찾았지만 마땅한 자리가 없었다. 그런데도 그는 캐서린 뉴먼과의 인터뷰에서 자신의 곤경에 대해 다음과 같이 코드화된 이유를 내놓았다. "규정이 그렇고, 절차가 그러니까요. 이 바닥이 원래 그래요. 회사 생활을 해 본 사람이라면 이해할 거예요. 그렇다고 기분이 나아지거나 위로가 되진 않지만, 어쩔 수 없잖아요. 받아들일 수밖에…… 아니면 그런 환경에서 일 못 하죠…… 다시 그 경기장으로 돌아간다 해도, 저는 같은 식으로 행동할 거예요. 그리고 제게 같은 일이 벌어지길 기다리겠죠." 누구나 가끔은 한심한 정책을 욕해 본 적이 있을 것이다. 그러나 그 게임에 참여하는 사람들에게 코드는 필수 불가결하며 심지어 신성불가침한 분위기마저 띤다.

마지막으로 **학술적 논고**는 구조와 내용에 따라 천차만별이지만, 신뢰할 만한 인과 관계를 밝히려 한다는 면에서는 대동소이하다. 세계무역센터 76층에서 방화문을 걸어찼지만 열지 못한 기억을 떠올리면서, 제리 가이타는 처음에 테러범들이 선견지명이 있었다는 이야기를 만들었다. 하지만 나중에는 건축가로서의 전문 지식에 의거한 인과적 설명으로 이를 보완했다. 구조공학자는 인과 관계의 초점을 기계적 원리에, 내과 의사는 유기체의 역학에, 경제학자는 시장 주도적인 작용에 둔다. 이런 전문가들은 이따금 반대 의견에 부딪히면 자신들의 전문 지식을 정당화하는 데 많은 에너지를 소비하고, 널리 인정되는 전문적 방법에 따라 그러한 결론에 도달했다고 열정적으로 변론한다. 이들이 제시하는 이유는 대체로 잠정적인 원인과 결과에 집중되어 있다. 전문 분야와 전문 지식을 바탕으로 조직된 모든 기관은 이들의 학술적 논고를 뒷받침한다.

지금까지 살펴본 바에 따르면, 대략 다음과 같이 분류해 볼 수 있다.

	보편적	구체적
공식	관습	코드
인과적 설명	이야기	학술적 논고

도표의 왼쪽에서 오른쪽으로 갈수록, 제시되는 이유가 질서정연하고, 기술적이며, 일관된 체계가 두드러진다. '보편적' 이유는 많은 이가 폭넓게 이용할 수 있지

만, '구체적' 이유를 사용하려면 화법을 집중적으로 훈련 받을 필요가 있다. 도표의 위쪽은 X-Y 조합에서 인과성보다 적합성이라는 기준을 우선시하고(공식), 아래쪽은 X에서 Y로 이어지는 인과적 과정을 추적한다(인과적 설명). 화자가 제시하고 청자가 받아들인, 혹은 둘 중 하나라도 이루어진 주장이 당신과 나 같은 제삼자의 그 어떤 타당성 판단보다 당연히 우위에 놓인다.

네 가지 이유 모두 수시로 관계 작업을 수행한다. 그중에서 가장 눈에 덜 띄는 건, 화자와 청자의 관계를 **확증하는** 단순한 작업이다. 예컨대 참회자가 '자신의 죄에 대한 사제의 해석을 인정하고, 신과 인간에게 합당한 속죄를 하라'는 코드화된 지시를 받아들이는 건 인과성과 전혀 혹은 거의 관련이 없는 일이다. 그보다 조금 더 눈에 띄는 건, 음식이나 TV, 정치인의 선호도를 조사하는 사람이 설문의 목적을 설명할 때처럼 이유 제시가 관계를 **수립**하는 경우이다. 또한 학술적 논고의 저자가 청자의 존경과 순종을 요구하기 위해 전문가 자격을 내세우는 것처럼, 이유는 종종 관계를 **조정**한다. 마지막으로, 이유를 제시함으로써 관계를 **개선**하는 경우도 많다. 가령 다른 사람에게 피해를 준 사람이 이야기를 통해 그 피해의 우발성이나 필연성을 알리고, 그럼으로써 표면상의 모습과는 달리 그것이 화자와 청자의 관계에 나쁜 영향을 끼치지 않는다고 증명하는 것이다. "죄송하지만……"이라는 어구는 관계 개선을 위한 이야기를 꺼낼 때 흔히 사용된다. 공식과 인과적 설명은 둘 다 관계 작업을 수행한다.

공식은 Y(당면한 사건이나 행위, 혹은 결과)와 X(그에 선행하는 것) 사이의 적절한 대응 관계를 규정하지만, Y를 X와 인과의 사슬로 연결하는 일은 전혀 혹은 거의 하지 않는다. 인과적 설명은 X에서 Y로 이어지는 인과적 선을 추적한다. 우리 같은 관찰자들이 보기에 그 인과적 선이 터무니없거나 불가해하더라도 상관없다. '보편적' 이유는 집단에 따라 분명하게 달라진다. 독실함과 종교적 신념이 작용하는 경우를 생각해 보라. 구체적 이유도 마찬가지로 학문에 따라 현저히 달라진다. 신학자가 상술하는 코드나 학술적 논고는 전문의가 제시하는 코드와는 상당히 다르다.

여기서 교양 있는 독자들은 안일하고 그릇된 이분법적 가정을 주의해야 한다. 보편적 이유는 열등하고 무지하며 구체적 이유인 코드와 학술적 논고를 지나치게 단순화한 버전이다. 그러니 정말로 교양 있는 사람이라면 관습이나 이야기에 의지해선 안 된다는 억측 말이다. 우리 교양인은 자신의 코드나 학술적 논고를 다른 용어를 구사하는 사람들이 이해할 수 있도록 번역하는 일이 많아서 자주 그러한 실수를 저지른다. 정치학자 러셀 하딘 Russell Hardin은 '초지식인'super-knower이 보유하고 있을 만한 지식(이를테면 상대성 이론에 내포된 지식)과 생활인의 일상적인 지식을 불가피하게 구분한다. 그는 길바닥 수준의 인식론에 기반한 지식의 경제 이론을 요구한다.

지식의 경제 이론은 일반적인 개인 혹은 특정한 개인이 어떻게 다양한 것들을 알게 되는지에 관한 이론이다. 경제적인 이론에서는 어떠한 맥락 안에서 당신이 한 가지를 알면 나는 상반되는 것을 안다고 본다. 그럼 나는 결국에 나의 지식이 잘못되었음을 깨닫고 그것을 수정할 수 있다. 당신이 나와 상반되는 지식을 변론하는 것을 듣고 난 후라면 더욱 그러할 것이다. 그러나 우리 견해의 진위를 판단할 수 있는 초지식인의 자리는 없다. 우리가 우리 자신의 심판관이다. 더 높은 지식을 얻고 싶다면, 스스로가 그것을 구할 기관이나 자료를 결정해야 한다.

길바닥 수준의 인식론은 물리학 같은 지식이 아닌, 당신의 지식, 나의 지식, 평범한 사람들의 지식[에 관한 것]이다.

우리는 누구나 일상생활에서 실용적인 지식을 활용한다. 우리는 개인적 경험뿐 아니라 우리가 살아가는 사회적 배경 속에서도 실용적인 지식을 습득한다. 실용적인 지식은 적합성의 논리(공식)부터 신뢰할 만한 해석(인과적 설명)까지 다양하다. 적합성과 신뢰성은 사회적 배경에 따라 달라진다.

서로 다른 화자와 청자의 쌍들은 같은 사건을 두고도 서로 대조되는 유형의 이유를 제시한다. 9·11 사건을 생각해 보라. 우리는 앞서 목격자와 당사자들이 관습을 제시하는 경우("이건 전쟁이야"와 "이건 테러야")와 이야기를 제시하는 경우("테러범들이 고의로 비행기를 추락시켰어요")를 살펴보았다. 비행기 충돌로 세계무역센터의 방화문이 고장 났다는 제리 가이타의 설명에서는 학술적 논고도 엿볼 수 있었다. 그날 이후로 엔지니어와 물리학자 들은 여객기 두 대로 인한 충격이(그리고 나중에 밝혀졌듯 그보다 더 주요하게는 연료의 발화가) 강한 충격을 견디도록 설계된 건물 두 동을 어떻게 무너뜨렸는지 재현하는 데 엄청난 시간을 투자했다. 9·11에 대한 학술적 논고가 점점 늘어났다. 그런가 하면 이 공격을 그저 자업자득이라 여기는 일부 반미 성향의 신학자와 국제법 변호사의 코드화된 분석도 그에 못지않게 증가했다. 이유는 사건의 유형보다 대화의 유형에 따라 크게 달라지기 때문에, 누가 누구에게 말하고 있느냐가 엄청난 차이를 만들어 낸다.

물론 중간 유형의 이유 제시도 존재한다. 사람들이 상호작용을 하는 과정에서 하나의 유형이 다른 유형으로 변하기도 한다. 신앙 공동체에서 "신의 뜻"이라는 말은 관습과 이야기의 중간쯤에 위치하며, 신이 인간사에 개입한다는 지배적인 믿음에 기대어 대체로 설득력을 지닌다. 야구팬들의 대화는 관습과 이야기, 코드, 학술적 논고 사이를 정신없이 오가서, 다른 종목의 애호가(혹은 스포츠 문외한)들이 들으면 상세한 인과적 추론에서 단순한 슬로건으로의 비약에 어리둥절해질 수밖에 없다. 전문가나 교사는 자신의 분야에서 지배적인 일련의 설명을 청중이 잘 따라오고 있는지 살피면서, 학술적 논고와 이야기 사이를 오가는 경우가 많다. 만성질환자나 건

강염려증 환자는 자신의 질병에 관한 한 전문가가 되어 진단, 예후, 치료 면에서 주치의와 준전문가적인 토론을 벌인다. 최소한의 정비 용어도 모르는 자동차 소유주는 고장 난 차량을 수리할 때 속임이나 무시를 당할 위험이 있다.

이와 반대로, 학술적 논고와 코드를 사용하는 전공자들은 주로 관습과 이야기를 자신들만의 용어로 번역하거나 타인의 번역을 돕는 데 상당한 노력을 기울인다. 폴 드루Paul Drew*는 피고 측 변호인과 판사, 피고인 간의 대화 일부를 다음과 같이 기록해 놓았다.

변호인: 피고가 문을 두드린 후에 그 문이 열리기까지 시간이 얼마나 경과했나요?
피고인: 저한테는 거의 3일처럼 느껴졌어요.
판사: 크게 말씀해 주시죠.
피고인: 그게, 거의 3일처럼 느껴졌는데, 문이 열리기까지 시간이 아주 오래 걸렸어요. 제가 느끼기에는…….
변호인: [목을 가다듬고] 그 시간이 피고에게 얼마 동안

---

* 대화분석을 연구하는 미국의 사회학자.

으로 느껴졌는지는 논외로 하죠. 당시의 정신 상태를 감안해서요. 지금은 그보다 실제로 걸린 시간을 짐작해 보실 수 있겠습니까? 1분이었나요, 1분 30초였나요? 최대한 가깝게 추정해서 말씀해 주시겠습니까? 문이 열리기까지의 시간이 어느 정도로 느껴졌는지가 아니라 얼마나 걸렸는지를요. 피고가 판단한 근사치면 됩니다.
피고인: 아, 음, 1분 30초인 것 같아요.

"거의 3일처럼 느껴졌다"는 말은 일상적인 대화에서는 무리 없이 사용될 수 있지만, 재판 기록이라는 심사를 통과할 가능성은 없다. 우리는 피고 측 변호인이 관습적인 언어를 코드화된 용어로 번역하는 행위를 포착했다. 병원의 진찰이나 종교의 교리문답에서도 이처럼 평범한 대화가 전문적인 담화로 번역되는 광경을 목격할 수 있다. 하지만 대다수 사람들이 자주 접하는 이유 제시의 형식은 관습, 이야기, 코드, 학술적 논고라는 네 가지 유형으로 구별이 가능하며, 각각은 쉽게 구분된다.

이유를 설명하기

나는 사람들이 일상생활을 영위하며 주고받는 모든 이유에 관한 포괄적이고 설득력 있는 해석을 제공하려는 게 아니다. 이 작은 책에서는 다음 세 가지 질문에 관한 예비 답변을 시험해 보는 것으로 충분할 것이다.

1. 사회적으로 제시되는 이유들은 (내가 조금 전에 주장한 것처럼) 보편성과 구체성, 공식과 인과적 설명이라는 체계로 구분되는가? 만약 그렇다면, 가령 여러 관습이 문화적 내용 면에서 크게 차이가 나더라도 가족 유사성*

* 한 집단을 이루는 구성요소에 공통적인 특성은 없지만 유사한 특성들이 연결되어 하나의 집단으로서의 구별된 특성을 형성한다는 개념.

을 지니고 있으며 학술적 논고와는 확연히 다름을 확인해야 한다.

2. 화자와 청자의 사회적 관계는 (마찬가지로 내가 조금 전에 주장한 것처럼) 그들이 제시하고 수용하거나 반박하는 이유에 강력한 영향을 끼치는가? 만약 그렇다면, 가령 전문가와 의뢰인 사이에서 제시되는 이유는 배우자 간에 오가는 이유와 극명히 대조되며, 따라서 전문가들이 자신의 배우자에게 학술적 서비스를 제공할 때 적절한 의사소통 방식을 찾는 데 곤란을 겪는다는 사실을 밝혀내야 한다.

3. 수용할 수 있거나 그렇지 않은 이유에 관한 조율은 내가 주장한 바와 같이 사회적 관계에 따라 크게 달라지는가? 만약 그렇다면, 가령 일반적인 사람들이 관계의 성격을 두고 의견이 일치하지 않을 때, 서로 깊은 관계일 때, 당사자 중 적어도 한 쪽이 관계의 종류를 인정함으로써 잃을 것이 있을 때, 이유를 놓고 더욱 격렬하게 논쟁하는지에 주목해야 한다.

이러한 의문들에 명확하고 보편적으로 답하기 위해 이유 제시에 관한 근거를 충분히 넓고 풍부하게 분석한 사람은 지금껏 아무도 없었다. 이럴 때 의외의 유비類比가 이유를 주고받는 일의 다양성을 이해하는 데 도움을 준다. 사람들이 이유를 제시할 때는, 일반적으로 불평등한 사회적 관계에 대처할 때와 유사한 일이 벌어진다. 불평등한 사회적 관계에 참여하는 사람들은 그러한 관계를 감지, 확인, 강화하거나 그에 항의할 수 있다. 그런데 이때 그들이 사용하는 의사소통의 양식에는 자신이 그중 어떤 행위를 하고 있는지가 암시된다. 이유를 제시하면서 어떠한 항의도 받지 않는 능력은 보통 힘 있는 지위에 수반된다. 높은 공직이나 전문직 같은 최상층에서는 권위적으로 이유를 제시하는 일이 일상적으로 벌어진다. 이유를 제시하는 과정에서 다른 어떤 일이 발생하든, 화자와 청자는 자신들 사이의 평등 혹은 불평등을 조정한다.

불평등의 조정과 이유 제시의 유사성은 다음과 같은 가능성들을 시사한다.

- 전문가인 화자는 자신의 분야 안에서 관습과 이야기보다 코드와 학술적 논고에 우선순위를 두겠다고 밀어붙이고 그것을 시행한다.

- 특히 전문가인 화자는 관습과 이야기를 자신이 선호하는 관용어로 번역하고 다른 사람들도 그러한 번역에 협력하도록 지도하는 데 능숙하다.
- 그러므로 어떠한 사회적 환경에서든 지식이 전문화될수록 코드와 학술적 논고가 더 우세해진다.
- 화자와 청자의 관계가 멀고 화자의 지위가 더 높을 경우, 또는 둘 중 하나에 해당할 경우, 화자는 인과적 설명보다 공식을 제공한다.
- 공식을 내세우는 화자는 이를 통해 우월성과 거리감을 주장한다.
- 청자는 대체로 그러한 주장에 반발하며, 이런 경우에 인과적 설명을 요구한다.
- 이러한 요구는 보통 주어진 공식에 대한 회의적인 태도와 Y가 실제로 어떻게, 그리고 왜 발생했는지 자세히 따지는 질문의 형태를 취한다.
- 그러나 코드가 위압적으로 전달된 경우, 노련한 청자는 역시 코드를 이용해 제시된 이유를 반박하며 화자가 그것을 오용했다고 입증할 수 있다.
- 관계의 거리가 멀고 불평등할 때, 혹은 둘 중 하나에만 해당해도, 청자가 향후 화자의 안위에 영향을 줄 수 있는

가시적인 힘을 보유하고 있다면 화자는 공식에서 인과적 설명으로 옮겨 가게 된다.

각각의 경우, 제시된 이유의 수용 가능성은 그것이 화자와 청자 사이를 지배하는 사회적 관계와 일치하는지에 달려 있다. 불평등한 관계를 맺고 있는 사람들이 서로가 허용할 수 있는 존경이나 차별의 신호를 수시로 조정하는 것처럼, 이유 제시에 참여하는 사람들도 양방향으로 움직인다. 일반적으로는 당연하게 여겨지는 관계와 일치하는 이유를 제시하지만, 주어진 이유를 통해 관계의 정의가 제안되었음을 신호하기도 한다.

이론적으로 보면 이러한 해석은 틀릴 가능성이 크다. 가령 대부분의 사람들이 자신의 성장 배경, 소속 집단, 근본적인 신념, 타고난 성격을 바탕으로 이유를 제시한다고 가정하면, 다양한 사회적 상황에서 늘 같은 이유를 제시하리라 기대할 수 있어야 한다. 반대로, 이유의 제시가 두 가지 차원에서 작동한다고 가정하면(친밀한 사이에서는 솔직하고 진실한 이유, 그렇지 않은 사이에서는 가볍고 편리하며 기회주의적인 이유) 나의 설명이 암시하는 일종의 조정을 기대해서는 안 된다. 두 가지 경우 모두에서 이용 가능한 증거들을 통해 나의 주장이 사실과 어긋남을 확인할 수 있다. 이 책에서 다루는 논의들은 당신이 이유를 주고받았던 자신의 경험을 바탕으로 그러한 주장에 반박할 수 있는 기회를 제공한다.

내 설명이 의미하는 바는 다음과 같다. 우리 대부분은 다양한 사회적 관계에 참여하기 때문에, 대개 각각의 사회적 상황에 맞는 정교한 관습의 좌표를 암묵적으로 지니고 있다. "그만 가 봐야 해요"는 길을 물어 온 낯선 사람과의 대화가 길어질 때 이를 끝내기에 적절하지만, 우연히 옛 친구를 오랜만에 만났을 때는 함부로 사용할 수 없다. A가 도서관 책상에 놓인 B의 책을 떨어뜨린 후 다음 중 하나를 말했다고 가정해 보자.

- 아이고, 미안. 내가 좀 덜렁대서.
- 미안해. 책이 있는지 못 봤어.
- 바보! 또 실수했네.
- 넌 책을 왜 거기다 둔 거야?
- 책은 한쪽에 잘 쌓아 두라고 말했잖아.

각각의 말은 A와 B 사이의 적잖이 다른 관계를 암시

한다.

이야기는 관습과 다르다. 이야기는 신념을 공유하는 공동체의 소속감에 의지한다(또는 적어도 그렇게 주장한다). 코드는 일반적으로 표준화된 신분을 보유한 개인(예컨대 검사, 변호사, 판사, 배심원, 피고, 원고)들은 물론이고 그런 신분들 간의 관계를 신중하게 짝지어 준다. 학술적 논고는 이유를 제시하는 사람의 능력에 대한 방청인의 믿음을 가정한다. 그래서 전문가는 직함, 면허증, 흰색 가운, 전문적인 도구, 웅장한 책상 같은 권위의 표지를 빈번히 드러낸다.

뒤에서 우리에게 큰 도움을 줄 질병에 관한 특별한 저서에서, 아나톨 브로이어드Anatole Broyard는 전립선암이라는 그의 불치병을 처음으로 진단하게 될 보스턴의 비뇨기과 전문의를 기다리던 상황을 다음과 같이 묘사한다.

대기하는 동안 나는 예비적으로 의사에 대한 기호학적 조사를 실시했다. 나는 그의 진료실에 앉아 그의 표식들을 읽어 나갔다. 학위 증명서는 당연한 거니 그냥 넘어갔다. 내 관심을 끌었던 건 그 방을 꾸민 사람의 세련된 취향이었다. 훌륭한 만듦새에 양서가 가득 꽂혀 있는 책장, 고풍스러운 책상과 의자, 바닥에 깔린 훌륭한 동양풍 양탄자. 한쪽 벽면 전체를 차지하는 열린 창문 너머로 펼쳐진 보스턴의 전경. 그리고 이를 통해 암시되는 지위, 실력으로 획득한 신망. 나는 의사가 자신의 진료실 창문을 통해 먼 풍경을 내다보는 모습을 상상해 보았다.

그러나 실망스럽게도 그곳은 해당 비뇨기과 전문의의 진료실이 아니었다. 의사가 그를 데려간 또 다른 진료실은 "현대적이고 특색 없는 곳이었다. 그곳에는 골동품도, 동양풍 양탄자도, 내가 감상할 만한 그림도 없었다." 브로이어드의 고상한 기준에 따르면, 그 "돌팔이"는 그가 바라던 의사의 자격을 갖추지 못했다. 그렇지만 이 이야기는 지위와 그 지위의 지표, 신뢰할 만한 학술적 논고를 제시할 능력 사이의 연관성을 보여 준다.

평범한 관찰자라고 해서 전문적 권위를 자동적으로 받아들이진 않는다. 미국의 공학자 겸 칼럼니스트 헨리 페트로스키Henry Petroski는 다음 일화를 통해 엔지니어링의 성공과 실패에 관한 탁월한 분석을 시작한다.

1981년, 캔자스시티 하얏트 리젠시 호텔의 고가통로가 붕괴하고 얼마 안 됐을 때, 한 이웃이 어떻게 그런 일이 발생할 수 있느냐고 내게 물었다. 그는 엔지니어들이 고가통로처럼 단순한 구조물을 건설할 지식조차 없느냐며 놀라워했다. 그러고는 타코마 다리의 붕괴, 시카고에서 추락한 아메리칸항공 DC-10편 등 유명한 사고들을 줄줄이 언급했다. 자신이 들은 가상의 원자력발전소 사고 시나리오들은 스리마일섬에서 유출된 방사선량을 초과할 것이 분명하다는 이야기도 늘어놓았는데, 마치 엔지니어들이 자기 손으로 창조한 세상을 통제하지 못했던 명백한 사례를 제시하는 모양새였다.

나는 그 이웃에게 공학 구조물의 강도와 상태를 예측하는 일이 언뜻 생각하는 것처럼 언제나 그렇게 간단하고 확실한 작업은 아니라고 말해 주었다. 하지만 나의 막연한 일반화와 애매한 사과는 그의 마음을 조금도 바꿔 놓지 못했을 것이다.

1981년에 하얏트 리젠스 고가통로 참사로 114명이 사망했다. 9·11이 그 악명을 가져가기 전까지 미국에서 구조물 붕괴로 가장 많은 사람이 사망한 사건이었다. 언론,

법원, 학술지 그리고 시중에 떠도는 말들을 통해 1981년의 재난은 수많은 이야기와 코드, 학술적 논고를 불러일으켰으며 각각의 이유는 서로의 영양분이 되었다.

의학 분야에서도 전문 지식이 실패할 때 이유의 제시가 촉진된다. 의료 사학자 데이비드 로스먼David Rothman의 기록에 따르면, 1960년대에서 1980년대 사이에 미국 의사들은 환자가 앓고 있는 질병의 원인과 치료법에 대해 누구도 반박하지 못하게 발언할 수 있는, 어렵게 획득한 역량을 상실했다. 청자가 수동적으로 받아들이리라 기대하며 관습이나 코드를 제시하는 게 힘들어졌다. 거리감과 우월성도 적잖이 잃어버렸다. 잘못된 진단과 치료에 대한 소식이 널리 퍼졌고, 피해자 유족과 생존자 들은 소송을 제기했다. 환자들을 위한 정치적 동원이 행해졌으며, 국회와 보험사, 생명윤리학계, 건강관리 기관들이 점점 더 간섭을 해 왔다. 이 모든 것이 기존에 의사와 환자 사이에서 이루어졌던 사적인 (그리고 상당히 일방적이었던) 대화에 제삼자로서 개입했다.

전문적인 이유를 제시하는 사람들은 제삼자의 개입 여부와 상관없이, 학술적 논고와 의외의 사건에 관한 수용 가능한 설명 사이를 오가는 경우가 많다. 예를 들어,

공학이나 의학, 금융 전문가에게 나쁜 소식을 전해 듣는 사람 중에 그런 분야의 실무자들이 자기들끼리 그와 동일한 소식을 전달할 때 사용하는 언어를 이해할 만큼 관련 지식을 갖춘 사람은 거의 없다. 의대생들의 표준 교과서는 환자와의 면담을 다음과 같이 설명한다.

나쁜 소식을 알리는 첫 번째 단계는 환자가 들을 준비가 됐는지 판단하는 것이다. 일반적으로 의사는 진료 기록을 검토하고, 기록에 대한 환자의 이해도와 우려 사항을 확인하고, 새로운 정보가 있음을 암시함으로써 이를 알아볼 수 있다.

의사: 비르호 씨, 창자 내벽에 혹이 보여서 저희가 생체 검사를 시행했잖아요. 검사 결과가 어떤지 들으셨나요?

다음과 같은 반응들이 나올 수 있다.

환자: 혹시 암인가요?
환자: 제 아내가 올 때까지 기다려 주실 수 있나요? 6시면 퇴근하거든요.

환자: (아무 말 없이 의사의 얼굴을 빤히 바라본다.)

진단 결과가 암인지 바로 물어보는 환자는 이 소식을 들을 준비가 되어 있다. 다른 환자들은 언어적 혹은 비언어적으로 대화를 계속 진행하는 것이 불편하다고 암시하고 있다. 이러한 환자들의 경우, 결과 전달을 늦추는 기법을 사용하는 것이 적절해 보인다.

여기서 설정된 가상의 의사는 대장암이 어떻게 발생하는지 학술적 논고를 제시할 수 있을 것이다. 더 나아가 그러한 해석 안에서 어떤 인과 관계가 현재의 의학적 지식으로는 불분명하거나 논란의 여지가 있는지도 지적해 줄 수 있다. 의사가 해당 사례에 관해 동료 의사들과 상의할 때는 일반적으로 그러한 방식을 사용한다. 하지만 환자에게는 학술적 논고를 거의 제공하지 않는다. 교과서에서는 이렇게까지 명시적으로 언급하지 않지만, 의사는 두 가지 필터를 통해 철저히 단순화한 학술적 논고를 전달한다. 하나는 예외적 사건의 이유를 환자가 이해할 수 있는 언어로 번역하는 것이고, 다른 하나는 그러한 이유로 인한 감정적 충격을 완화해 주는 것이다.

의사들은 병원에서 다양한 이유를 활용한다. 일상적인 문제에는 관습을, 병원의 원칙을 준수할 때는 코드를, 까다로운 진단을 두고 상의할 때는 학술적 논고를, 학술적 논고를 이해할 만한 의학 지식이 부족한 환자에게는 이야기를 제시한다. 동료 의사들에게 자신이 맡았던 고약한 환자에 대해 말할 때도 물론 이야기를 사용한다. 그러나 어떤 전문 분야에서는 성인이라면 거의 누구나 여러 가지 이유 사이를 오가면서 말한다. 뉴욕의 택시 운전사라면 저녁 할증 요금에 대해서는 코드를, 당신의 목적지까지 돌아가는 우회 경로에 대해서는 학술적 논고를, 라디오에서 흘러나오는 음악에 관해서는 이야기를, 당신의 요구를 따르지 않은 데는 관습적인 이유를 댈 것이다. 우리 대부분은 의사가 제시하는 이유보다 택시 운전사가 제시하는 이유에 반발하는 걸 편하게 여긴다. 그렇지만 두 경우 모두, 우리는 이의를 제기하면서 무엇보다도 당사자 사이의 관계에 대한 정의를 조정한다.

앞으로 살펴볼 것들

이 책의 나머지 부분에서 나는 이러한 통찰을 밀고 나가며, 서로 다른 종류의 이유를 차례대로 살펴볼 것이다. 그리고 아이러니하지만, 이유에 대한 이유도 제시할 것이다. 2~5장에서는 관습, 이야기, 코드, 학술적 논고를 정확히 이 순서대로 다룬다. 6장에서는 사회과학자를 비롯한 전문가들이 해당 학술 분야의 구체적 과제에 친숙하지 않은 대중에게 어떻게 하면 자신의 이유를 이해시킬 수 있을지 숙고하며 이 책을 마무리한다.

나는 역사학자이자 사회과학자인 만큼, 필연적으로 역사학 및 사회과학적 분석에 더 많은 비중을 두었다. 그러나 역사학이나 사회과학의 설명력에 의구심을 갖는 독자들도 이 책이 끝날 때쯤에는 이 세상에서 사람들이 이유를 주고, 받고, 조정할 때 어떤 일이 발생하는지 꿰뚫어 볼 수 있게 되기를 바란다. 그것이 내가 이 책을 쓴 이유이다.

2장

관습

에티켓은 예의와 이기심의 결합이다. 작가 겸 에티켓 컨설턴트 페기 포스트Peggy Post는 시간을 최대한으로 활용하려는 경영인에게 이러한 조언을 해 준다. "어떤 사람과 약속을 마쳤는데 그 사람이 떠날 기미가 없다면, 자리에서 일어나 이렇게 말하라. '정말 죄송한데, 제가 중요한 일이 있어서요.'" 매너와 비즈니스 경력에 관심이 많은 미국인을 위해, 페기 포스트는 증조모 에밀리 포스트와 시어머니 엘리자베스 포스트의 뒤를 잇는 에티켓 감별사가 되었다. 그녀는 다른 사람들을 대신해 자신은 절대 경험한 적이 없을 수많은 상황에서 취할 태도를 정해 준다. 무엇보다도 그녀는 까다로운 상황에 놓인 사람들에게 이유를 제시하는 법을 조언한다.

포스트는 적절한 이유를 통해 다음과 같은 문제의 해결을 돕는다.

- 이미 참석하기로 약속한 만찬 모임에 참석할 수 없다는 걸 알게 됐을 때.
- 자녀에게 "안 돼"라고 말해야 할 때.
- 면접관의 쏘아보는 듯한 눈빛이 부담스러워 눈을 깜빡거렸을 때.
- 불안해하는 부모님께 당신이 동거하면서 결혼은 안 하는 이유를 알려드릴 때.
- 배우자가 떠난 이유를 자녀들에게 설명할 때.
- 관절염 때문에 악수를 거절해야 할 때.
- '스트레스가 너무 많거나, 너무 지루하거나, 적당한 보상이 없거나, 발전의 기회가 부족한' 직장에 사직서를 낼 때.
- 길어지는 대화에서 벗어나려고 다음과 같이 말할 때. "톰, 이렇게 만나 뵙게 돼서 정말 기쁘지만, 제가 지금 나가지 않으면 다음 약속에(카풀 시간에, 유치원 픽업에, 치과 약속에) 늦게 생겨서요. 헬렌에게 안부 전해 줘요. 안

녕히 가세요!"

포스트의 조언은 일반적으로 다음과 같은 취지이다.

양심의 가책을 느끼지 않는 이상, 당신은 어떤 경우에도 초대를 수락해야만 할 의무가 없다. 그러나 일단 수락하면 반드시 가야 한다. 질병이나 가족의 죽음, 갑작스럽고 불가피한 출장 때문이 아니라면 절대로 수락해 놓고 거절해서는 안 된다.
더욱이 위와 같은 이유로 하나의 초대를 거절한 다음, 같은 날 예정된 더 매력적인 다른 초대를 수락해서는 안 된다. "죄송하지만 13일에는 저희가 바빠서요"라는 변명 정도면 충분하고, 그러면 다른 날의 초대는 얼마든지 자유롭게 수락할 수 있다. 그러나 "여행을 가서요"라며 거절해 놓고 서로 아는 다른 지인의 파티에 나타난다면 처음에 초대했던 사람은 틀림없이 화가 날 것이다.

좋은 에티켓은 당신이 하는 일이나 하지 않는 일에 관해 적절하고 효과적인 이유를 제시하는 것으로 상당 부분 완성된다. 좋은 에티켓에는 관습적인 이유가 들어

간다. 그러한 이유가 사실일 필요는 없지만, 반드시 상황에 적합해야 한다. 대체로 공손한 행동이 요구되는 대부분의 상황에서 관습은 이야기나 코드, 학술적 논고보다 더 적절하게 작동한다. 이럴 때 다른 이유들은 오히려 의사 전달을 복잡하게 할 뿐이다. 관습은 사회적 관계를 확증하거나 개선한다.

우리 입장에서 보자면, 이야기와 학술적 논고, 코드, 관습에는 모두 비밀스러운 면이 있다. 우리는 여기서 그것들이 이유를 제시하는 데 어떻게 이용되는지에 집중할 것이다. 그러나 한편으로, "왜"라는 질문이 진지하든 그렇지 않든, 그에 대해 화자가 내놓는 이야기는 재미있고 위협적이고 교훈적이다. 학술적 논고에는 당연히 설명이 포함되지만, 또 한편으로는 화자의 전문 지식을 드러내고, 그 전문가가 자신의 분야에서 논쟁적인 문제에 관해 어떠한 입장인지를 시사한다. 코드도 마찬가지로 화자로 하여금 지식과 기술을 화려하게 뽐낼 뿐 아니라 숨 막히는 재치의 경연에 참여하게 해 준다. 마지막으로 관습은 내부자와 외부자 사이에 경계를 표시하고, 대화의 공백을 채워 주며, 한 세대에서 축적된 개념들을 다음 세대로 전달해 준다. 우리는 이유의 제시에 집중함으로

써 사람들이 관습을 사용하는 한 가지 방식만을 다루고 있다.

곧 확인하게 되겠지만, 그런데도 이유로 제시된 관습은 결코 작지 않은 결과를 초래한다. 사회생활을 효율적으로 하려면 사회적 관계를 적절하게 규정하는 일이 매우 중요하다. 게다가 이유의 효용은 단순히 파티에 참석하거나 그것을 피하는 일을 정당화해 주는 데에서 그치지 않는다. 친구를 사귀거나 절교하는 일, 호의를 베풀거나 거절하는 일, 직원을 고용하거나 해고하는 일, 심지어 전쟁을 시작하거나 끝내는 일에도 이유가 관여한다. 당면한 상황과 관계에 적절한 이유를 제공하는 일은 우리가 아는 인간적인 사회생활을 꾸려 나가는 데 도움을 준다. 부적절한 이유를 제공하면 사회생활에 지장을 초래한다.

그러므로 페기 포스트가 하는 말은 그저 관념적인 이야기가 아니다. 다른 사람들과 상호작용하는 데 필요한 실질적인 지침이다. 미국의 사회과학자 어빙 고프먼은 1950년대부터 1970년대까지 소규모 사회적 상호작용에 관한 독창성, 통찰력, 영향력을 두루 갖춘 연구를 발표했다.(고프먼은 비판적 시선뿐 아니라 짓궂은 유머 감각도 보유하고 있었다. 1971년작 『대중 속에서의 관계』 Relations in Public 첫 장에는 이러한 헌정사가 쓰여 있다. "1950년 그의 에딘버러대학 방문 때 내가 만날 뻔했던, A.R. 래드클리프 브라운*과의 추억을 기리며.") 고프먼은 다채로운 연구에서 고통스러울 만큼 예리한 개인적 관찰과 신중하게 선별한 매체 기사를 풍부하게 활용했다. 하지만 한편으로는 에밀리 포스트의 저작을 비롯한 에티켓 관련서도 자주 인용했다.

고프먼은 에밀리 포스트를 전거로 삼는 자신의 대중 행동 분석을 정력적으로 변호했다. 그는 에티켓 서적에 기술된 규범들이 중산층의 행동에 실제로 영향을 미친다고 주장하며, "미국에서 공적 행위의 체계를 제안하는 몇 안 되는 출처 중 하나"를 끌어다 사용했다. 고프먼이 반복해서 관찰한 바와 같이, 적절한 이유를 제시하는 능력은 사회적 역량의 중요한 표지가 된다. 반대로, 적절한 이유를 제시할 능력이 없으면 큰 낭패를 보기 십상이다. 고프먼이 "해설"accounts이라고 부르는 분석은 공개적으로 드러난 실수와 태업을 바로잡거나 감추는 일에 초점

* 영국의 사회인류학자.

을 맞춘다. 그러나 이러한 관찰은 사회적 상호작용에 더욱 보편적으로 적용된다.

고프먼은 다른 무엇보다 즉흥적인 팬터마임이 구두로 제시되는 이유를 대신할 때가 많다고 지적했다. 그는 이러한 행위를 '몸짓 주석'body gloss이라 명명했다. 그리고 학생들을 관찰한 내용을 바탕으로 다음과 같은 몸짓 주석의 사례를 제시했다.

• 대학 기숙사에서 지내는 한 여학생은 편지를 주고받을 상대는 없어도 우편물을 받고 싶은 마음은 굴뚝 같다. 그녀는 기숙사 우편함에 드나드는 모습이 남들에게 관찰당하는 걸 의식하고, 자신이 기다리는 특정한 우편물을 찾는 것처럼 연기한 다음, 그것이 아직 오지 않아 놀랐다는 듯 당혹스럽게 고개를 젓는다. 그러나 이 가망 없는 여정을 지켜보는 사람이 아무도 없다고 생각되면 구태여 이러한 행동을 하지 않는다.

• 친목 도모를 위한 댄스파티에 참석한 한 남학생은 다른 장소에 가는 길인데 분위기나 살피러 잠깐 들렀다고 (할 수만 있다면 모두에게) 말할 것이다. 그리고 한 잔 가볍게 마시고 나가려 한다는 듯이, 술을 한 잔 사서 손에

들고 기둥에 기대어 있어야 할 것 같은 강박감을 느낀다.
• 스키 산장의 응접실에 들어선 여학생은 자신에게 관심을 보일 만한 남자들을 관찰하는 동시에 그들에게 관찰당하기 위해, 하지만 그러한 목적을 대놓고 드러내지는 않기 위해 특정한 누군가를 찾는 듯 연기한다. 그리고 그런 시늉을 하는 동시에, 눈을 가린 것도 아니고 머리에 잘 얹어 놓은 애먼 선글라스를 괜스레 만지작거린다.

고프먼의 연구는 사람들이 타인과 주고받는 상호작용보다 개인이 남들에게 비치는 자신의 이미지를 어떻게 관리하는지에 초점을 맞추었다.(이러한 법칙에서 가장 크게 벗어난 건 대화를 면밀히 관찰한 연구들이다.)

고프먼에 의하면, 심지어 정신 질환을 앓는 환자들도 이유를 제시하는 데 많은 노력을 기울인다. 워싱턴 D.C.의 어느 정신병원에서 직접 면담을 진행한 그는, 초기의 감금 충격에서 벗어난 환자들에 대해 다음과 같이 결론을 내렸다. "환자들 대부분은 저마다 자발적으로 자신의 입원에 대해 비교적 수용 가능한 이유를 제공했다. 동시에 다른 환자들이 하는 말도 그 자리에서 공개적으로 따져 묻지 않고 그대로 받아들였다." 예를 들어, 그는 환자들과의 면담에서 강제 입원에 관해 다음과 같은 설명들을 얻어 냈다.

- 저는 석사 학위를 따려고 직장 생활을 하면서 야간대학에 다녔어요. 그러다 보니 스트레스가 너무 쌓였던 거죠.
- 여기 있는 다른 사람들은 정신적으로 문제가 있지만, 저는 신경계의 문제로 공포증이 생겼어요.
- 저는 당뇨병 진단 때문에 착오가 생겨서 들어온 거라, 며칠만 있으면 나갈 거예요.[이 환자는 입원한 지 7주가 지난 상태였다.]
- 저는 어릴 때 낙제생이었고, 커서는 아내에게 의존하게 됐어요.
- 제 문제는 일을 할 수가 없다는 거예요. 그래서 여기 들어왔죠. 저는 직업이 두 개에, 집도 근사하고, 돈도 벌 만큼 많이 벌었어요.

그들은 고프먼 또는 병원 직원들과 자신의 관계를 정의하면서 정신과적 장애가 있는 사람이 아닌, 다소간 곤란에 처한 평범한 사람처럼 굴었다.

고프먼의 기술은 나의 오래전 경험을 떠올리게 한다. 그가 펜실베이니아의 병원에서 환자들을 관찰하던 것과 비슷한 시기에, 나는 '보스턴 정신병원'이라는 곳에서 연구 보조로 일했다. 직원들끼리는 이 불길한 이름의 병원을 "보스턴 사이코"라고 불렀다.(완곡어법을 권장하는 시대적 흐름에 따라, 현재는 '매사추세츠 정신건강센터'로 명칭이 바뀌었다.) 이 대형 연구기관은 정신과적으로 까다로운 환자들을 받아서 그중 장기 구금이 필요한 사람들을 다른 병원으로 이송했다. 나는 작업치료과에서 환자 대 환자, 환자 대 직원의 상호작용을 관찰하는 업무를 주로 담당했다. 이는 대인관계 자체가 환자의 건강에 영향을 미친다는 인식에 기반한 업무였기에 나는 날마다 환자들과 대화를 나누어야 했다.

'보스턴 사이코'의 환자들이 말하는 각자의 구금 이유는 대개 고프먼의 목록과 매우 유사했다. 그러나 일부 환자는 너무 흥분하거나 우울한 상태라 임시직인 연구자들과 논리적인 대화를 나누기 힘들었고, 장기 입원자 중에는 자신의 상태에 대한 의학적 정의를 받아들이는 사람이 꽤 있었다. (고프먼도 펜실베이니아 병원의 직원들과 장기 환자들 모두 이유를 일반화하지 않으려 노력했으며, 신규 환자들에게는 자신의 병명을 받아들이게 하려 애썼다고 지적했다.) 그러한 예외를 제외하면, 사람들이 내게 제시한 입원 사유는 대체로 우리의 인간 대 인간 관계를 일반인 간의 관계로 받아들이게 하려는 시도였다.

자기표현에 관한 고프먼의 비범한 연구는 이 책의 한 가지 주안점을 명백히 강조해 준다. 언어든 팬터마임이든 혹은 둘 다이든, 이유의 제시는 일종의 자기표현을 성립시키지만, 그것은 언제나 다른 사람과의 관계 속에서 행해진다. 고프먼의 책을 피상적으로만 읽으면 중요한 일들은 모두 개인의 정신 내부에서 벌어진다는, 즉 사람들은 주로 자기 자신을 안심시키고 세상을 이해하기 위해 행동한다는 인상을 받을 수 있다. 그렇게만 읽으면 불안정한 개인의 신호를 수신하는 타인, 그리고 그 신호에 대한 반응의 중요성을 과소평가하게 된다. 불안정한 개인은 타인의 반응을 조작하거나 적어도 예측하려 애쓰며 신호를 전송하기 때문이다. 고프먼이 기술한 '연기하는 인물들'은 전반적으로 다른 사람들과의 관계를 정상화하려 노력하고 있다.

지금은 거의 잊혔지만, 정신의학자 로버트 에저턴Robert Edgerton도 고프먼과 비슷한 연구를 진행했다. 자신의 상태를 감추려는 지적 장애인의 대처술에 관한 그의 연구는 앞서 말한 논점을 인상적으로 입증해 준다. 이 사람들은 입원 경력이 있으며 글 읽기와 돈 계산, 시계 보기에 어려움을 겪고 있지만, 자신의 무능력을 숨기기 위해 수용 가능한 이유를 제시한다. 에저턴은 이러한 이유들을 '유용한 변명'이라 명명한다. 그는 이렇게 기록한다.

> 다행히도 병력자들은 만일의 사태에 대비한 유용한 변명을 만들어 놓았다. 일례로 한 여성은 마트에서 라벨을 못 읽자 술을 마셔 눈이 풀렸다는 핑계를 대는 모습이 두 번이나 목격됐다. 거의 모든 상황에서 통하는 변명이 하나 있는데, 그들은 이것을 자주 사용한다. 무언가를 읽어야 하는 상황을 피할 수 없을 때, 이 지적 장애인들은 잠시 주변을 더듬다가 안경을 놓고 와서 해당 문자가 보이지 않는다고 말한다. 친절한 일반인은 대개 이러한 변명을 받아들이고 필요한 것을 큰 소리로 읽어 주게 되어 있다.

나는 식료품점에 가면서 돋보기안경을 깜빡할 때가 종종 있다. 그러면 중요한 라벨을 판독할 수 없다. 그런 까닭에 내게는 에저턴의 이야기가 매우 그럴듯하게 들린다. 안경을 쓰고 있을 때 그런 부탁을 받으면 나는 기꺼이 도울 것이다. 유용한 변명은 서로를 무시하거나 낙인찍을 수 있는 사람들 사이의 관계를 정상화해 준다.

이와 같은 이유 제시 전략은 시간을 묻는 데에도 효과적이다.

이 병력자들은 "지금 몇 시예요?"라고 묻는 대신 "9시가 아직 안 됐나요?"라고 묻는다. 그러면 "네, 몇 분 더 있어야 해요" "9시는 한참 지났어요" "아직 8시밖에 안 됐어요"처럼 훨씬 덜 혼란스러운 대답이 돌아온다. 그런 연유로 이들은 주로 후자의 형태로 시간을 물으며, 종종 자신의 손목시계를 들어 보이며 "시계가 멈춰서요"라고 말한다. 지적 장애인들은 시계를 볼 줄 몰라도 손목에 차고 다니는 경우가 많다. 자신의 시계를 바라보며 작동이 멈췄다는 안타까운 발언을 할 수 있으면 시간을 물을 때 큰 도움이 된다. 이미 오래전에 고장 난 시계를 차고 다니는 한 남성은 이렇게 말한다. "사람들한테 '9시가 아직 안 됐나요'라고 물으면서 제 시계가 오래돼서 멈췄다고 말하면, 항상 누군가는 제가 어떤 장소에 도착해야 할 시간이 얼마나 남았는지 말해 줘요. 그런데 제가 낡은 시계라도 차고 있지 않으면, 사람들은 저를 무슨 부랑자처럼 보고 그냥 가 버리죠."

이 책을 읽고 있는 사람이라면 누구나 식료품 라벨을 읽고 시계를 볼 수 있을 것이다. 그런데도 갑작스레 나의 무능이 드러난 순간, 나름의 적절한 이유를 말함으로써(혹은 몸짓으로 표현함으로써) 그것을 감추려 한 적이 다들 있을 것이다. "죄송해요, 웨버 씨 사무실인 줄 알았어요." "햇빛 때문에 눈이 부셔서요." "자물쇠가 좀 뻑뻑해서요." 고프먼과 에저턴이 지적한 것처럼, 우리는 당혹감을 피하려고 이유를 제시할 때가 많다. 그럼으로써 우리와 타인들의 관계가 겉으로 보이는 것과 다름을 증명한다.

그러나 이유의 제시가 사회적 역량의 주장을 항상 뒷받침하는 건 아니다. 상황에 따라 반대의 경우도 발생한다. 제시된 이유가 용납 가능한 무능력으로 인한 실패를 해명해 주는 것이다. 시계가 멈춰서 지금이 몇 시인지 알 수 없다. 안경을 놓고 와서 라벨을 읽을 수 없다. 몸이 아파서 오늘 일을 할 수 없다. 이 도시는 처음이라 당신이 길을 찾는 걸 도울 수 없다. 버스비로 다 써 버려서 당신에게 줄 돈이 없다. 난독증이 있어서 시험을 볼 때 시간이 더 필요하다. 이유를 제시하는 일은 언제나 당사자 간의 관계를 규정하거나 재규정한다. 좀 더 정확히 말하자면, 당사자 간의 관계를 위험하고, 희생이 크고, 불명확하고, 당혹스러울 수 있는 다른 관계와 구별한다.

아르헨티나의 사회학자 비비아나 젤라이저Viviana Zelizer의 말처럼, 당사자들은 인접한 관계들 사이의 경계를 (항상 의식하지는 않더라도) 엄격히 나눈다. 젤라이저는 금전적 거래와 다양한 형태의 친밀감이 결합된 관계(연애와 매춘이 즉각적으로 떠오른다)를 특별히 꼬집으며 쌍방이 경계를 지키기 위해 특수한 행위와 상징을 통해 어떻게 노력하는지에 주목한다. 당사자 사이에 동의가 이루어지지 않는 경우에는 문제가 발생한다. (그렇다면 이것은 교제인가, 매춘인가, 아니면 그 중간에 있는 무엇인가?) 이럴 때 이유의 제시는 그 관계를 적절히 규정하기 위한 협상의 일부가 된다. 이처럼 이유는 경계를 표시한다.

관습은 어떻게 작동하는가

 관습은 두 가지 면에서 다른 이유들과 차별화된다. 관습을 받아들이는 데는 전문적 지식이 거의 혹은 전혀 필요하지 않으며, 인과적 타당성보다 적합성의 규칙을 따른다는 점이다. 관습은 널리 알려진 공식에 의존한다. 우리는 보통 양식화된 단순함과 추가적인 논의가 없다는 점을 통해 관습적 이유가 오갔다는 걸 알아차린다. 문제는 설명이 인과적으로 불충분할 때가 아니라, 화자가 제시한 이유를 청자가 자신들의 사회적 관계에 부적절하다고 해석할 때 주로 발생한다. 가령 정신과 환자가 자신의 입원 사유를 일반화하여 말하는데 의사가 그러한 설명을 거부할 때이다. 이럴 때 청자는 "나한테 **그런 말**

하지 마"가 아니라 "**나한테** 그런 말 하지 마!"라며 항의한다.

에티켓, 체면치레용 팬터마임, 정신과 병동의 입원, 지적 장애인의 계책은 관습의 작동 방식에 관해 네 가지 요점을 확인해 준다.

1. 그러한 이유의 수용 가능성은 진실 여부도 아니고, 그렇다고 설명적 가치는 더더욱 아닌, 그것이 사회적 상황에 적절한지에 달려 있다.
2. 관습은 특이나 다양하며, 대체로 화자와 청자의 관계에 따라 수용 가능성(혹은 불가능성)이 결정된다.
3. 그럼에도 불구하고 이유를 제시하고 그것을 수용하는 행위는 당사자들은 물론이고 그들의 관계에 중대한 결과를 가져온다.
4. 그러한 결과 중 가장 중요한 것은, 관습적 이유가 다른 유형의 이유나 관계적 정의와는 조화되지 않는 행위를 정당화해 준다는 점이다.

이 네 가지 원리를 좀 더 자세히 살펴보자.
어떠한 이유가 특정한 사회적 상황에 적절한지 여부

는, 그때 제시되는 이유를 어떤 종류의 사람들이 목격할 것인지, 이유를 제시하는 사람에 관해 그들이 어떠한 추론을 할 것인지에 따라 달라진다. 고프먼이 말하는 몸짓 주석은 사람들이 자기 자신에 대해 방어적인 이미지를 투사하며, 혼자이거나 남들이 보지 않는다고 생각되면 구태여 그런 이미지를 투사하지 않는다는 사실을 보여 준다.

고프먼의 몸짓 주석은 또한 관습에는 반드시 언어만이 아닌, 기호나 사물, 신체 언어도 사용된다는 사실을 말해 준다. 제임스 캐츠James Katz와 마크 아커스Mark Aakhus도 이러한 예를 한 가지 제시한다.

뉴저지주 프린스턴의 건설 현장에 들른 우리는 거의 무의식적으로 그곳의 의사소통 양상을 간추려 냈다. 우리는 그 시끄럽고 분주한 소란 속에서 스스로도 미처 깨닫기 전에 손쉽게 책임자를 가려낼 수 있었다. 두툼한 손으로 휴대전화를 쥐고 있는 40대 후반의 남성이었다. 휴대전화가 있다는 사실만으로 알아낸 건 아니었다. 현장 작업자들도 대부분 휴대전화나 호출기가 있었다. 하지만 다른 이들이 휴대전화를 허리띠에 매달아 놓은 것과 달리 책임자는 손에 들고 있어서, 뭉뚝한 안테나가 여섯 번째 손가락처럼 비죽 튀어나와 있었다……. 손에 휴대전화를 쥐고 있음으로써, 그는 공구를 집어 들거나 육체노동을 할 의도가 없음을 드러냈다. 그리고 19세기의 영국군 장교가 승마용 채찍으로 부하들에게 어디로 가서 무엇을 하라고 지시하듯이 휴대전화의 짤막한 안테나를 이용해 무언가를 가리키거나 손짓을 했다.

이 글을 읽으며 나도 무의식적으로 비슷한 효과를 발휘하는 이유 제시 전략을 활용했었다는 걸 불현듯 깨달았다. 이 책의 독자 중에도 이런 전략을 취해 본 사람이 많을 것이다. 이따금 전화 통화 중에 누군가가 창문 없는 내 사무실 문을 두드릴 때가 있다. 오랫동안 나는 그런 일이 생길 때마다 통화 중인 사람에게 무슨 일이 벌어졌는지 설명하고, 수화기를 잠시 내려놓은 다음, 문가로 걸어가 문을 열고, 방문자에게 통화가 끝날 때까지 기다려 달라고 부탁한 후, 전화 통화를 다시 이어 갔다. 이러한 과정을 전부 진행하는 데는 1분 정도가 걸렸다. 그런가 하면 전화 통화 중에 책이나 서류, 파일을 가져오느라 수화기를 내려놓는 경우도 종종 있었고, 그러는 와중에 전화 연결이 끊길 때도 있었다.

그러던 어느 날, 좋은 생각이 떠올랐다. 가까운 철물점에서 7~8미터 길이의 코일 전화선을 사 와서 기존의 짧은 선과 바꿔 단 것이다. 그러자 내 삶의 자그마한 측면이 변화했다. 이제 나는 관련 자료를 검색하면서 대화를 지속할 수 있을 뿐 아니라, 문을 열어 주러 가면서도 수화기를 귀에 대고 있는 게 가능했다. 방문자는 내가 통화 중인 걸 즉시 알아채고 대부분 방해해서 미안하다는 신호를 보내고는, 예외 없이 밖에서 기다리겠다는 의사를 표시했다. 더 이상 내가 이유를 말할 필요가 없었다. 물론 그 손님이 한동안 만나지 못했던 친한 친구라면, 예전처럼 통화를 멈추고 사과부터 한 다음, 무슨 일이 생겼는지 설명하고, (전화의 성격에 따라) 친구에게 통화가 끝날 때까지 기다려 달라고 부탁하거나 앉아서 기다릴 만한 곳을 알려 주었다. 하지만 보통의 방문자들에게는 수화기를 움켜쥐는 행위로 말을 대신했다.

길에서 휴대전화로 통화를 하다가 친구를 만났다면 다른 이유 제시 전략을 채택해야 할 것이다. 실제로 길을 가다가 통화 중인 친구와 마주치면, 그들은 내게 미소를 짓고 손을 흔들며 통화를 이어 가는 경우가 많다. 나중에

다시 만날 것 같다면, 미소와 손짓으로 지금은 바빠서 대화할 수 없다고 알리는 것으로 충분하다. 관습적인 이유를 제시할 때 환경은 중요하게 작용한다. 이때의 환경은 최소한 다음과 같은 기준으로 나누어 볼 수 있다.

• 예의를 차려야 하는지(이를테면 교회 등), 편히 있어도 되는지(공원 등)
• 공공 구역인지(길거리 등), 사적인 구역인지(자택 부엌 등)
• 사무적인 공간인지(관공서 등), 친밀한 공간인지(고향 집 등)
• 낯선 장소인지(처음 방문한 도시 등), 익숙한 장소인지(예전에 살던 동네 등)

쌍을 이루고 있는 각각의 환경에서 갑자기 속이 메스꺼워 화장실로 달려가는 이유를 남에게 설명한다고 상상해 보라. 각각의 경우 원인은 같아도 적절한 이유는 달라진다.

정치적 분위기도 사람들이 공개적으로 내세우는 이유의 적합성에 영향을 미친다. 내 아들인 노동경제학자

크리스 틸리Chris Tilly는 필립 모스Philip Moss와 함께 디트로이트, 로스앤젤레스, 애틀랜타, 보스턴에서 비교적 숙련되지 않은 노무자를 많이 사용하는 고용주들을 대상으로 수백 건의 인터뷰를 진행하거나 감독했다. 두 사람은 넓은 의미에서 직무 수행에 영향을 미치는 개인적 특성으로 여겨지는 인종적·민족적 기량 차이에 관한 판단이 고용 심사에 어느 정도, 그리고 어떤 식으로 작용하는지 밝혀내려 했다. 그리고 얼마 되지 않아, 잠재적 고용주들이 경험적 인지와 기술적 역량뿐 아니라 상호작용의 방식이나 적극성 같은 '소프트 스킬'soft skill도 고용의 기준으로 고려한다는 사실을 알게 되었다. 채용 담당관들은 대체로 인종마다 소프트 스킬이 크게 다르다고 생각했다.

그러나 정치적 올바름이 강조되던 1990년대에 특정한 민족이나 인종에 대한 개인적 선호를 채용의 이유로 언급하는 고용주는 없었다. 모스와 틸리는 다음과 같이 기술했다.

> 어떤 고용주도 우리에게 "저는 흑인이 싫어요" 혹은 "저와 같은 인종을 채용하는 걸 선호해요"라고 말하지 않았

다. 그러나 많은, 정말로 많은 관리자들이 "흑인은 신뢰하기 힘들어요"라든가 "이민자들은 일을 열심히 해요"라고 말했다. "라틴계 동네에서 사업을 시작하고 싶진 않았어요"라고 말하는 사람은 없어도, 많은 이들이 "설령 도심에 자리를 잡더라도 교외에서 인력을 끌어와야 할 것"이라고 의견을 밝혔다. 이러한 발언에는 노동자의 기량에 관한 객관적 평가와 인종적 편견이 섞여 있으며, 둘 사이에 선을 긋는 일은 매우 어렵다.

이 끈질긴 조사자들은 고학력의 낯선 이들이었고, 그런 사람들이 고용 과정에서의 인종과 민족 문제에 관해 노골적인 질문을 던지자 고용주들은 이를 공적인 상황으로 판단했다. 전화 인터뷰에서 피고용자의 부류에 따른 일반적인 차이를 물었을 때 고용주들은 어떠한 사실도 인정하지 않았다. 그러나 대면 인터뷰를 진행하자 이전과 유사한 고용주들이 종종 수용 가능한 이유를 명확히 제시했다. 하드 스킬*과 소프트 스킬에 평균적으로 큰 차이가 있다는 것이었다. 그러한 차이를 설명해 달라

* 직무 수행에 실질적으로 필요한 기술.

고 하자, 그들은 대개 유전자나 문화가 아니라 교육, 가족 제도, 기타 고용 기회, 복지 혜택, 이웃의 영향, 앞선 직장 경험 등을 예로 들었다. 한 마디로, 인종과 민족 간 불평등에 관한 공개 담화에 널리 이용되는 것과 같은 이유들이었다.

그렇지만 모스와 틸리가 인터뷰한 고용주들은 당연히 사회과학자들과는 다른 방식으로 말했다.

• 남미 사람들은 적극적으로 일해요. 오래 일하는 것도 마다하지 않죠. 제가 아는 남미 사람들은 맡은 일에 무척 헌신적이에요. [보스턴 지역의 금속 가공 업체]

• 아시아 출신 노동자들은 가장 최근에 이 나라로 이민을 왔잖아요. 내가 본 바에 따르면, 그 사람들의 직업의식은 우리와 천지 차이예요. 하루에 72시간을 일해 달라고 하면 정말로 72시간을 일해 줄 사람들이죠. [보스턴 지역의 공장]

모스와 틸리는 자신들이 민감한 질문을 하고 있다는 걸 분명히 인식하고 있었다. 다음은 애틀랜타 지역의 한 교육기관에서 사무 담당자를 인터뷰한 내용의 일부이다.

질문자: 저희가 이 지역에서 이야기를 나눠 본 사람들 상당수가 흑인과 백인 노동자의 차이점을 언급했는데요. 거기에 대해 의견을 말씀해 주시겠어요?

응답자: [들리지 않는 목소리로 소곤거림]

질문자: 이건 비밀 인터뷰예요.

응답자: 알아요, 알아요. 제가 말을 흐리는 것처럼 들리시겠죠. 그건 개인차가 있어요. 하지만 우리도 그런 문제를 겪고 있긴 하죠. 그게…… 참 문제인데…… 하지만 사실이 아니에요. 일률적으로…… 절대 그렇지 않아요. 하지만 불행히도 대부분 그런 사소한 문제가 있죠. 복도에 누가 지나갈지도 모르니까 문부터 닫을게요.

응답자들은 잘못된 이유를 제시할까 봐 눈치를 보았다. 연구자들은 그뿐 아니라 진술된 이유와 '진짜' 이유를 구분하는 데에도 큰 어려움을 겪었다. 보통의 사회조사에서와 마찬가지로 그들은 관습의 형태로 제시된 증언에서 학술적 논고를 도출(아니면 최소한 확인)하려 노력했으며, 우리의 논제를 위한 매우 중요한 발견을 했다. '적절한 이유는 사회적 상황에 따라 현격히 달라진다'는 사실이었다.

모스와 틸리의 연구 결과는 거기서 한 걸음 더 나아갔다. 어떤 종류의 사회적 상황에서도 **관계와의 일치**는 보편적인 예의를 넘어서는 무게를 지닌다. 의미 있는 타인은 자신이 수신한 메시지로 이유 제시자의 전반적 인상뿐 아니라 관계의 성격에 관해 평가한다. 수용 가능한 관습은 그 관계가 의사-환자, 아내-남편, 기차에서 처음 만난 옆자리 승객, 같은 운동팀의 동료, 경찰관-시민, 학생-교사 중 어느 것이냐에 따라 크게 달라진다. "죄송합니다. 표지판을 못 봤어요"라고 하면 교통경찰은 수긍할 수 있지만, 아이러니하게도 당신의 배우자는 그렇지 않다. 모스와 틸리의 인터뷰에서 채용 담당관은 학계에 소속된 연구자들과의 관계에 자신이 제시하는 이유를 신중히 맞췄다.

적절한 이유는 관계가 평등한지 불평등한지, 친밀한지 거리감이 있는지 따라 크게 달라진다. 윗사람이 아랫사람에게 말할 때는 상대에게 피해와 위협을 가한 행위에 형식적인 이유밖에 제공하지 않는다. 심지어 부모도 반항적인 자녀를 상대하면서 "하라면 해!"라는 말을 최후의 수단으로 쓰기도 한다. 아랫사람이 윗사람에게 말할 때는 자신을 변호하는 이유와 함께 실패와 잘못에 대한 사과를 (사실이나 진심의 여부와는 상관없이) 제시해야 한다. "죄송합니다, 팀장님. 제가 생각이 짧았습니다" 같은 식으로 말이다. 동등한 관계에서는 최소한 상호 간의 배려를 드러내는 이유를 제시해야 한다. "죄송해요, 기다리고 계신 줄 몰랐네요" 같은 식이다.

내과의사 제이 캐츠Jay Katz*는 의사-환자 관계를 연구하고자 동료 외과의와 현재의 유방암 치료법에 존재하는 수많은 불확실한 부분을 검토했다. 그런 다음 그 외과의에게 치료법을 선택해야 하는 환자와 어떻게 대화를 나눌 것인지 물어보자 그는 며칠 전에 한 환자와 나눈 실제 대화를 들려주었다. "환자와의 면담 초기에 그는 선택 가능한 여러 가지 치료법을 간략히 언급했다. 하지만 그의 말에 따르면, 근본적인 수술 외에 다른 대안도 진지하게 고려해야 한다는 점은 짚어 주지 않았다. 그는 환자에게 이 수술을 감수해야 한다고 서둘러 강조했다." 캐츠는 조금 전에 논의한 불확실성을 상기시켰지만, 외과의는 근본적인 수술이 최선의 치료법이라고 주장했다. 외과의가 당신이라면 어떻게 접근하겠느냐고 묻자 캐츠

---

* 미국의 의사 겸 로스쿨 교수로 평생 의료윤리 문제를 연구했다.

는 여러 가지 대안을 환자와 오랫동안 상의하고, 환자가 선호하는 방식을 알아내서, 충분한 협의를 통해 공통된 결론에 도달할 것이라고 답했다. 외과의는 환자가 관련 지식이 부족하고, 적절치 않은 이유로 치료법을 선택할 가능성이 크며, 그러한 선택은 환자에게 불필요한 고통을 초래할 수 있다고 반박했다. 한 마디로 자기가 더 잘 안다는 뜻이었다. 이 대화에서 캐츠와 동료 외과의는 의사-환자 관계에서 비교적 불평등한 견해와 비교적 평등한 견해를 대립시켰고, 그러한 근거를 바탕으로 의사가 제시해야 할 적절한 이유를 놓고 논쟁했다.

하지만 평등/불평등과는 상관없이, 그 관계가 멀고 가까움의 척도에서 어디쯤 위치하는지도 이유를 제시하는 데 크나큰 영향을 미친다. 거리가 먼 관계에서는 형식적인 이유가 정당화된다. 구체적인 이유는 이해도 안 되고 거추장스럽고 당황스럽게 느껴진다. 반면에 가까운 관계일수록 보통은 상대방에게 더욱 자세한 이유를 기대하고, 이유를 제시하는 사람은 의심의 여지가 있는 관습을 이야기와 코드, 심지어 학술적 논고로 뒷받침하라는 요구를 받기 쉽다. 연인 사이에서는 배심원단 안에서 오가는 것보다 더 구체적이고 둘의 관계에 걸맞은 이유를 제시해야 한다.

관계에 적합한 이유를 제시하라는 압력은 너무나 강력하고 보편적이어서, 우리는 자신이 그러한 일체화를 수행하고 있다는 사실을 거의 알아채지 못한다. 이유와 관계는 불일치할 때 훨씬 더 명확히 드러난다. 사회학자 린다 웨버Linda Weber와 앨리슨 카터Allison Carter는 사람들이 대인관계에서 상호 간의 신뢰를 어떻게 조율하는지 연구하기 위해, 10대~50대 여성 19명과 남성 20명을 대상으로 최근의 연인 관계를 인터뷰했다. 그중에서 셸리라는 젊은 여성이 남자친구에 관해 아래와 같은 이야기를 들려주었다.

> 그러니까 어땠냐 하면, 마치 모든 게, 우린 순식간에 가까워졌어요. 공통점이 정말로 많았거든요. 뭐랄까, 그건 꼭, 맙소사, 그런 사람을 만나게 되다니 소름이 돋을 정도였죠. 그러다가 그 사람이 갑자기 연락을 끊었고, 뭐랄까, 저는 설명이 필요했어요. 거의 3주 만에 마침내 전화가 왔는데, 제가 설명을 해 달라고 끝까지 잡고 늘어졌죠. 그 사람은 해명을 했고, 그걸로 깔끔하게 해결이 됐어요. 전 이미 정리가 됐으니까요. 예전 여자친구가 그

사람의 인생으로 돌아와 최후통첩을 했더라고요……. 그래서 우린 오랫동안 대화를 나눴어요. 그 사람은 제 기분을 이해해 줬고, 그러면서 이런 말을 했어요. "진짜 웃기는 게 뭔지 알아? 나는 말이야, 널 선택하려고 했어." 저는 그건 아니라고 했어요. "너는 그런 선택권이 없었어. 맨 처음 네가 내 전화에 답하지 않은 그날부터 네 선택권은 사라졌어." "하지만 네가 계속 전화를 했잖아." "너는 이미 선택권이 없었어. 나는 설명이 필요했고, 그걸 들을 자격이 있었던 거야."

셸리가 바람기 있는 남자친구의 이유 제시를 거부한 건 그것이 거짓말이기 때문이 아니었다. 그 이유가 두 사람의 관계를, 상대에게 관심을 주거나 그렇지 않을 선택권이 그에게는 있고 셸리에게는 없는 것처럼 규정했기 때문이다. 여기서 우리의 세 번째 원리로 돌아가 보자. 셸리와 전 남자친구의 관계에서처럼 이유 제시는 후속적인 상호작용에 모종의 결과를 가져온다. 이러한 결과는 사소한 것(순간의 짜증)부터 심각한 것(평생 지속되는 비난이나 이별)까지 다양하다. 이유의 제시는 관계의 정의를 제안하고 상대방에 대한 행위를 정당화하기 때문에 모종의 결과를 초래한다. 이유와 관계, 행위는 서로 연결되어 있다.

응급실에서
이유가 사용되는 방식

대부분의 조직에서 이유의 제시는 혜택과 불이익의 배분에 중요한 역할을 한다. 줄리어스 로스Julius Roth와 그의 연구팀은 1970년경 미 북동부와 서부 해안에 있는 6개 병원의 응급실을 관찰했다. 그들은 환자의 도덕성에 대한 응급실 의료 노동자의 판단이 그 환자가 받게 되는 치료에 어떠한 영향을 미치는지 확인하고자 했다. 그리고 여러 가지 범주화를 발견했다. 예를 들어, 알코올중독자나 노숙자로 추정되는 사람들은 차별 대우를 받은 데 반해 해당 병원 의사의 기존 환자는 신속하고 효율적인 보살핌을 받을 가능성이 현저하게 커졌다.

로스와 동료들은 의료 노동자들이 자신의 직무에 속

한 봉사와 속하지 않는 봉사(합법적 혹은 불법적인 도움 요청)를 명확하게 구별한다는 사실도 발견했다. 로스는 이렇게 기록한다. "환자에 대한 부정적인 평가는 부자격자와 불법적 요구가 결합될 때 최고조에 이른다. 그러므로 곤란한 시간대에 경미한 의료적 불만을 제기한 환자가 생활보호대상자라면 '존경받는 시민'인 경우보다 훨씬 강력한 비난을 받는다." 심각한 응급 상황에서도 의료진과 환자는 관계의 적절한 정의를 암묵적으로 조율했다.

이러한 정의는 이유의 제시에서 중요한 역할을 했다. 차별적인 대우를 정당화한 것이다.

개인 병원에서 주치의가 있는 환자들을 상대하는 간호사는 공립병원 의료진만큼 권위 있는 위치에 있지 않다. 따라서 자신의 지시에 즉각적으로 순종하라고 요구하는 일은 자제할 수밖에 없다. 이러한 경우에는 보다 은밀한 형태의 통제가 사용된다. 가장 보편적인 방법은 수속이나 치료를 할 때, 하나 또는 복수의 단계에서 환자를 기다리게 하는 것이다. 일반적으로 환자는 기다리라는 이유가 타당한지 확인할 길이 없으므로, 이는 간호사가 자신을 향한 요구사항들을 통제할 수 있는 비교적 안전한 방법이며, 부적절한 요구를 하거나 그 밖의 이유로 인해 부자격자로 간주되는 사람들에게 '되갚음하는' 용도로 사용되기도 한다.

이러한 로스의 의견은 내가 병원 응급실에서 관찰한 바와도 (생각보다 더욱 광범위하게) 일맥상통한다. 의식이 있는 환자는 응급실에 온 이유를 스스로 말하고, 의식이 없는 환자는 가족이 이유를 말한다. 그러면 중증도를 분류하는 간호사는 그러한 이유들을 분류하여 자기 나름의 이유를 제시한다. 화자와 청자의 관계에 따라 제시되고 수용되는 이유가 극적으로 달라지기 때문에 혼란스러운 응급실 안에서는 수많은 이유가 울려 퍼진다.

뉴욕에 기반을 둔 문예비평지 『타임스 리터러리 서플먼트』의 특파원 마이클 그린버그는 통증을 달고 사는 형 스티브와 응급실에 다녀온 이야기를 들려준다.

그날 저녁, 형이 공황 상태에서 내게 전화를 걸어 왔다. 화장실에 가다가 넘어져서, 이웃 사람이 와서 일으켜 줄 때까지 고래고래 소리를 질렀다고 했다. 나는 당장 형의 아파트로 달려가 형을 병원 응급실로 끌고 갔다. 행정 직원이 컴퓨터에 형의 이름을 입력하더니 눈살을 찌푸렸다. 최근 몇 년간 스티브는 여러 차례 '상상의 질병'을 호소했던 것이다. 그리고 병원에서는 매번 건성으로 응대하고 그를 돌려보냈다. 우리는 대기 목록의 맨 아래, 질병의 계급 중 꽁무니에 놓이게 되었다. 대여섯 시간이 지나, 그들은 우리를 CT 촬영기가 있는 성소로 데려가 스티브의 뇌를 촬영했다. 결과는 정상이었고, 우리는 병원에서 내보내졌다.

컴퓨터는 환자와 그의 동생이 제공한 이유와 모순되는 정보를 내놓았고, 그 결과 두 사람은 기다리고 또 기다려야 했다.

응급실에서의 이유 제시는 내가 1장에서 분류한 네 가지 관계적 작업을 번갈아 행한다. 새로운 관계를 수립하고, 기존의 관계를 확증하고, 관계에 관한 공동의 정의를 조정하고, 훼손된 관계를 개선하는 것이다. 고통에 시달리는 환자와 그 보호자는 대부분 의료진이 제안하는 '전문가-환자'의 정의를 받아들인다. 그들은 의료진이 제시하는 이유를 수용하고, 고분고분한 환자로서 예의

바르게 행동한다. 환자는 이름으로 불리고 의사는 무슨 무슨 선생님이 되는 관례는 이러한 불평등을 강화한다.

그러나 이따금 환자나 그들의 대변인이 관계의 정의를 조정하는 경우도 있다. '심각하지 않은' 범주로 분류된 환자가 중병으로 인정해 달라고 간청할 때이다. 때로는 한쪽이 훼손된 관계를 개선해야 할 이유를 제시하기도 한다. 예를 들어, 의료진이 영향력 있는 사람이나 신경질환을 앓고 있는 사람을 평범한 주정뱅이로 취급했다가 나중에 사과하는 것이다. 나는 대학병원 응급실에 환자로 들어갔다가, 의료진이 내가 그 병원을 운영하는 대학의 교수라는 걸 알게 된 후 나에 대한 처우(그리고 우리의 관계에 대한 지배적인 정의)가 극적으로 개선되는 광경을 여러 차례 목격했다.

응급실을 관찰한 결과는 관습의 네 번째 원리를 확증해 준다. **관습적 이유는 다른 유형의 이유나 관계의 정의와는 조화되지 않는 행위를 정당화한다.** 지금까지 나는 당사자들이 관계의 성격에 동의하고 그에 따라 자신들의 관계와 일치하는 적절한 이유를 찾는 것처럼 말함으로써 이유의 제시에 대한 설명을 단순화했다. 대부분의 경우는 그런 식으로 작동한다. 사회적으로 힘 있는 사람들은 어릴 때부터 상황과 관계에 맞는 이유를 제시하는 법을 학습한다. 그러나 채용 담당관, 사이가 멀어진 연인, 응급실의 사례는 여기에 중요한 반전을 더해 준다. 관계의 당사자들은 때론 눈에 띄지 않게, 간혹 눈에 띄게 분노하며, 상호작용 중에 관계의 정의와 그에 따른 행위를 조정한다. 극단적인 경우에는 당사자 중 한 명이 중요한 행위나 특권을 옹호하기 위해 관계를 거부하기도 한다. "친구끼리 미안하지만, 사업은 사업이야" "규칙은 규칙이야" "나는 더 중요한 원칙을 지켜야 해" 같은 말을 하는 쪽은 상대방에게 실망이나 피해를 주는 행위를 정당화한다.

그와 같은 행위와 그에 상응하는 이유는 매우 중요하다. 나는 오랫동안 대학에서 교편을 잡으며 지각, 결석, 엉뚱하게 오해했거나 허술한 혹은 표절이 명백한 과제에 대해 학생들이 제시하는 이유를 판단해야 했다. "우리 집 개가 숙제를 뜯어먹었어요"라고 말하는 사람은 여태껏 한 명도 없었지만, 듣자 하니 수많은 기말 보고서가 홍수나 도난, 하드디스크 고장으로 사라졌다. 제시된 이유에 관한 나의 판단(그리고 종종 이루어지는 협상)은 학생들의 성적, 학급 등수, 졸업, 극단적인 경우에는 학업 지속 여부를 위협했다. 그래도 전반적으로 볼 때, 내가 학생들의 이유를 수용하거나 거부하는 일은 그들의 안위에 그다지 심각한 영향을 미치지 않았다.

내가 한국전쟁 당시 미 해군 상륙함대의 급여 담당자로 복무할 때는 상황이 완전히 달랐다. 타인의 돈을 취급하는 건 모든 면에서 훨씬 더 심각한 일이었다. 월급날이 돌아오면 나는, 농담이 아니라 진짜로, 여덟 척의 작은 배를 돌아다니며 장정들에게(여군은 없었다) 현금을 나눠 줘야 했다. 금고에서 커다란 가죽 상자로 돈을 옮겨 담고, 부사관과 함께 45구경 권총을 장전해 각자 허리에 찬 다음, 배에서 배로 옮겨 다니며 급여를 지급했다. 수령자와 나의 관계가 좋든 나쁘든 월급은 전부 내주었다. 한 사람씩 수령증에 서명하면, 나는 회계병이 계산한 금액대로 그 사람에게 지급해야 하는 돈을 정확히 세었다. 그처럼 규칙에 얽매인 상황에서 이유는 중요하지 않았다. 아니, 모두가 이유를 당연하게 받아들였다.

하지만 내가 엄청난 재량권을 행사하는 경우도 있었다. 수병들은 종종 나를 찾아와 개인적으로 급한 일이 있거나 출장 비용을 충당해야 한다는 완벽한 이유를 대며 가불을 요청하곤 했다. 하지만 정부에서는 관련 규정을 거의 매일 개정했다. 해군에서 그런 규정의 감독을 책임지고 있던 우리는 그럴 때마다 날짜와 이니셜을 명기하고 수정 사항을 기재하든지 중앙 당국에서 보내온 새로운 문서로 기존의 서류를 교체해야 했다. 우리의 업무지침서는 인덱스가 꼼꼼히 꽂힌 거대한 루스리프식* 대사전처럼 보였다.

나는 이러한 규칙의 복합성과 가변성이 내게 강력한 이점을 제공한다는 사실을 금세 깨달았다. 이 규칙을 숙지한 사람은 나와 부사관뿐인 데다 급여 지급상의 과실은 오로지 나 혼자 책임졌기 때문에, 끈질긴 수병이 난처한 시기에 요청해 오면 십중팔구 지급을 거부할 법적인 이유를 찾아내곤 했다. 나는 밀라노시의 조례에 따라 기록보관소의 문서 촬영을 승인할 수 없다고 그 두꺼운 규약집에 대고 선언하던 치암판 소장처럼 행동할 수 있었다. 물론 우리 함대의 지휘관인 준장이 출장 전에 가불을 요구하면 거의 항상 돈을 내주었다. 그의 권력이 이유를 판단하고 다른 사람의 이유를 부적절하다고 거부할 나의 능력을 제한한 것이다.

* 낱장을 자유롭게 넣고 뺄 수 있는 방식.

행위의 정당화

이유와 관계, 행위의 연합은 어떠한 방식으로 작동할까? 이 세 가지 요소는 다음과 같은 삼각형의 형태를 이룬다.

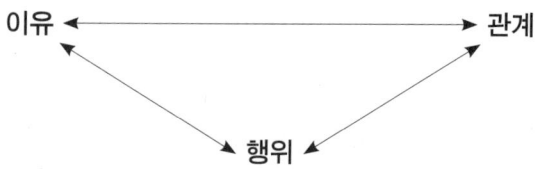

사람들은 대부분 큰 어려움 없이 이유와 관계를 연

결 짓는다. 문제가 발생하는 건 다음 두 가지 상황이다. 첫째, 주어진 이유가 당사자 중 한쪽이 반발하는 관계를 암시하거나, 둘째, 당사자 중 한쪽이 이론의 여지가 있는 행위를 정당화하기 위해 이유를 사용하는 경우이다. 앞서 우리는 셸리가 전 남자친구의 해명에 이의를 제기하는 것을 보았다. 남자친구가 댄 이유가 둘의 관계를 용납할 수 없는 방식으로 규정하기 때문이었다. 그녀의 반박은 첫 번째 상황에 해당한다. 반대로 급여 담당자였던 나는 법적으로 반대할 수 있는 근거를 발견해 호의를 베풀지 않았다. 나는 두 번째 상황을 자처했다. 이론의 여지가 있는 행위를 정당화한 것이다.

정당화는 관습뿐 아니라 이야기와 학술적 논고, 코드와 같은 모든 유형의 이유 제시에서 발생한다. 그러나 관습을 통한 정당화에는 고유한 특성이 있다. 당사자들이 제시된 이유를 진지한 인과적 설명으로 받아들이기보다 관계와 행위, 그리고 그 둘을 결합한 서술로 여긴다는 것이다. 적절한 이유는 수용 가능한 서술을 제공한다.

여성학자 크리스틴 루커Kristin Luker는 낙태와 피임에 관한 영향력 있는 연구에서 서로 교차하는 세 가지 버전의 삼각형을 발견했다. 첫 번째는 낙태를 원하는 남녀가 자신들의 관계에서 이유와 행위의 상호작용을 묘사하는 삼각형, 두 번째는 루커와 인터뷰 대상자들 간의 관계가 그 묘사에 영향을 미치는 삼각형, 세 번째는 최종적으로 루커 자신이 이해한 관계와 이유, 행위의 삼각형이었다.

루커는 1969년에 캘리포니아 교외에 있는 피임 클리닉에서 접수 면담자로 일했다. 그녀는 피임이나 치료 목적으로 낙태를 신청한 많은 지원자 중에 피임 행위로 그녀를 놀라게 한 세 사람을 두 달에 걸쳐 인터뷰했다. 최근 6개월 이내에 낙태를 한 적이 있는 백인 중산층 비가톨릭교 여성들이었다. 세 여성은 임신 가능성이 있어서 또다시 낙태를 해야 할지도 모른다는 생각에 병원을 찾았다. 그들은 지난번 낙태 후 피임 교육을 받았고, 남자를 붙잡아 두려는 의도도 없었으며, 정신적인 장애가 없는 것도 확실했다. 따라서 당시에 가장 흔했던 낙태에 의존하는 이유(무지, 계층, 인종, 종교, 정신이상, 실연)는 이들에게 해당하지 않았다. 이러한 이례성에 고무된 루커는 가족계획·세계인구연맹이 후원하는 북캘리포니아 피임-낙태 클리닉 환자들을 대상으로 자체 연구를 실시했다. 그녀는 두 단계로 작업을 수행했다. 클리닉에 다니는 여성 중 첫 500명의 의료 기록을 분석한 다음, 그중

50명을 인터뷰했다. 이때 남편이나 연인이 동석하는 경우도 있었다. 그리고 샌프란시스코 베이 에어리어의 개인 병원에서 진료를 받는 여성 10명도 추가로 인터뷰했다.(몇몇 경우에는 남편이나 연인과 분리되어 따로 인터뷰하기도 했다.) 루커가 인터뷰한 여성들은 전부 이전에 피임을 한 적이 있고 피임법에 관한 지식이 있는데도 의식적으로 임신의 위험을 감수한 이들이었다. 자신의 의지로 '운에 맡긴' 것이었다. 그중 한 대화는 다음과 같이 진행되었다.

질문자: 어떤 피임법을 사용하셨어요?
응답자: 저희는 월경주기를 계산했어요. 무슨 일이 벌어질 수 있는지 알면서도 어리석은 짓을 했죠. 진짜 그런 일이 벌어졌으니까요. 둘 다 똑똑하다는 소릴 듣는 사람들이 이런 일을 두 번씩이나 저지르다니 놀랍죠.

그러나 많은 경우 그것은 '놀라운' 일이 아니었다. 1970년경에 사용 가능했던 피임 기술은 콘돔, 질외사정, 월경주기 계산, 배란조절형 피임약의 사전 복용, 산부인과에서 자궁내 장치 삽입 시술, 성관계 직후 거품이나 기구로 시행하는 질 세척 등이 있었다. 동거 연인의 경우 모든 선택은 어느 정도의 동의와 협력에 달려 있었다. 즉 관계에 의해 결정되었다.

> 질문자: 월경주기 계산법을 쓰면서 어떤 생각을 하셨어요?
> 응답자: 저희는 인공적인 건 쓰고 싶지 않아서 청교도적으로 행동했어요.
> 질문자: 인공적이요?
> 응답자: 신체에 화학적인 변화를 준다든가 몸 안에 뭘 삽입하는 거요.

이유, 행위, 관계가 명백하게 상호작용을 한 것이다. 성적 파트너들은 서로의 관계를 규정하고 있었다.

그러나 중요한 건 성적 파트너 쌍방의 관계만은 아니었다. 한쪽 혹은 양쪽 모두가 가톨릭 가정 출신인 경우, 제삼자가 중대한 영향력을 행사하기도 했다. 가톨릭 교회의 금지령이 아니더라도 대인 관계망이 다음과 같은 영향을 끼쳤다.

질문자: 예전에 피임약을 복용하다가 약이 다 떨어졌다고 하셨잖아요. 처음엔 어디서 피임약을 구하셨어요?

응답자: 사우스웨스트 시티에 있는 가족계획 클리닉에서요.

질문자: 왜 처방전을 다시 받지 않았어요?

응답자: 저희 아버지 때문에요……. 우리 집은 작은 마을에 있는데 동네 병원이랑 치과 사람들이랑 아주 친해요. 제가 아버지 모르게 다른 의사를 찾아가면 아버지가 상처받으실 것 같았어요.

루커는 '관계-이유-행위'의 삼각형에 관한 두 가지 통찰을 얻었다. 첫째, 여성들은 남성 파트너와의 관계가 어떻게 작동하며, 그것이 어떻게 (비피임) 행위를 이끌었는지 설명했다. 둘째, 그들은 강력한 정당화를 통해, 동정적이지만 지식도 풍부한 젊은 여성인 루커와의 관계 속에서 자신들의 행위에 대해 논의했다.

처음 두 번의 인터뷰 주기를 돌아보며, 루커는 관계, 이유, 행위의 연관성에 관한 자신만의 분석을 실시했다. 그리고 피임법에 정통한 여성들이 원치 않는 임신을 하게 되는 경로가 매우 다양하다는 합리적인 결론을 내렸다. 하지만 대부분의 경로에는 세 가지 공통점이 있었다.

- 파트너와의 (성적인 것에만 국한되지 않는) 사회적 상호작용을 통해, 피임으로 인해 치러야 한다고 인식되는 대가가 커졌다.
- 임신이 되지 않은 채 커플끼리 위험한 행위를 계속하면 할수록 임신 위험성에 대해 두 사람이 가늠하는 정도가 점차 줄어들었다.
- 여성들은, 때로는 커플이 둘 다, 임신할 경우 실행 가능한 대안으로 낙태를 생각하게 되었다.

커플들은 관계가 진전함에 따라 이유와 행위를 조정해 나갔다. 그러나 그러한 발전 과정의 어떤 시점에서든 동거 중인 커플이 자신들 혹은 다른 사람들에게 피임(혹은 비피임) 행위에 관해 제시하는 이유는 인과적 설명보다 정당화로 구성되는 경우가 많았다. 관계-이유-행위의 삼각형은 끊임없이 작동했다.

이유가
전쟁 계획에 사용될 때

관계-이유-행위의 삼각형은 앞서 언급한 연애나 응급실, 군 복무, 낙태 클리닉의 사례보다 더욱 큰 규모로 작동하며 훨씬 더 심각한 결과를 가져올 수 있다. 심지어 미국의 전쟁 계획에도 영향을 미친다. 스탠퍼드대학의 사회학자이자 군사 분석가 린 이든Lynn Eden은 제2차 세계대전 이후 미국의 핵 정책에서 화재 피해가 어느 정도로 고려되고 있는지를 연구했다. 그녀의 복잡하지만 계몽적인 저서에 따르면, 히로시마와 나가사키 폭격 이래로 수많은 관계자들은 도시 지역에서 폭격 그 자체보다 폭격으로 인해 유발된 화재가 훨씬 더 많은 인명 피해와 파괴를 초래했다는 증거를 목격했다. 그런데도 군사 계획의 구상자들은 지금까지도 핵무기로 인한 피해 산출 시 화재 피해를 일상적으로 제외해 왔다. 핵무기 전략에 이를 포함시키지 않은 것이다. 그들은 폭발 자체가 미칠 영향만을 고려해 예상 피해를 계산했다. 이처럼 다른 효과를 제외한 탓에 특정한 수준의 파괴에 필요한 화력의 평균 추산치가 최소한 두 배 이상 증가했다. 그렇다면 군에서 특정한 핵 계획을 실행하기 위해 최소한 두 배는 더 많은(그리고 두 배로 더 돈이 들어가는) 수준의 무기를 요청했다는 의미가 된다. 여러분과 내가 낸 세금이 그 값을 치러 왔다.

어떻게 이런 일이 발생할 수 있을까? 루커와 마찬가지로 이든도 인과 관계에 따른 자신만의 학술적 논고를 구축했다. 그녀가 밝혀낸 이유 제시에 관해서는 뒤에서 더 자세히 살펴볼 것이다. 이든은 화재가 도외시된 이유를 찾는 과정에서 다음과 같이 자명해 보이는 용의자들을 배제했다.

- (다수의 전문가들이 오랫동안 주장했듯이) 화재 피해는 군사 정책에 포함하기에 예측 불가능성이 너무 크다.
- (동일한 전문가들이 오랫동안 주장했듯이) 폭발 피해는

워낙 광범위하기 때문에 화재 피해는 부차적으로 취급될 수밖에 없다.
- 화재 피해에 관해 입수할 수 있는 증거가 너무 빈약해서 확실한 추정이 불가능하다.
- 현존하는 컴퓨터로는 이 문제의 복잡성을 처리할 수 없다.
- 방화를 이용한 교전 행위는 너무 부도덕하거나 심리적으로 기피되어서 그것을 고려할 생각조차 하지 않게 된다.
- 공군은 핵 피해를 과소평가하여 군비와 공군력에 대한 더 큰 투자를 촉진하는 데 조직적으로 관여했다.

대신 이든은 군대의 조직적 구조와 절차가 화재 효과에 대한 군의 무지를 초래했다고 주장한다. 그녀는 비군사적 조직 행동 및 과학 실험 연구와 비교하여 군대의 자기기만에 관한 신선한 이론을 수립했다. 어빙 고프먼이 사회과학에 도입한 '프레임' 개념도 이용했다. 이든은 조직의 구조 자체가 어떤 종류의 정보에 초점을 맞춤으로써 원칙상 조직의 전략에 중대한 영향을 미칠 수 있는 수많은 다른 정보는 걸러내는 프레임을 확립한다고 설명했다. 또한 그녀는, 이런 식으로 표현하진 않았지만, 일련의 특수한 관계들 속에서 타당하게 여겨지는 이유가 (다른 환경에서는 이상해 보일지라도) 다른 조직에서와 마찬가지로 군사 조직의 행위를 어떻게 정당화하는지 증명했다.

엔지니어와 물리학자 중에는(이든이 인터뷰한 인물들을 포함해) 제2차 세계대전 때부터 소이탄을 조사해 화재 피해에 관해 소상히 아는 경우가 있었다. 그들은 이 부분과 관련된 미국의 핵 정책이 놀랍고 심지어 경악스럽다고 표명했다. 그러나 이러한 전문가들은 군의 주목을 받지 못했다. 2차 대전 중에 공군력을 십분 활용한 미군은 전후에 평시 체제로 돌아섰고, 곧이어 스스로 만든 눈가리개를 쓴 채 냉전 체제로 전환했다.

전쟁 중 공군 내부에 깊이 배어든 (주요 표적 체계의 일부인 특정 산업 및 기타 시설은 공중에서 **재래식** 무기를 투하해 폭파시켜야 한다는) 전제는 전후 시기의 **핵무기**에 대한 이해로 곧장 이어졌다. 특정 시설을 목표로 삼아 관련 메커니즘을 초토화시킨다는 발상이었다. 정밀 폭격과 폭발 피해의 조합은 역사가 깊었다. 제2차 세계대전 당시에는 정밀 폭격이 우선시되었기 때문에 화재 피해보다는 폭발 피해에 관한 지식이 더 많이 개발되어, 전쟁이 끝날 때쯤에는 폭발 피해를 더 쉽게 예측할 수 있게 되었다. 무엇을 표적으로 삼고 무엇을 파괴의 수단으로 이용해야 할지에 관한 이해는 전후에 조직적 역량과 누적된 지식, 피해 예측과 관련된 루틴 개발의 기초가 되었다.

이와 더불어 미국의 화재 예방 전문가 단체는 핵폭탄의 화재 분석을 지상에서 발생한 화재에 관한 기존의 지식과 관행에 흡수시켜 버렸다. 예를 들어, 그들은 핵폭탄이 그 자체로 강력한 바람을 생성하여 폭발 지점 너머로 불을 퍼뜨린다는 사실을 인지하지 못했다. 그 결과, 풍부한 지식을 보유한 소방 기술자 허레이쇼 본드는 1950년대 후반부터 부단히 노력했는데도 핵 공격 시 화재 효과의 특수성을 동료들에게 일깨워 줄 수 없었다. 그는 자신의 이유와 행위를 다른 이들에게 전달할 수 없었다.

이 모든 일이 믿을 수 없을 만큼 근시안적으로 보인다면, 당신이 몸담은 조직을 한번 관찰해 보라. 나는 경력의 절반 정도를 대규모 공립대학에서 교수로 일했다. 대규모 공립대학을 주의 깊게 들여다보면 얼마나 많은 제도적 편성이 이미 지나간 세대들의 미래에 대한 예상, 교육 역량, 개인적 선호에 따라 이루어지는지 단박에 알 수 있다. 그리고 그러한 편성의 실제 효과에 관한 정보를 얻는 것이 얼마나 어려운지도 깨닫게 될 것이다. 학교 대항 축구 경기, 학부 전공, 학업 적성 검사의 교육적 근거를 살펴보라!

핵 피해의 사례에서 이유, 관계, 행위의 상호작용이 중요한 이유는 미국의 군사 조직이 누가 누구에게 말할지, 누가 믿을 만한 대화 상대인지, 그에 따라 이유와 행위를 어떻게 일치시킬지를 단호하게 한정해 버렸기 때문이다. 1992년 말, 합동전략표적계획참모부 부국장 마이클 콜리 제독은 핵 피해의 표준 모형에 화재 효과를 통합하려는 과학적으로 뒷받침된 시도를 중단시켰다. 1993년에 이 결정에 관해 이든의 질문을 받은 그는 여전히 핵전략의 주요 표적인 러시아에서는 화재 효과를 예측할 수 없다고 답변했다. 이든이 1991년 말 발표된 최근의 과학적 연구를 논의한 고위급 회의에 대한 그의 반응을 묻자, 콜리는 이렇게 답했다. "솔직히 말해서, 린, 그

브리핑은 저한테 중요하지 않았어요……. 중요한 건 다른 데 돈을 쓰는 게 낫다는 저의 평가였죠……. 저한테 그건, 더 이상 돈을 쓸 필요가 없으니 이제 비용 지출을 멈춰야 할, 끝없이 쌓여 가는 목록 중 하나에 불과했어요. 그건 군의 효율성에 아무런 **도움이** 안 되니까요. 핵공격은 그 자체로 엄청나게 **파괴적이고** 완전했어요." 요컨대 제독의 말에는, 특정한 장소를 정밀 폭격으로 파괴하는 것이 목적이라면 그것을 확실하게 파괴할 수 있는 수단을 선택하는 것이 중요하다는 뜻이 내포되어 있다. 화재와 같은 부수적 효과는 그러한 결정에서 중요하지 않았다. 핵무기로 목표물을 겨냥할 때 사용되는 적절한 이유는 어떤 식으로든 적의 주요 표적에 미치는 폭발의 효과와 관련돼 있었다. 2004년 말, 미국에서 인도-파키스탄 핵전쟁의 여파를 예상한 비공식적 추산은 이러한 원리를 정확히 반영하고 있다. 오직 폭파 자체만이 고려된 것이다.

미 국방부만큼 강력한 조직에서 일하지 않더라도 '끝없이 쌓여 가는 목록'을 처리해야 하는 사람이라면 제독의 괴로운 심정에 공감할 수 있을 터이다. 수많은 요구사항이 우리의 관심을 끌려고 경쟁하고 있으니까! 그러나 중요한 건, 어떤 요구, 어떤 이유, 어떤 관계 그리고 어떤 종류의 신뢰할 수 있는 정보가 우리에게 도달하느냐는 역사적으로 확립된 조직적 루틴에 달려 있으며, 우리는 그것에 제한적인 통제력밖에 행사할 수 없다는 사실이다. 관습이 작동하는 건, 그것이 특정 지역에서 실제로 발생한 일에 적절한 설명을 제공해서가 아니라 현장의 조건에 적절하게 들어맞기 때문이다. 우리는 대부분 관습을 통해 일반적으로 수용되는 행위를 강화한다. 그럼으로써 다른 이들과의 소중한 관계를 원만하게 유지해 나갈 수 있다.

그러나 관습이 늘 순조롭게 작동하는 건 아니다. 사람들은 때때로 특정 분야의 전문가에게 코드나 학술적 논고를 요구한다. 그리고 그보다 더 흔하게, 당황스럽거나 예외적인, 극적이거나 골치 아픈, 또는 본보기가 되는 사건에 직면할 때는 이야기를 추구한다. 그럼 이제부터는 이야기에 관해 살펴보도록 하자.

3장

이야기

제리 폴웰은 미국에서 제일 잘나가는 TV 설교자 겸 기독교 원리주의 단체의 설립자로, 1970년대에 전국적인 주목을 받았다. 그가 1979년에 창립한 윤리적 다수파 Moral Majority*는 미국 보수 정치계에서 큰 활약을 했다. 폴웰은 1984년까지 토머스 로드 침례교회의 담임목사이자 버지니아주 린치버그의 기독교계 리버티대학의 총장을 역임했으며, 라디오와 TV으로 방송된 『올드 타임 가스펠 아워』를 제작하고 관련 출판사도 운영했다. 폴웰과 그의 신실한 추종자들은 기독교 성경에 적힌 문자 그대로의 진리

* 기독교적 가치관을 강조한 정치 단체.

를 주장하고 창조론을 절대적으로 옹호하며 낙태와 동성애에 강력히 반대했다. 폴웰의 생생한 설교는 고난에 맞서고 유혹을 당하고 수없이 흔들리면서도 하나님의 은혜로 승리한 성경 속 인물들을 폴웰 자신 및 신도들과 동일시했다. 성경을 읽는 사람들은 그러한 공식을 쉽게 알아들을 수 있었다. 이러한 메시지는 재정적 후원에 대한 폴웰의 부단한 요구, 즉 신성한 대의를 위한 희생을 뒷받침했다. 그뿐 아니라 폴웰이 개인사를 서술하는 데에도 동원되었다.

교구에서의 인종 통합에 대한 그의 설명을 예로 들어 보자. 폴웰은 인종차별을 한 적이 없다고 주장했지만, 1968년까지는 종교 기관에서의 인종차별을 지지했다. 그는 자신이 의회와 법원, 민권 운동가들의 영향으로 1960년대에 이 문제에 관한 견해를 바꾸었다는 사실도 부정했다. 폴웰은 린든 존슨의 1964년 민권법을 공개적으로 반대한 바 있었다. 그는 당시를 이렇게 회고했다.

나는 북부의 백인 무리가 쳐들어와 우리 남부인들을 괴롭히고 부당하게 공격한다고 느꼈다. 우리가 공동체를 운영하고 삶의 질서를 세우는 일에 간섭하는 것 같았다.

한때 주 정부에 부여되었던 권리를 난데없이 대법원과 의회, 대통령이 가져간 데 화가 났다. 그래서 매일 남부로 밀려오는 오만하고 파괴적이고 종종 폭력적이기까지 한 시위대에 큰소리로 항의했다. 나는 흑인과 백인이 함께 살아갈 방법에 관해 스스로 결정할 권리를 빼앗기지 않겠다고 다짐했다.

그러나 그의 고백에 따르면, 하나님은 이미 인종차별을 향한 그의 의지를 무너뜨리고 계셨다.

1963년의 어느 토요일 아침, 나는 린치버그 메인 스트리트에 있는 리 배커스 구두닦이 상점의 팔걸이의자에 앉아 있었다. 매주 토요일 아침 10시에 초로의 흑인 구두닦이 루이스에게 구두를 맡기는 게 하나의 의식이 되어 있었다. 루이스는 내가 자신의 의자 앞에 나타나는 걸 보고 시계를 맞출 수 있을 정도였다.

"목사님, 지난주에 TV에서 목사님 설교를 들었어요." 루이스가 지난 일주일간 내 신발에 쌓인 먼지를 털기 시작하며 말했다. "전 목사님이 설교하시는 방식이 정말로 마음에 들어요."

"아이고, 고마워요, 루이스." 나는 그를 유심히 바라보며 말했다. 비쩍 말랐지만 근육질인 60대 중반의 사내가 잿빛 곱슬머리 아래서 환하게 웃고 있었다. "요즘 주님과의 관계는 어떤가요?" 나는 돌아올 말을 알면서도 이렇게 물어보았다.

"아주 좋습니다." 그가 웃는 얼굴로 나를 올려다보며 말했다. "주님은 정말 좋은 분이세요."

루이스는 매주 자신의 신앙을 내게 고백했다. 나는 매주 루이스의 의자에서 그를 통해 내 삶에 임재하시는 하나님을 느꼈다. 그런데 바로 그 토요일 아침, 루이스가 이전에는 한 번도 거론한 적 없는 질문을 했다.

"그런데요, 목사님." 그는 다른 사람이 들을 수 없게 작은 목소리로 입을 열었다. "저는 언제쯤이면 토머스 로드에 있는 목사님의 교회에 출석할 수 있을까요?"

다시 한번, 나는 복부에 강펀치를 맞은 권투 선수가 된 기분이었다. 참으로 오랜만에 말문이 막혔다. TV이나 라디오를 통해 나의 설교를 듣는 흑인 가정이 점점 늘어나고 있었다. 그중에는 이따금 토머스 로드 교회를 방문하는 사람들도 있었지만, 루이스가 방금 언급한 것을 물어본 사람은 아무도 없었다.

"목사님을 곤란하게 만들고 싶진 않아요." 내 구두를 다 닦은 루이스가 의자에서 내려오는 나를 부축하며 말했다. "하지만 저는 목사님의 설교가 정말로 좋고, 언젠가는 그곳의 교인이 되고 싶답니다."

그 질문을 받은 다음 주와 그 후로 몇 달간 나는 머리가 복잡했다. 루이스가 우리 교회에 합류하지 못할 이유는 하나도 없었다. 그는 친절하게도 내게 설명을 요구하지 않았지만, 거기에 이유 같은 건 없음을 그도 잘 알았다. 나는 변명을 할 수는 있어도 이유를 내놓을 수는 없었다.

폴웰은 그 순간 "내 마음속에 하나님의 작고 고요한 음성이 들렸다"고 묘사했다. 그러나 1963년에 들은 음성이 현실로 표출되기까지는 오랜 세월이 걸렸다. 폴웰은 1967년에 인종차별적인 린치버그 크리스천 아카데미를 설립했으며, 토머스 로드 침례교회는 1968년에야 흑인 교인을 받아들였다. 다른 종교 지도자들의 압력에도 불구하고, 아카데미는 1969년까지 흑인 학생의 입학을 불허했다. 루이스는 사망할 때까지 흑인 침례교회에 출석했다. 그럼에도 폴웰은 다음과 같이 기술했다. "하나님은 나의 관심을 끌기 위해 의회와 법원과 과격한 행진자들의 시끄러운 시위를 사용하셨지만, 내 마음을 열고 나와 나의 사역에 영구적인 변화를 가져오기 위해서는 루이스의 조용하고 다정한 목소리를 이용하셨다."

폴웰의 설교는 빈번히 관습에 가장 부합하는 이유에 의지했고, 종종 신학적 코드로 옮겨 갔으며, 때때로 진화론의 대안인 창조과학에 관한 학술적 논고를 제시했다. 그리고 구두닦이의 사연과 같은 구조를 지닌 교훈을 거듭해서 다루었다. 기독교적 주인공이 다른 사람의 행동이나 발언으로 말미암아 자신의 약점을 깨닫는다. 주인공은 고통에 몸부림치며 성령의 영감을 구하고, 결국은 잘못된 길에서 돌아선다. 그는 이야기를 들려준 것이다.

이야기를 제시하는 건 TV에 출연하는 목사들만이 아니다. 인터뷰에서도 종종 이야기를 유도한다. 종교 활동에 열심인 베티 다이슨은 결혼 11년 차인 중산층 가정주부로 두 자녀를 두었다. 그녀는 인터뷰 진행자 앤 스위들러에게 자신의 결혼에 관해 이렇게 설명했다.

제가 그 사람과 결혼한 건, 적당한 시기, 적당한 장소에 있던 적당한 사람이어서예요. 우린 학교 다닐 때 만났고,

꽤 이른 시기에 둘이 결혼해서 함께 살기로 결심했죠……. 그 사람은 우리 아버지와 굉장히 비슷해요. 저는 그의 어머니와 굉장히 비슷하고요. 그와는 많은 걸 함께할 수 있을 것 같았어요. 생각도 비슷하고 인생관도 비슷했거든요. 우린 아주 잘 맞았어요. 많은 걸 함께하며 즐겁게 지냈죠. 우린 좋은 친구였어요

스위들러가 지적하듯, 그녀의 인터뷰 대상자들은 이와 같이 널리 통용되는 문화적 레퍼토리를 사용했다. 하지만 그들은 정확성이나 일관성에는 크게 신경 쓰지 않으며 자기들만의 이야기를 만들어 냈다. 사람들이 어떻게 사랑하고 결혼했는지에 관한 이야기에는 항상 약간의 정당화와 설명 비슷한 것들이 포함된다. 그리고 그것은 청중에 따라 달라진다.

이야기의 미덕

　이야기는 당황스럽거나 예외적인, 극적이거나 골치 아픈, 또는 본보기가 되는 사건에 단순화된 인과적 해석을 제공한다. 그리고 전문적인 지식이 아닌 널리 통용되는 지식에 기대어 세상을 이해하게 해 준다. 자신이 운영하는 기관에서 왜 인종차별을 철폐했는지 고백한 폴웰의 설명에서와 같이, 이유는 종종 정당화나 비난의 측면을 내포하고 있다. 이야기는 특별한 종류의 서술로, 이 주제에 관한 어느 입문서에서는 "어떠한 사건 또는 일련의 사건을 묘사하는 것"으로 정의한다. 이 특별한 종류의 서술에는 행위자와 그들의 행위 그리고 그 행위로 인한 결과가 포함된다. 이야기는 일반적으로 인간 행위자를 가장 높은 위치에 올려놓는다. 주인공이 인간이 아닌 경우, 가령 동물이나 영혼, 조직, 혹은 태풍 같은 물리적 환경인 경우에도 대체로 인간처럼 행동한다. 따라서 그들이 재현하는 이야기는 종종 칭찬이나 비난의 뜻을 전달한다.

이야기는 인간이 만들어 낸 가장 위대한 사회적 발명품이다. 우리가 사는 세상은 원인과 결과가 늘 복잡하게 얽혀 있는 복합적인 곳이다. 동시적 인과 관계, 점증 효과, 환경 효과, 오류, 예상치 못한 결과, 피드백은 물리적·생물학적·사회적 과정을 악마의 소행(혹은 신의 작업)처럼 지독하게 꼬아 놓는다. 이야기는 이처럼 불편하고 난해한 문제들을 배제한다. 소설가 마거릿 애트우드는 경험과 우리가 경험에 관해 말하는 이야기의 차이점을 날카롭게 지적한다.

> 당신이 이야기의 한가운데 있을 때, 그것은 이야기와 거리가 먼 혼란에 불과하다. 어둠 속의 포효, 앞이 보이지 않는 암흑, 깨진 유리와 부서진 나무의 잔해와도 같은 상태이다. 폭풍에 휩싸인 집, 빙산과 충돌하거나 급류에 뒤집힌 배 안에 있는 사람들에겐 그것을 멈출 힘이 없다.

이야기의 꼴이 갖춰지는 건 사후에나 가능한 일이다. 당신이 자신이나 다른 사람에게 그것을 말할 때.

비록 진실을 전달한다 해도, 이야기는 관련 과정을 엄청나게 단순화한다. 이해를 돕기 위해 소수의 행위자, 행위, 원인과 결과를 선별하고, 일반적인 과학적 해석보다 책임 소재를 더 분명하게 밝힌다. 또한 이야기는 주어, 동사 그리고 (때로는) 목적어가 단순하게 조합된 작은 단위로 쉽게 쪼개진다.

앙투아네트가 달린다

혹은

샘이 펠리시티를 때린다

이러한 기본적인 구조 덕분에 이야기 속 정보를 다양한 방식으로 재결합하거나 하나의 단위만 뽑아서 자세히 들여다보는 것도 어렵지 않다. 학생을 가르치는 사람으로서, 나는 하루도 빠짐없이 이야기에 의존한다. 이야기를 사용하면 복잡한 전체 내용을 한꺼번에 제시하지 않고 한 번에 하나의 요소나 연결부만 가르치는 것이 가능하다. 그 내용이 진실이든 아니든, 이야기는 인간의 의사소통을 수월하게 해 준다.

아리스토텔레스는 『시학』에서 서양 최초로 이야기에 관한 위대한 분석을 제시했다. 이 책에서 그는 비극을 창작의 가장 고귀한 형식으로 꼽으면서, 적절한 플롯의 두 가지 버전을 설명했다.

> 단순한 플롯도 있고, 복합적인 플롯도 있다. 당연하게도 플롯이 묘사하는 행동 자체가 단순한 것도 있고 복합적인 것도 있기 때문이다. 그러한 행동이 앞에서 말한 대로 연속적인 덩어리로써 진행되고, 주인공의 운명에서 일어나는 변화에 '반전'이나 '발견'이 없다면 단순한 플롯이라 칭한다. 반전이나 발견 중 하나, 혹은 둘 다 들어 있으면 복합적인 플롯이라 말한다. 반전이나 발견은 반드시 플롯 자체의 구조에서 발생해야 하며, 앞서 일어난 일의 결과로써 필연적이고 개연성이 있어야 한다. 어떤 일이 다른 일 **때문에** 발생하는 것과 다른 일 **다음에** 발생하는 것은 차이가 크다.

아리스토텔레스가 말한 '반전'은 상태의 완전한 역전을 의미한다. 오이디푸스를 안심시키려 찾아온 특사 때문에 오히려 부모의 정체가 폭로되는 순간처럼 말이다. '발견'은 무지에서 인지로의 결정적인 변화, 이전에는 숨겨져 있는 무언가에 관한 끔찍하거나 놀라운 인식이다. 오이디푸스 이야기에서 발견(특사의 보고)은 반전(오이디푸스가 아버지를 죽이고 어머니와 동침한 사내였다는 사실이 폭로됨)을 야기한다. 아리스토텔레스는 이 이야기의 특질을 포착했다. 한 명 또는 소수의 행위자, 인지 상태의 변화를 통해 후속 행위를 초래하는 제한된 수의 행위, 시간과 공간의 연속성, 모종의 결과나 교훈으로 이어지는 종합적인 구조가 바로 그것이다.

이야기는 특정 행위자에게 주요한 영향을 귀속시킴으로써, (그러한 행위자들이 눈에 보이지 않거나 신적 존재인 경우에도) 개인의 책임에 관한 일반적인 규칙을 따른다. X는 그 행위를 하였으므로, 결과적으로 발생한 일에 관한 칭찬이나 비난을 받아 마땅하다. 이야기는 극적인 구조를 갖추고 있다는 점에서 관습과 다르다. 그것은 차라리 고전 희곡에 가깝다. 이야기는 시간적·지리적 환경을 넘나들지 않고 대체로 시공간의 통일성을 유지한다. 제한된 수의 인물이 등장하고, 그들의 가시적인 행동이 모든 후속 행동과 그로 인한 주요한 결과를 야기한다. 이야기에는 종종 교훈이 포함되어 있다.

그렇다고 이야기를 고압적인 설교로만 보아서는 안 된다. 이야기는 좋은 소식이나 나쁜 소식을 전달하고, 오락을 제공하며, 부모와 자녀를 결속시키고, 가르침을 줄 수 있다. 나는 네 명의 자녀를 키우며 그들에게 내가 생각하는 기발한 이야기를 들려주었고, 이제는 **그 아이들의** 아이들에게 비슷한 이야기를 계속해서 들려주고 있다. 적어도 이 할아버지는 이야기를 함으로써 손주들과의 상호작용을 통해 즐거움을 얻는다.

'비닐봉지 낚아채기'로 유명해진 이언 프레이저Ian Frazier*의 기분 좋은 이야기는 멋진 표본을 제공한다. 그는 이 이야기에서 자신과 친구들이 도시의 나무 꼭대기에 걸린 비닐봉지를 회수하게 된 경위를 소개한다. 존경받는 작가인 프레이저는 비닐봉지를 낚아채는 자신의 부업에 관해 다음과 같이 설명을 시작한다.

* 미국의 논픽션·유머 작가.

나는 벌써 10년 넘게 나무에 걸려 있는 비닐봉지들과 씨름해 왔다. 그 경험에서 배운 게 하나 있다면 '무언가가 눈에 띌 땐 신중해야 한다'는 것이다. 나는 브루클린에 살고 있었는데, 높다란 나뭇가지에 비닐봉지의 손잡이가 걸려 봉지가 나부끼는 모습이 자주 눈에 들어왔다. 우리의 손에 닿지 않는 위치에서 명랑하고 당당하게 말이다. 이러한 알아차림은 고민으로 이어졌고, 고민은 발명으로 이어졌다. 그렇게 하여 '비닐봉지 낚아채기'가 탄생했다. 긴 막대에 갈고리가 달린 장치를 부착하면 나무에 걸린 봉지나 다른 쓰레기들을 수거할 수 있는 매우 효율적인 도구가 됐다. 내 친구 팀 맥클레런드가 브룸 스트리트에 있는 자신의 보석 공방에서 최초의 시험 모형을 만들었다. 도구가 제작됐으니 당연히 사용해 봐야 했다. 우리는 곧장 비닐봉지 낚아채기를 들고 가을걷이를 시작했다.

프레이저의 에세이는 이어서 자신과 팀 맥클레런드, 그리고 팀의 동생 빌이 처음엔 뉴욕시에서 돌아다니다가 결국엔 미국 전역을 돌며 전국 방방곡곡의 나무에 걸린 비닐봉지와 쓰레기를 수거하게 되었다고 전한다. 그러는 동안 여러 지역에서 담당 공무원과 환경운동가의 협조를 받았다. 하지만 "어떻게 해서 비닐봉지를 낚아채게 되셨나요?"라는 질문의 답은 첫 번째 문단에 전부 들어 있다. 그 답은 다음과 같다.

인식 → 고민 → 발명 → 제작 → 사용

게다가 이 이야기는 일종의 교훈까지 전달해 준다. 필요를 인식하는 것이 발명의 어머니라는 사실이다.

앞서 살펴봤듯이, 관습은 행위를 정당화할 뿐 아니라 사회적 관계를 확증하고 개선하는 데 커다란 공헌을 한다. 그러나 이야기는 그 자체로 고유한 작업을 수행한다. 당황스럽거나 예외적인, 극적이거나 골치 아픈, 또는 본보기가 되는 일들을 일상생활에 통합시키는 것이다. 소설과 드라마에서는 이야기가 중심이 된다. 전기와 자서전, 뉴스 보도, 설교, 연설, 다양한 대화에서도 마찬가지이다. 유능한 사람들이 사회적 상황에 맞는 관습을 제공하고 관습에 맞지 않는 이유에 이의를 제시하는 데 능숙해지는 것처럼, 인간은 성장하면서 다양한 상황에 맞게 이야기를 구성하는 능력을 키워 나간다. 이야기의 수용 여부 역시 타인과의 관계와 그들의 행위에 따라 달라진다. 연설 중에 갑자기 하려던 말을 까먹었을 때, 청중에게 제시하는 이유와 친한 친구에게 하는 말은 다르다. 청중에게는 "죄송합니다, 제가 잠시 멍해졌네요"라는 말로 충분하겠지만, 친구에게는 "두 번째 줄에 앉은 빨간 머리 여자가 내 말을 듣고 기분 나쁜 표정을 지었어"라고 말해 줄 필요가 있다.

효과적인 이야기는 관습과 마찬가지로 화자와 청자의 관계가 평등한지 불평등한지, 가까운지 먼지에 따라 그 성격이 현저히 달라진다. 그럴듯한 이야기는 일반적으로 윗사람이 아랫사람에게 할 때보다 아랫사람이 윗사람에게 할 때 정교함과 자기 정당화가 요구된다. 평등한 관계에서는 이야기 속에 상호 존중과 이해를 확증하는 말이 자주 들어간다. 친밀함의 정도가 먼 관계에서는 양쪽이 서로 주고받는 설명의 길이와 복잡성에 엄격한 제한을 가하는 게 보통이다. 하지만 가까운 관계에서는 자세한 설명이 자주 등장할 뿐 아니라 그것이 관계에 관한 한층 진보된 성찰과 확신으로 이어지는 경우가 많다.

이야기의 작용

간단한 실험을 해 보자. 당신이 자주 시간을 보내는 두 가지 환경을 고른다. 단, 법원이나 실험실처럼 코드나 학술적 논고를 주로 사용하는 환경은 피하도록 한다. 대기실, 통근 기차, 커피숍, 직원 라운지 등이 적당할 것이다. 그런 장소에서 사람들이 당황스럽거나 예외적인, 극적이거나 골치 아픈, 또는 본보기가 되는 사건에 관해 말할 때 어떤 일이 발생하는지 주목해 보라. 그리고 두 가지 환경에서 관찰한 내용을 비교해 보라. 당신의 노트에는 다음과 같이 일상에서 이루어지는 설명의 특징이 적혀 있을 것이다.

• 사람들은 대체로 문제의 사건을 설명하기 위해 이야기를 한다. 그들은 일반적인 원칙("교만한 자는 오래가지 않는다")이나 관습("그 여자는 그저 운이 나쁜 것뿐이다")에 만족하지 않는다. 설령 이야기의 끝은 일반적인 원칙이나 관습으로 마무리 짓게 되더라도 말이다.

• 이야기에는 소수의 인물만이 등장하고, 해당 인물들의 행위 중 소수만이 포함되며, 그러한 행위들의 결과가 언급된다. 또한 모든 사건이 단일한 시간 및 장소 안에서 발생한다.

• (순전한 우연이나 운명이 아니라) 행위자의 성격이 그들의 행위 전체 혹은 그중 대부분을 유발한다.

• 서술자가 핵심 행위자일 때 행위자의 성격은 훨씬 더 중요해진다.

• 이야기에서는 상당수의 개연적인 원인, 필수적인 조건 그리고 무엇보다 발생한 일에 관해 상충되는 설명이 생략된다.

• 몇 가지 주요한 이야기(A가 B를 실망시키는 바람에 B가 고통을 겪고, C와 D가 다툼 끝에 소강상태에 이르는 등)가 자주 반복되어 청자가 곧잘 다음 내용을 예측할 수 있다.

• 이야기는 대체로 일종의 교훈을 담고 있어서, 최소한

한 명 이상의 인물에게 칭찬이나 비난을 돌린다.

• 청자가 이의를 제기하는 문제는 이야기 전체의 인과적 구조보다 이야기가 부여한 칭찬이나 비난, 성격("그 사람이 그런 의도였던 게 확실해요?")과 관련된 경우가 많다.

• 화자가 언급하는 관습과 관용어는 환경에 따라 현저히 달라진다.

요컨대, 일상에서 설명이 필요한 사건에 제시되는 이유는 화자의 사회적 환경 안에서 이미 널리 퍼진 표준화된 이야기의 유형에 따라 달라진다.

관습과 마찬가지로, 이야기도 네 가지 종류의 관계적 작업을 수행한다. 새로운 관계를 수립하고, 기존의 관계를 확증하며, 이의가 제기되거나 변화하고 있는 관계를 조정하는가 하면, 손상된 관계를 개선한다. 그중 가장 빈번한 것이 기존의 관계를 확증하는 일이다. 나와 서로 아주 다른 관계를 맺고 있는 두 사람에게 같은 행위를 동시에 설명해야 할 때, 사람들은 종종 당혹감을 느낀다. 일례로 마트에 갔다가 배우자와 다른 쇼핑객들이 보는 앞에서 식료품 더미를 와르르 무너뜨린 경우를 상상해 보라. 하지만 회사에 면접을 보러 갔는데, 사전에는 양쪽 다 몰랐지만 면접관이 대학 동창인 경우에는 이야기에 조정이 관여하게 된다. 한 사람이 부주의하게 혹은 고의로 친구에게 불리한 정보를 제삼자에게 누설한 경우, 이야기는 주로 관계의 개선에 활용된다. "어떻게 그 사람들에게 그 얘길 할 수가 있어?"

관습도 그렇지만, 어떤 이야기를 하느냐는 당사자들의 향후 관계에 영향을 미치며, 여기에는 일반적으로 특정 행위에 관한 정당화나 비난이 관여한다. 만약 내가 당신에게 우리 둘 다 아는 친구가 나를 속였다고 말한다면, 나는 그 친구에 관한 당신과 나의 입장을 일치시키는 동시에 그 친구에게 돈이나 민감한 정보, 중요한 사업상의 책임을 맡기지 말라고 당신에게 경고하는 것이다. 따라서 그런 이야기를 들으면 우리는 종종 화가 나고, 때로는 화자에게 이의를 제기하게 된다. 반대로 그 이야기를 받아들인다면, 그 결과까지 떠맡는 셈이 된다.

그러나 많은 이야기는 긍정적인 결과를 가져온다. 1960년대 미국에서는 시민권을 요구하는 연좌 운동이 급속도로 퍼졌는데, 참가자들은 대부분 자발적으로 나섰다고 이야기했다. 갑자기 그런 기회가 눈에 들어와 사전계획 없이 함께 행동했다는 것이다. 훗날 사회학자들은 민권 운동에 참여한 사람들과 연좌가 행해진 장소들에서 기존의 연관성을 추적해 냈다. 당시의 활동가들은 충동적인 행동이었다고 주장했다. 하지만 꼭 그렇지는 않았다. 충동에는 몇 가지 중요한 조건이 붙기 때문이다. 사회학자 프란체스카 폴레타Francesca Polletta는 수십 명의 민권 운동가를 인터뷰했을 뿐 아니라 교내 신문, 기타 출판물, 학생비폭력조정위원회SNCC 문서 등에서 최신의 논의를 샅샅이 뒤졌다. 그리고 '자발성'이 중요한 경계 안에서 작동한다는 사실을 발견했다.

좀 더 자세히 살펴보자면, 당시에 유포되던 기본적인 이야기에는 두 가지 반복되는 특징이 있다. 겉으로는 연좌 운동에서 발생한 일과 학교 캠퍼스에서 이루어진 관련 행사에 관한 설명이 주를 이루었다. 하지만 그 안에는 '우리 학생 민권 운동가들은 우리 자신의 권리를 위해 싸우는 일관적인 정치적 행위자'라는 주장이 암시되어 있었다. 폴레타는 "학생들이 연좌 운동에 관해 거듭해서 말한 이야기"를 다음과 같이 기록했다.

자발적이란, 관료주의적 계획이 아닌 어른들의 지도로

부터의 독립, 절박함, 도덕적 당위성에서 나온 행위라는 뜻이었다. 어느 정도 공적인 환경에서 여러 화자가 내놓는 연좌 운동에 관한 서술은 자발성을 중심 주제로 취했는데, 그러한 이야기는 학생 운동가들과 잠재적 활동가들의 자기표현이었다. 학생들은 이야기를 하는 과정에서 집단적 정체성을 만들어 냈고, 그것을 위해 위험성 높은 행동에 착수했다. 연좌 운동 이야기는 (그것의 서술 형식도 매우 중요한데) 동원의 메커니즘을 명시하지 **않음으로써** 행위에 동기를 부여했다. 행위자와 소속 기관의 명확성이 아닌 **모호성**이 이야기의 청자들을 성공적으로 사로잡은 것이다.

'모호성'은 이 이야기에서 어떤 일이 발생했는지 정확히 포착하지 않는다. 이러한 서술에서는 민권 단체, 교사, 교회를 비롯한 중요한 행위자들과 그들의 개입 및 효과가 배제되어 있다. 게다가 관련 행위자, 행위, 원인을 전부 도외시했는데도 이야기의 행위자는 부족하지 않았다. '우리'가 행위의 중심에 섰다. '우리'의 노력이 중대한 결과를 가져왔다. 사회 운동의 안팎에서 '우리'가 어떻게 함께 행동했는지에 관한 이야기에는 두 가지 측면이 반복적으로 병렬되었다. 훌륭한 성과를 올린 공로를 주장하고, 그들이 주목해야 할 믿음직한 행위자의 존재를 강조한 것이다. 이야기는 행위자와 행위, 원인과 결과를 단순화한다. 그들의 논리는 단순화를 통해 명확성을 획득한다.

수사학으로서의 이야기

지금까지 나는 이야기에 관해 설명하며 마치 반응 없는 TV 카메라에 대고 말하는 고독한 독백처럼 그 과정을 단순화하여 기술했다. 이와 같은 혼잣말의 이미지는 이야기가 언제나 대화의 일부로써 발생하며 발화 중간에 다른 사람들이 개입하기도 한다는 사실을 지워 버린다. 심지어 (라디오와 TV 프로그램『올드 타임 가스펠 아워』로 제리 폴웰의 설교를 듣는 신도들처럼) 청중이 눈에 보이지 않고 멀리 떨어져 있는 극단적인 경우에도 화자는 청중의 반응을 예측한 가설에 따라 움직인다. 여기서 다시 한번 아리스토텔레스의 도움을 받아 보자. 이번에는 그의『수사학』이 유용할 것이다. 아리스토텔레스에게 있어서 변증법이란 어떠한 사례를 의심의 여지 없이 증명하기 위해 논리적인 명제를 엄밀한 논거를 바탕으로 한 귀납법과 결합시키는 것이었다. 수사학은 변증법과 유사하지만, 주장과 예시를 결합해 상대를 설득한다. 아리스토텔레스가 정의한 과학은 반박할 수 없는 보편적 원칙을 수립하는 것이기에, 그의 관점에서 변증법과 수사학은 둘 다 과학이 아니었다.

아리스토텔레스의 수사학에는 세 가지 유형이 있다.

- 정치 연설: 제안된 행동 방침에 찬성 혹은 반대함
- 법정 변론: 누군가를 공격하거나 변호함
- 선전 연설: 누군가를 칭찬하거나 비난함

세 가지 유형 모두에서 수사학의 효과는 견고한 논리뿐 아니라 인간의 특성과 감정에 관한 날카로운 이해에 달려 있다. 이는 화자와 논점, 청중의 관계에 의해 좌우된다. 그래서 아리스토텔레스는 수사학에 필연적으로 관계적 해명이 들어간다고 말했다.

『수사학』의 결말에서 아리스토텔레스는 청중에 관한 지식을 바탕으로 다음과 같은 현명한 조언을 내놓았다.

농담에 관해 말해 보자. 그것은 논쟁에서 어느 정도 유용하다고 추정된다. 고르기아스는 상대의 진지한 말은 농담으로 끊고, 상대의 농담은 진지한 말로 끊어야 한다고 했다. 옳은 말이다. 농담의 유형은 『시학』에 기술해 놓았다. 농담에는 신사들에게 어울리는 것과 그렇지 않은 것이 있다. 따라서 **자기에게** 어울리는 농담을 선택해야 한다. 신사들에게는 해학보다 풍자가 잘 어울린다. 풍자적인 사람은 자기 자신을 즐겁게 하려고 농담을 하지만, 해학적인 사람은 다른 사람들을 즐겁게 해 준다.

맺음말은 네 부분으로 구성된다. 당신은 (1)청중이 당신에게 좋은 감정을 갖고 반대자에게는 나쁜 감정을 갖게 하고 (2)주요 사실을 확대하거나 축소하고 (3)청중의 감정을 당신이 의도한 상태로 자극하고 (4)그들의 기억을 환기시켜야 한다.

이어서 두 가지 결론이 따라온다. 첫째, 수사학적 노력의 성공은 오늘 참석한 청중이 화자와 논점의 조합에 어떻게 반응할지를 수사학자가 얼마나 잘 추정하느냐에 달려 있다. 둘째, 논점과 화자가 같더라도 청중이 달라지면 그 영향도 달라진다. 두 가지 결론은 동일한 명령을 이끌어 낸다. 청중을 파악하고 반응을 관찰하라.

『수사학』은 고대 그리스판 TV 설교자(대중 연설가)를 대상으로 한 글이기 때문에, 아리스토텔레스는 그에게 너무나 당연했을 세 번째 요점을 제시하지 않았다. 아리스토텔레스는 『정치학』에서 인간은 사회적 본능을 타고났다고 주장했다. 우리는 아리스토텔레스의 논의를 한 단계 더 발전시켜서, 수사학적 작업은 대부분 일방적인 연설이 아니라 쌍방향적 대화에서 이루어진다는 점에 주목해야 한다. 그뿐 아니라 대화에 참여하는 사람들이 자주 논쟁에 끼어들어 대화의 방향을 예측하거나 확인하거나 이의를 제기한다. 노련한 수사학자는 자신의 이야기를 다른 참가자들이 어떻게 받아들이는지 수시로 확인한다.

언론인은 뛰어난 수사학자가 되는 법을 배운다. 그들은 객관적인 보도를 가장해 설득 업무를 수행한다. 그들은 자신이 이미 구성해 놓은 설명을 뒷받침하려고 권위자를 언급하여 자신의 이야기를 강화한다. 아마도 권위자를 거론하면, 아리스토텔레스의 표현대로 청중이 기자의 이야기에 좋은 감정을, 반대자에게는 나쁜 감정을 갖게 되고, 주요 사실을 확대하거나 축소할 수 있으며, 청중이나 독자의 감정을 자신이 의도한 대로 자극하고, 그들의 기억을 환기시킬 수 있기 때문일 것이다.

언론인 알렉산드라 키티Alexandra Kitty의 지적처럼 권위자의 말을 인용하면, (a)기사에 사실성이 부여되고 (b)내부 정보가 입증되며 (c)언론인이 모든 장소에 존재할 순 없다는 사실이 보완될 뿐 아니라 (d)공식적인 정보를 전달해야 하는 언론인의 의무를 이행할 수 있다. 권위에의 호소에 대해 키티는 다음과 같이 말한다.

> 그것은 뉴스 기사에 다른 무엇도 아닌 사실적인 분위기를 더해 줄 수 있다. 은행 강도를 취재할 때 목격자 진술은 흥미롭기는 해도 불완전하거나 부정확할 수 있다. 지방 검사나 경찰 관계자의 사건 보고가 기사에 더 큰 무게감을 실어 준다. 사업체의 부정행위에 관한 고객의 불만 제시는 정부기관의 경고보다 설득력이 떨어진다. 평범한 시민은 직함을 보유한 인물보다 신뢰도가 현저히 낮을 수밖에 없다.

나는 딱히 권위자는 아니지만, 이따금 언론인들이 취재 중인 사안을 확인해 달라며 내게 전화를 걸어 온다.

그들이 기사 작성을 위해 질문할 때 사실을 묻는 경우는 거의 없다. 대부분은 보도에 인용할 만한 문장을 끌어내 자신이 이미 결정한 요점을 보강하려 한다. 그들은 수사학적 도움을 요청한다.

의사를 수사학자로 보는 경우는 거의 없다. 그러나 의사들은 특히 안 좋은 소식을 전달해야 할 때 거듭해서 수사학을 사용한다. 1장에서 인용한 의료 면담 교과서는 수사학에 능숙한 의사가 청중을 살피는 방식에 관한 통찰력을 제공한다. 이 교과서에는 "질병에 관한 교육"이라 불리는 절차가 소개되어 있다.

> 환자에게 그들의 질병에 관해 교육하는 절차는 여섯 단계로 나뉜다. (1)병인에 관한 환자의 의견을 유도한다. (2)기본적인 진단을 제공한다. (3)진단을 들은 환자의 감정에 대응한다. (4)질병에 관한 환자의 지식을 확인한다. (5)진단의 세부 내용을 알린다. (6)이 문제에 관한 환자의 이해도를 확인한다.

이 절차는 대화를 묘사하고 있다. 의사는 단순히 권위 있는 과학적 견해를 발표하는 게 아니다. 그들은 환자와 대화하면서 상대방이 자신의 이야기와 그에 따른 일련의 행위를 받아들이도록 설득한다.

그러한 과정에서 의사들은 때로 부정적인 소식을 전해야 한다. 노련한 의사는 나쁜 소식을 전할 때 청자를 주의 깊게 살핀다. 치명적인 단어를 입에 올리기 전에 청자 쪽에서 먼저 침묵을 깨도록 유도하기도 한다. 미국의 정신과의 해킷과 와이즈먼의 앞선 연구를 인용하며, 더글러스 메이너드Douglas Maynard는 다음과 같은 설득력 있는 예시를 내놓는다.

한 여성 환자가 의사에게 두통이 심하다고 호소했다가 '신경' 때문이라는 말을 듣자 자신이 왜 이렇게 불안한 건지 물었다. [의사에게서] 같은 질문이 되돌아왔다. 그녀는 이렇게 답했다. "제가 왜 불안하냐고요? 1년 만에 몸무게가 27킬로그램이나 빠졌어요. 신부님이 일주일에 두 번이나 가정방문을 오셨고요. 예전엔 그러신 적이 한 번도 없는데 말이에요. 게다가 제가 점점 더 못되게 구는데도 시어머니는 오히려 더 친절하게 대해 주세요. 이러면 선생님이라도 불안하시지 않겠어요?" 그러자 의사가 물었다. "자신이 죽어 가고 있다고 생각하세요?" 그녀는

"네"라고 말했다. 의사는 "맞아요"라고 대답했다. 그러자 환자는 미소를 지으며 말했다. "제가 드디어 침묵의 벽을 무너뜨렸군요. 마침내 누군가가 진실을 말해 줬어요."

이 대화에서 수사학적으로 누가 더 뛰어난 언설을 했는지는 사람마다 해석이 다를 수 있다. 하지만 요점은 이 짧은 이야기(당신이 죽어 가고 있으며, 당신의 임박한 죽음이 주변 사람들의 행동에 놀라운 변화를 가져왔다는 이야기)가 독백이 아닌, 요령 있는 대화를 통해 밝혀졌다는 것이다.

변명, 사과 그리고 책망

일상적인 이야기에도 자신과 타인을 향한 칭찬이나 비난 같은 윤리적 평가가 상당수 포함된다. 그러나 변명이나 사과, 책망이 이야기에서 큰 비중을 차지하게 되는 건, 당사자 중 적어도 한 사람이 관계를 재조정하거나 개선하려 할 때이다. 오랜 친구와의 점심 약속에 40분 늦게 도착했는데 친구가 여전히 기다리고 있다면, 뉴욕 사람들의 습관적인 변명인 "지하철이 너무 안 와서"보다 훨씬 많은 설명이 필요할 것이다. 이야기는 나의 지각이 친구 자신과 우리의 우정에 미친 피해를 회복시켜 준다. 하지만 만약에 그 오랜 친구가 얼마 전 제삼자에게 나에 관한 당혹스러운 소식을 전해 나의 신뢰를 저버렸다면, 나는 다른 이야기를 하게 될지도 모른다. 나는 너무 화가 나서 약속에 나오지 않을 생각도 했지만, 결국 직접 만나 담판을 짓기로 마음을 먹었다. 이런 경우에 우리는 관계를 재조정하고 어쩌면 완전히 끊어 버릴 수도 있다.

포 브론슨Po Bronson은 사람들에게 남다른 질문을 던지며 놀라운 이야기들을 수집했다. 그러한 이야기에는 변명과 사과, 책망이 섞여 있는 경우가 많았다. 브론슨은 1990년대에 실리콘 밸리에 관한 소설 두 권과 논픽션 한 권을 출간했다. 전부 베스트셀러였다. 그러다가 방향을 바꿔 보고 싶다는 생각에 평소 관심이 있던 진로 문제에 관한 새로운 책을 집필했다. 신작의 제목은 『내 인생 어떻게 살 것인가』였다. 이 책은 주로 갑작스럽게 진로를 완전히 바꾼 사람들의 이야기를 담고 있다. 브론슨은 아주 사적인 문제로 자신이 그 사람들을 찾아다닌 과정을 기록하고, 그들과 나눈 대화나 함께 떠난 여행을 소개한다. 책 속에는 오랫동안 갈망한 변화를 이루지 못한 많은 사람과 자신의 소명에 만족하고 있는 엔지니어 한 명이 등장한다. 브론슨은 다음과 같이 말한다.

이렇게 좋은 사람들을 많이 만나게 될 줄은 몰랐다. 그들

이 나를 이렇게 진솔하게 대해 주리라고는 기대하지 않았다. 내가 그들에게 이렇게 많은 것을 배우게 될 줄은 몰랐다. 이 책이 내가 새로운 목소리를 낼 수 있는 도구가 되리라는 것도 예상하지 못했다. 아들이 태어나고, 9·11 참사가 발생하고, 부모님이 병에 걸리신 후에도 이 책을 향한 나의 열정이 지속되리라고는 상상도 못 했다. 훗날 내게 벌어진 모든 일은, 내가 나의 본능을 믿었던 것에 대한 보상인지도 모르겠다.

이 책에서 우리는 브론슨이 다른 이들의 삶에 뛰어들어 차례차례 이야기를 끌어내는 모습을 보게 된다. 그는 때로 그들에게 당신은 자기 자신을 속이고 있다고 말해 주고, 그들의 삶을 관찰하면서 인간과 직업의 자아실현적이고 생산적인 일치에 관한 통찰을 얻는다. 그의 이야기는 두 가지 측면에서 우리의 논제에 부합한다. 화자들은 주로 자기 자신과 자신의 삶에서 중요한 인물들 사이의 관계를 강조하는 동시에, 끈질긴 인터뷰어이자 자신과 우정을 키워 가고 있는 브론슨과의 관계를 조율한다.

예를 들어, 칼 컬랜더는 듀크대학의 의대 예비과정

중에 단편소설을 발표했다가 영화 『세인트 엘모의 열정』의 각본가로 할리우드에 입성한 사람이었다. 영화 촬영 중에 출연 배우 앤디 맥다월과 교제하기도 했다. 당시 그는 맥다월에게 이렇게 약속했다. "촬영이 끝나면 내가 자란 피츠버그의 집으로 돌아가서 우리 세대에 관한 단편소설을 쓸 거야. 진심에서 우러난 아주 깊고 생생한 이야기를 쓰겠어." 하지만 컬랜더는 그러지 않았다. 그 일은 아주 오랜 시간이 지난 후에야 실현되었다. 브론슨의 신작에 관해 전해 들은 컬랜더는 그에게 연락을 해 왔다. 예전의 자신처럼 할리우드에서의 성공에 현혹되지 말라고 경고해 주기 위해서였다. 컬랜더는 10대들을 주인공으로 한 드라마 『베이사이드 얄개들』Saved by the Bell의 대본을 집필하며 돈과 명예를 거머쥐었다. 하지만 스스로를 배신한 것에 혐오감을 느꼈다고 고백했다. 브론슨은 이렇게 전한다. "대부분의 사람들이 보기에 그는 성공한 사람이었다. 돈도 많이 벌었고 업계에서 그를 모르는 사람이 없었다. 하지만 본인은 자신의 소명에서 등을 돌렸다고 느끼고 있었다."

그러던 중, 신기하게도 컬랜더에게 피츠버그대학에서 1년간 근무할 기회가 찾아왔다. 브론슨은 피츠버그로 찾아가 컬랜더와 새로운 대화를 나누고, 그가 영화학부 프로그램의 일환으로 학생들과 교수진에게 제공한 강연에 참석했다. 그 후의 일을 브론슨은 다음과 같이 기록했다.

차에 도착해서 나는 이렇게 물었다. "할리우드의 목소리가 학계의 목소리로 변해 버릴까 두렵진 않아요? 프라이타크 삼각형*이 3막 구조**를 대체하게 되면 어떡해요? 영화사 임원보다 에로틱한 레즈비언 시인들에게 어필하는 사람이 되면요?"

그는 잠시 침묵하더니 다른 맥락에서 대답을 해 왔다. "어떻게 그럴 수 있는 거예요? 왠지 모르겠지만 당신은 이런 곳을 우상화하지 않아요. 나는 왜 그게 안 되죠? 당신은 여기 겨우 하루 있었는데, 내가 3개월간 본 것보다 이곳의 그늘을 더 뚜렷이 볼 수 있어요."

"난 그저 당신이 여기에 온 이유를 잊어버리지 않길 바랄 뿐이에요."

"맙소사, 나도 당신처럼 성실했으면 좋겠어요. 정말이에

---

* 문학의 기본 구조.
** 시나리오의 기본 구조.

요. 당신은 꼭 게리 쿠퍼 같아요."

"아니에요, **날** 우상화하지 마요."

다시 침묵. "어떻게 하면 그럴 수 있어요?" 그가 물었다.

"목표에서 벗어나지 않는 거요?"

"그래요."

"남들에게 인정받기 위해 살지 마요. 다른 누군가의 인정을 위해 살아선 안 돼요."

"인정받기 싫어하는 사람이 어디 있어요."

"그건 논쟁의 여지가 있겠는데요."

"사실이 그래요!"

"맞아요. 하지만 당신까지 그럴 필요는 없잖아요. 영원히는 아니더라도, 잠시만이라도요."

브론슨이 기록한 컬랜더와의 대화에서 우리는 두 명의 전문 작가가 자기 자신에 대해 설명하고, 수시로 변명과 사과, 책망을 내놓으며 둘 사이의 관계와 타인들과의 관계를 조정하는 모습을 볼 수 있다. 이야기는 그들 사이의 연결고리를 만들고, 확증하고, 개선하고, 재구성하는 수단이 된다.

생애사 이야기

포 브론슨의 책이 보여 주듯이, 이야기의 전달은 그 본질적 특성상 적어도 인생의 한 부분을 묘사하는 전기傳記를 포함하는 경우가 많다. 생애 전반을 다루는 전기는 대체로 다수의 이야기가 에피소드별로 구성되어 있으며, 때로는 하나의 거대한 이야기로 종결되기도 한다. 이러한 이야기 역시 행위자와 행위, 원인과 결과를 단순화한다. 그것이 전기와 자기계발서가 베스트셀러 목록의 상위권을 빈번히 차지하는 이유 중 하나라는 데에는 의심의 여지가 없다. 이러한 책들은 이해하고 호응하기 쉬운 설명 방식을 취한다. 바로 이야기이다.

물론 전기는 성인들의 모범적인 일생처럼 코드 형태

를 취할 수도 있다. 심리학자나 의학 전문가가 율리우스 카이사르 혹은 우드로 윌슨의 비밀을 풀어 보고자 할 때는 학술적 논고를 사용할 수도 있다. 대니얼 베르토Daniel Bertaux와 캐서린 델크루아Catherine Delcroix는 그들이 '가계사'family case histories라 명명한 것을 사회사의 체계적인 도구로 이용해 아주 특별한 학술적 논고를 내놓았다. 퀘벡의 라발대학 소속인 두 사람은 학생들에게 2~3세대 이전에 살았던 대학생 나이의 인물을 선택해 그 사람의 가족을 양쪽 조부모 대까지 추적하고, 그다음에는 직계 후손과 형제자매의 후손까지 추적하게 했다. 학생들은 출생과 혼인, 사망 신고 같은 공적인 기록에서 상당한 분량의 단서를 얻을 수 있었지만, 인터뷰를 비롯한 다양한 자료를 통해 정보를 보충해야 했다. 베르토와 델크루아 그리고 학생들은 이러한 가족들의 역사를 다시 서술함으로써 퀘벡 역사의 작은 단편을 포착했다.

60명의 학생과 그들이 선택한 역사 속 참고인들로부터 시작된 이 과제는 해당 지역의 사회적 변화에 관한 놀라운 증거를 도출해 냈다.

이와 같은 60명의 가계사는 지난 70년간 퀘벡 주의 해

당 지역에서 발생한 사회적·역사적 변화의 다양한 측면을 종합적으로 보여 준다. 조상 세대는 대다수가 소농이었고, 인디언 추장의 딸과 결혼한 덫 사냥꾼(원주민을 상대하는 무역상)도 한 명 있었다. 다음 세대에서는 농부들이 거의 사라지고, 퀘백과 미 북동부에서 건축업이나 산업 및 도시 서비스업에 종사하는 노동자들이 대세를 이루었다. 가족의 규모가 훨씬 작아졌고, 결혼한 여성이 직업을 갖는 경우도 늘었다. 3대째에 이르면 교육·사회복지·보건 분야 종사자가 급격히 늘어난다. 하지만 가장 흥미로운 부분은 이 방대한 집단 역사의 세부 내용이었다. 우리는 다양하고, 지역적이고, 우발적인(때로는 행복하고 때로는 비극적인) 중재와 계획, 노력, 극적인 사건, 승리, 상황, 우연에 의해 **실제로** 어떠한 사회적·역사적 변화가 일어났는지 알 수 있었다.

베르토와 델크루아 그리고 학생들은 사회 변화에 관한 체계적인 분석에 이야기를 끼워 넣는 방식을 발견했다. 수많은 사건을 연결하여 단일 사건으로는 알 수 없는 이야기를 만들어 낸 것이다.

이러한 방식은 자전적 기술에도 적용된다. 이력서나

취업 면접, 선거 연설, 사교 단체의 회원 신청서 같은 소규모의 특수한 분야에는 코드가 사용된다. 자신에 관해 직접 기술한 학술적 논고는 그보다 더 규모가 작긴 해도 역시 존재한다. 가령 사회학자들은 이따금 다른 사회학자에게 본인의 삶을 형성한, 아니면 최소한 영향을 준 사회적 과정을 분석하는 자서전을 써 달라고 요청한다. 하지만 그런 글에서조차 이야기를 통해 자신을 방어하려는 충동이 넘실거린다. 사회학적 자서전을 집필한 어빙 루이스 호로비츠Irving Louis Horowitz는 자서전이란 "사람들이 지도자의 말과 행동을 진지하게 받아들이게 하려는 전략이자 자기 자신에 관한 매력적인 표현"이라 정의했다. 그러면서 그는 자서전이 "다른 사람의 행동에 관한 모범을 제공하는 동시에, 우리가 모방해야 할 도덕적 행위의 전형 혹은 반대로 부도덕한 행위의 전형으로써 우리의 삶에서 피해야 할 함정을 보여 준다"고 말했다. 그러므로 사실상 대부분의 사회학자는 자신의 삶을 사회학적 해석의 대상으로 전환시키는 일을 제대로 수행하지 못한다. 그들은 스스로를 표준화하여 자신을 어떤 범주를 대표하는 구성원으로 만들려는 경향이 강하다.

전문가적 시선으로 자신을 바라본 이야기 중 내가

개인적으로 가장 좋아하는 이야기는 사회학이 아닌 역사학에 기반한다. 지칠 줄 모르는 지식 편집자 피에르 노라Pierre Nora는 1980년경 프랑스에서 가장 저명한 역사가 일곱 명을 설득해 자기 자신을 역사적 객체로 삼게 했다. 노라는 이를 "자기 자신의 역사가가 되어 보려는 역사가들의 시도"라고 평했다. 그렇게 해서 프랑스의 유명 역사학자 모리스 아귈롱, 피에르 쇼뉘, 조르주 뒤비, 라울 지라르데, 자크 르 고프, 미셸 페로, 르네 레몽이 자기 자신을 역사의 현미경 위에 올려놓은 『나는 왜 역사가가 되었나』Essais d'égo-histoire가 탄생했다. 가령 쇼뉘는 "내가 역사가가 된 것은 **라 모르트**[죽은 여인]의 아들로서 어린 시절부터 시간의 신비에 사로잡혀 있었기 때문"이라는 선언으로 역사가로서의 자기 분석을 시작했다. 쇼뉘의 어머니는 그가 생후 9개월일 때 세상을 떠났다. 그는 가족사진에서 본 수수께끼의 '흰옷 여인'이 **라 모르트**, 즉 돌아가신 어머니라는 사실을 한참 뒤에야 알게 되었다. 쇼뉘는 자신의 직업을 결핍된 시간의 불가사의를 풀기 위한 평생의 노력이라고 묘사한다.

모든 저자가 개인적인 부분을 자세히 공개한 건 아니다. 조르주 뒤비는 다음과 같이 서문을 연다.

실은 거리감을 유지하기 위해 마지막 문장을 쓰는 순간까지 삼인칭 시점으로 글을 쓸 계획이었다. 하지만 가식적으로 보일까 두려워 이 계획을 포기했다. 요점부터 말하자면, 나는 나의 인생 이야기를 한 것이 아니다. 우리는 이 자아 역사서에서 나의 일부만을 드러낸다는 데 합의를 보았다. 자아를 만드는 사람, 혹은 자아 기술자 말이다. 내가 사랑하는 그림이나 연극, 음악에 대해선 한마디도 하지 않기 때문에, 내 삶의 본질은 분명 침묵으로 남아 있다.

나는 프랑스 역사를 연구하던 시기에 이 사람들과 알고 지내거나 최소한 만나 본 적이 있다. 그래서 그들의 에세이를 읽으며 내 안에서 비평가와 역사가, 엿보는 사람이 합쳐진 상태로 저자 자신의 이야기라는 잘 짜인 창문을 통해 그들의 창의적인 삶을 들여다보았다. 학술적 논고의 한 종류인 자서전은 단순화된 행위자와 그들의 행위, 인과 관계 및 교훈을 이용해 거의 항상 이야기로의 전환을 시도한다.

자서전은 그 형태가 글이든 말이든, 산발적인 이야기로만 남을 수 있는 여러 이야기를 줄줄이 엮어 내는 경우가 많으며, 때로는 하나의 거대한 이야기를 구성하기도 한다. 『자기 생애의 변론』apologia pro vita sua* 같은 경우가 그러하다. 영국 공산주의 역사학자 래피얼 새뮤얼 Raphael Samuel은 이 장르에 체제 전복적인 공헌을 했다. 그는 이따금 자신이 경험한 좌파 정치에 관한 회상을 남겼고, 도시 토박이인 자신의 가족과 시골의 관계를 주제로 하는 신랄한 (그리고 미완성을 특징으로 하는) 에세이도 한 편 발표했지만, 정식으로 자서전을 집필한 적은 없다. 그러나 그가 쓴 거의 모든 글은 자전적 이야기에 기대어 있었다. 새뮤얼의 개인적인 성찰과 관찰은 그가 30여 년간 활동한 주 무대인 영국 사회사의 비판적 해석과 상당 부분 밀접하게 얽혀 있다.

새뮤얼은 1995년 4월에 암을 진단받고 그로부터 불과 20개월 후인 1996년 12월에 사망했다. 그는 방대한 양의 메모와 미완성 원고를 남겼는데, 역사학자 샐리 알렉산더와 개러스 스테드먼 존스가 새뮤얼의 (역사학자가 아닌) 부인 앨리슨 라이트와 협력하여 그중 일부를 『아일랜드 이야기: 영국을 해석하다』Island Stories: Unravelling

---

* 영국 성공회에서 가톨릭으로 개종한 존 헨리 뉴먼 추기경이 자신의 종교관을 고백한 자서전.

Britain라는 훌륭한 책으로 엮었다. 그렇게 새뮤얼과 그의 편집자들은 영국 역사를 사랑하는 독자들에게 단번에 독파하기보다 두고두고 음미할 수 있는 책을 유산으로 남겨 주었다. 이 책은 대강 넘겨 보기만 해도 새뮤얼의 삶과 업적이 강렬하게 느껴진다. 풍부한 이야기 속에 번뜩이는 회고가 넘쳐나기 때문이다. 이 책을 덮으며 우리는 새뮤얼의 단상에 즐거워하고, 눈앞에 떠올랐다 이내 사라지는 개념들에 애태우며, 의문이나 반론, 감탄사를 여백에 적어 넣고 싶은 유혹에 빠지는가 하면, 이 모든 깨달음에 놀라워하게 된다. 그리고 새뮤얼의 열정적인 목소리가 귓가에 맴돈다.

새뮤얼은 역사 연구의 위대한 선구자였다. 또한 그는 지적인 수집광이었다. 낱장의 종이에 발췌, 요약, 메모, 스크랩, 복사물 및 괴상한 생각을 철해 놓았다가 자신의 글에 들어갈 재료로 재구성했다. 그의 글은 수많은 각주로 장식되었고, 인용과 암시가 가득하며, 때로는 너무 많은 개념을 한 문장으로 묶는 바람에 제 무게를 못 이겨 축 늘어지려 한다.

반면에 '브리티시'British는 현재 약간 유행하는 단어인데,

아마도 '잉글리시'English보다 문화적 짐을 덜 짊어진 덕분에 문화유산 사냥꾼들에게 덜 노출되었다는 이유도 있을 테지만, 그뿐 아니라 이전 제국주의 시대에도 그랬지만 현재의 탈식민지적 어법에서도 그것은 다민족적인 단어여서 다종교, 다문화 사회의 출현을 더욱 잘 인식할 수 있기 때문인지도 모른다.

이 구절처럼 새뮤얼은 사람들을 밀치고 나아가면서 자신의 적들을 (여기서는 문화유산 산업과 연관된 상인과 비평가 모두를) 팔꿈치로 쿡 찌르는 경우가 많았다. 또한 그는 신랄하지만 생생한 위트를 구사했는데, 방금 인용한 구절에서 세 줄 위의 문장이 그러하다. "영문학 교육은 침대에서의 선교사 체위와 상위 정치*의 편협 그리고 문학계의 찻집 같은 고상함과 연관되어 있다." 새뮤얼의 이야기는 대부분 이런 식으로 다른 이들의 거만한 이론을 소탈한 설명으로 바꿔 놓는다.

우리가 새뮤얼의 글을 읽는 건 논증보다는 통찰을 위해, 이론이나 서사보다는 맥락과 연관성을 얻기 위해

* 군사와 안보 등 전통적인 문제를 다루는 정치.

서이다. 역사적 통찰, 맥락, 연관성을 제공하는 데 있어 새뮤얼에 필적할 만한 작가는 찾아보기 힘들다. 영국의 국민 통합이 호전적인 개신교 덕분이라는 린다 콜리의 주장에 새뮤얼은 1536년 이후 개신교들이 다른 영국인들과 편을 나누거나 내부에서 분열된 수많은 사례를 개관했다. 또한 해슬램 밀스의 글에서 "[그의 이모는] 보초가 막아서자 '잉글리시'도 아니고 '브리티시'는 더더욱 아닌 '감리교인'이라 말했다"는 부분을 인용하기도 했다. 이처럼 새뮤얼의 이야기는 역사적 행위의 원인을 독특한 정신 상태에서 찾는 경우가 많다.

악당의 자서전

 래피얼 새뮤얼은 본인이 아닌 타인의 삶을 자서전으로 옮기는 데에도 지속적으로 기여했다. 그는 런던의 불량배였던 아서 하딩을 1973년부터 1979년까지 여러 차례 인터뷰했다. 인터뷰가 시작될 당시 하딩의 나이는 여든일곱이었다. 자신이 엮은 하딩의 구술사 서문에서 새뮤얼은 이렇게 공언했다. "이 **챕터들**은 6년에 걸쳐 테이프에 녹음한 회고에서 발췌했다. 그들의 조직이 어떻게 결성됐는지(그리고 성장 과정에서 어떤 악전고투를 거쳤는지)는 1권(『이스트엔드의 암흑가: 베스널그린 남서부』)에 실려 있으니 관심 있는 독자들은 참고하기 바란다." 내가 확인한 바로 1권은 인쇄된 적이 없다. 역시 새뮤얼

답다! 그러나 그가 "제2권"이라고 광고한 책에는 놀라운 자전적 기록들이 들어가 있다. 이 책에서 그는 20세기 초 런던의 경범죄 세계를 조명하고 이를 빈곤층의 일상과 연결 짓는다. 다채로운 사건과 인물들이 끝없이 등장함에도 불구하고, 대부분의 기록에는 한 명 혹은 소수의 행위자만이 등장하며, 제한된 수의 행위가 인지 상태의 변화로 인해 후속 행위를 유발하는가 하면, 시공간이 일관적이다. 그것은 이야기의 자격을 갖추고 있다.

1886년생인 하딩은 런던에서 소득 수준이 가장 낮은 이스트엔드에서도 극빈층 구역에서 성장했다. 술꾼인 아버지는 무위도식하다가 진작에 가족을 버리고도 이따금 찾아와 손을 벌렸다. 신혼 시절 우유 마차에 치여 불구의 몸이 된 어머니는 아서가 동네 바텐더들을 위협할 만큼 크고 강해질 때까지 술에 절어 지냈다. 하지만 네 자녀를 부양하기 위해 변변한 가구도 없어 헐벗다시피 한 허름한 방에서 평생 노동을 쉬지 않았다. 어린 시절 아서를 보살핀 건 그보다 네 살 위인 누나 해리엇(일명 마이티)이었다. 진취적인 성격의 마이티는 여러 가지 굵직한 소매업에 손을 댔는데 그중에는 법에 저촉되는 일도 있었다. 훗날 그녀는 어머니와 함께, 수상쩍지만 위법은 아닌 고리대금업으로 수입의 대부분을 올렸다.

아서는 아홉 살부터 열두 살 때까지 바너도 박사가 운영하는 고아원에서 자라다가 이스트엔드로 돌아왔다. 젊은 하딩은 허구한 날 거리를 어슬렁거렸고, 주머니 따기나 트럭 털기(배달 트럭 짐칸에서 물건 훔치기) 같은 불법적인 일을 했다. 거리의 싸움꾼이나 보호비를 수금하는 깡패 일도 병행했다. 그는 수년간 대부분 불법적인 행위로 주머니를 채우더니 결국 중범죄로 10년(1911~1916년, 1917~1922년)을 감옥에서 보냈다. 범죄 경력을 이어 가는 동안 그는 피고인으로 서른두 번 법정에 출두해 스물일곱 번이나 기소 유예 혹은 무죄 판결을 받았다. 꽤나 거친 삶을 산 것이다. 그러나 새뮤얼이 그의 인생사를 기록하기 시작했을 때는 이미 출소한 지 50년 가까이 지난 후였다. 범죄 경력에 관한 하딩의 자전적 성찰은 70여 년 전으로 거슬러 올라간다.

하딩은 자전적 이야기에서 실상 자기 자신보다 다른 사람들을 더 자주 묘사했다. 그는 하나의 항목에 지인 한 명씩을 반복적으로 배치해 그 사람에게 어떠한 성격을 부여한 다음, 자잘한 이야기를 들려주었다. 일례로 자신과 함께 일한 유대인 불량배에 관한 대목에서 하딩은 다음과 같이 회상했다.

또 한 명은 재키 쉬너봄이야. 아주 똘똘한 소매치기였는데, 엄청나게 잘생겨서 아무도 의심을 안 했다고. 나랑 처음 만났을 때 열넷인가 열다섯인가 그랬어. 베스털그린 로드 제일 위쪽에 있는 커피 가판대 근처에서 내가 녀석을 발탁했지. "넌 종목이 뭐냐?"라고 물었더니 "날치기"라고 하더군. 그렇게 해서 나는 녀석이 믿을 만하고 전과도 없다는 걸 알게 됐지. 그애는 부모고 뭐고 아무것도 없었어. 가끔 지브롤터 가든에 있는 우리 집에서 자고 갔지. 재키는 1922년에 아일랜드에서 목숨을 잃었어. 다른 소매치기 네다섯 명이랑 거길 몰려갔거든. 그리고 경찰이 자기네 작업을 방해하지 않게 손을 썼어. 재키가 더블린 경찰 둘이랑 얘기를 나눴는데 신페인당* 사람들이 그걸 보고 미행했나 봐. 그리고 재키가 묵고 있던 호텔로 따라가 총으로 쏴 죽인 거야. 어이없는 오해였지. 재키가 첩자인 줄 알았다니.

---

* 아일랜드의 민족주의적 정당이자 아일랜드공화국군IRA의 후신.

하딩은 10대 후반에 동료 몇 명과 영국과 웨일스를 돌며 소매치기 '원정'을 시작했다. 웨일스 원정을 돌이켜 보며 그는 이렇게 말했다. "주머니를 털기엔 유대인이 제일 만만했어. 그들은 러시아 경찰에 안 좋은 기억이 있어서 웬만하면 경찰에게 나불거리지 않았거든. 유대인들은 믿을 수 있었어. 이디시어로 '하지 말지어다'라는 동사가 있잖아. 그들은 다른 사람에게 해를 가하면 안 돼. 유대인들은 아주 순박해서 내가 '이교도'라도 상관하지 않는 것 같더구먼." 이렇게 행위자(들), 성격, 행위, 결과, 그리고 종종 도덕적 결론이 갖춰지며 이야기가 완성된다.

이야기가 더 진행되면서 하딩 자신도 진화했다. 그는 곧 자신의 포트폴리오에 무장강도를 추가했다. 유대인들이 드나들어서 경찰에 신고할 가능성이 없는 불법 도박장에서 권총을 빼 드는 게 그의 주 종목이었다. 하지만 그즈음에는 이미 런던 경찰도 하딩의 신상을 파악하고 그를 예의주시하고 있었다. 하딩은 1908년의 일을 다음과 같이 회상했다.

범죄예방법 위반으로 징역 12개월을 선고받았어. 난 아

무 짓도 안 했는데 말이야. 그런데도 혐의가 있다면서 감방에 처넣더군. 거기서 나온 후에는 훨씬 더 못된 일에 손을 댔어. 다들 전염병 환자 보듯이 나를 피했지. 나는 '공포의 대상'으로 불리던 악당들을 차례로 때려눕혔어. 그때가 내 인생의 전성기였다고. 경찰에선 나를 '브릭레인의 새로운 공포의 대상'이라 불렀지. 나는 항상 총을 들고 다니는 걸로 유명했지만, 겁을 주려고 무기를 꺼낼 필요도 없었어. 우리가 돈을 원했다면 큰돈을 벌 수도 있었을 거야. 브릭레인에선 모두가 우릴 두려워했으니까. 하지만 돈은 나한테 그리 중요하지 않았어. 엄마랑 누나가 평안하면 그걸로 충분했거든.

스물다섯 무렵부터 하딩은 주머니를 따는 일에서 '검은돈 만지기', 즉 돈세탁으로 종목을 옮겼다. 하딩은 이 일이 소매치기보다 안전하다고 말했다. 법을 잘 알면 가짜 돈이 꼬리를 잡혀도 대부분 빠져나갈 구멍이 있었다. 그의 누나 마이티는 우편물로 하딩의 패거리가 작업하려는 마을로 위조 동전을 운반해 놓았다. 그러면 이들은 동네 상점에서 물건을 사며 동전을 내고 잔돈을 바꿨다. 하딩은 검은돈을 만지는 동안 몇 차례 경찰에 잡힐

뻔했지만, 정작 징역형을 받은 건 다른 범죄들 때문이었다. 한 포주의 부탁으로 세력 다툼 중인 다른 포주 무리에 대한 무장 공격에 가담한 것과 훔친 돈을 유통시켰다는 죄목이었다.

첫 번째 사건의 경우, 하딩의 진술에 따르면 협력자들 때문에 문제가 심각해졌다. 무장 공격이 과도했던 게 아니라, 구타당한 상대가 항의하자 그들이 법정에 총기를 들고 온 것이다. 두 번째 사건은 그의 어머니가 실제로 강도에게 돈을 받았다. 강도가 하딩의 누나와 어머니가 운영하는 크리스마스 클럽*에 돈을 예치한 것이다. 하딩의 주장에 따르면 그는 예금자가 고액권 지폐들을 훔쳤다는 사실을 몰랐지만, 위험한 돈이라고 의심이 되어 믿을 수 있는 사람들에게 그 돈을 풀었다. 영국 은행이 5파운드짜리 지폐를 받은 선술집 주인을 추적해 냈고, 그는 하딩을 지목했다. 그 무렵(1916년) 이미 길게 늘어서 있던 하딩의 범죄 이력은 그에게 불리하게 작용했다. 기소장에 논란의 여지가 있었지만 그는 다시 5년간 수감되었다.

* 크리스마스용 목돈 마련이 목적인 각종 금융기관의 특판 상품.

이것으로 그의 범죄 인생은 막을 내렸다. 하딩은 1924년에 결혼을 하고 바로 아버지가 되었다. 1926년에 한 번 더 폭행 혐의로 철창신세를 질 뻔했지만 그대로 풀려났고, 다시 감방에 들어가는 일은 없었다. 그렇다면 이 이야기의 교훈은 무엇일까? 6년이 넘게 인터뷰를 하는 동안, 하딩이 내세운 주장은 한두 개가 아니었다. 그러나 편집된 녹음테이프에서 찾아볼 수 있는 이야기의 전체 구조는 다음과 같다. 한 청년이 가혹한 시련을 겪으며 강인하게 성장했고, 태어나고 자란 환경을 고려할 때 본인이 할 수 있는 최선을 다해 살아갔으며, 그러는 중에 언제나 가족을(아마도 아버지는 제외하고) 보살폈다. 그는 시도 때도 없이 당국으로부터 부당한 대우를 받았지만, 범죄 활동으로 얻는 수익은 갈수록 줄어들고 범행 가담으로 인한 대가는 커지는 걸 깨닫고 선량한 여성과 결혼하여 법을 준수하는 시민이 되었다. 사람은 결국 자신의 성품을 따라가게 되어 있다.

투병기

 질병에 관한 이야기도 적절하게 서술하면 희망을 전달할 수 있다. 앨리슨 라이트에 따르면, 래피얼 새뮤얼은 짧디짧았던 항암 치료 기간에 『아일랜드 이야기』의 절반 이상을 집필했다. 심각한 질병 자체를 이야기의 주제로 삼는 사람들도 있다. 편집자 겸 비평가·수필가·소설가인 아나톨 브로이어드를 예로 들어 보자. 그의 마지막 저서는 새뮤얼의 사후에 출간된 책과 비슷한 속성을 공유한다. 오랫동안 저술 활동에 매진한 브로이어드는 부친이 임종 전에 앓았던 병과 죽음에 관한 문학을 주제로 강렬한 에세이를 발표하기도 했다. 그는 1989년에 전이성 전립선암 판정을 받고 곧바로 치료에 들어갔지만 14개월

후에 사망하고 말았다.

　암 진단을 받은 직후, 그는 자신의 투병 생활과 치료에 관한 특별한 책을 쓰기 시작했다. 그리고 세 편의 에세이와 일련의 수기를 완성했다. 이 글들은 1992년에 (그전에 작성한 두 편의 에세이와 심리치료사인 아내 알렉산드라 브로이어드의 에필로그를 추가하여) 『나의 질병에 취하여, 그리고 삶과 죽음에 관한 그 밖의 글들』Intoxicated by My Illness, and Other Writings on Life and Death이라는 제목으로 출간되었다. 이 책의 서문에서 올리버 색스는 다음과 같이 말했다.

> 나는 질병에 관해 이보다 더 솔직한 글을 본 적이 없다. 무엇 하나 얼버무리거나 회피하지 않고, 감상에 젖거나 엄숙해지지도 않는다. 그러면서도 어떠한 글보다 깊고 지적이고 사색적이며 커다란 울림을 준다. 그 어느 때보다 펜을 단단히 쥐고 굳세게 병마와 싸우며, 죽음의 문턱에 들어갈 때까지 활기차게 펜을 놀리는 기자이자 분석가로 살아가겠다고 결심하는 작가인 동시에 언제나 비평가이자 예술가였던 그의 인격이 생생히 전해진다. 그는 심연에 닿을락 말락 할 때까지 펜을 놓지 않는다. 그

의 마지막 수기는 사망하기 며칠 전까지 이어진다.

분명 브로이어드가 쓴 것은 단순한 이야기 이상이었다. 그것은 질병과 죽음 그리고 죽어 감에 관한 하나의 산문시였다. 개인적인 체험으로 인해 그의 생각이 한곳에 집중되어 있기에, 이 책에는 이 주제에 관해 내가 읽어 본 글 가운데 가장 흥미로운 이야기들이 실려 있다.

병을 앓고 있는 사람이라면 다음 구절에 공감하게 될 것이다.

아버지가 돌아가셨을 때, 나는 그 일을 소설로 쓰려고 했다. 하지만 내 소설은 너무 진중했다. 죽음을 너무 경건하게 여기는 내 태도를 견딜 수가 없었다. 그런데 지금 사람들이 내게 그렇게 굴고 있다. 다들 나를 너무 조심스레 대한다. 다들 나에게 너무 친절하다. 그들의 말이 진심에서 우러나온 건지 내 기분을 맞춰 주려는 건지 알 수가 없다. 꼭 어린애한테 말하는 것 같아서 그만뒀으면 좋겠다. 원래의 그들이 사라진 것만 같다. 난 그들의 도움이 필요하지만, 이런 식으로는 아니다. 임상의인 어빙 폴스터는 당혹감을 '스스로 무엇을 해야 좋을지 모르겠는 전자기파'라고 정의했다. 우리에게 필요한 건 환자와 함께 지내는 가족과 친구들에게 그 빛으로 무엇을 해야 할지 알려 주는 책이다. 그들이 그 빛을 사용하는 법을 알게 된다면, 환자에게 방사선보다 더 유익할 것이다.

브로이어드는 물론 자신이 묘사한 바로 그 책을 쓰고 있었다. 질병 안에서 빛을 찾는 법을 가르쳐 주는 책이었다. 그렇지만 이 섬세한 구절에서 우리는 아리스토텔레스가 연상되는 강력한 이야기를 발견할 수 있다. 사람들은 내 기분을 상하게 할까 두려워 나를 상냥하게 대한다. 그렇게 함으로써 그들은 내 기분을 상하게 한다.

브로이어드는 자신의 상태에 관한 비전문적인 해석도 시도했다. 많은 환자가 그렇듯, 그도 자신이 병에 걸린 원인이 무엇인지, 그러니까 어떻게 하면 병을 피할 수 있었을지 이래저래 생각해 보았다.

암이라는 말을 들었을 때 나의 첫 반응은 감정적이었다. 풍자는 그 후에 찾아왔다. 그것은 치유의 일환이었다. 이건 감정적인 건지 풍자적인 건지 아니면 둘 다인지 모르겠지만, 이제 와 돌이켜 보면서 나는 비교적 암을 유발할 가능성이 컸던 특정한 여성들과 특정한 행위들을 밝혀내고 싶은 유혹에 빠졌다. 피임약 이전에 널리 행해졌던 질외사정이 유력한 용의자로 여겨졌고, 구강성교도 전립선에 큰 부담을 준 것 같았다. 이런 말을 한 뒤라 좀 그렇지만, 내 암을 그 여성들 탓으로 돌릴 생각이 없다는 점을 분명히 하고 싶다. 내가 무슨 행위를 했든 그건 그만한 가치가 있었다. 나는 그 방면으로는 아무런 불만도 없다. 훗날 무슨 일이 벌어질지 알았더라도 똑같이 했을 것이다. 그리고 이런 팜파탈이나 죽어도 좋은 쾌락에 관한 이야기는 순전한 환상이긴 해도 암 환자의 증후 중 일부이며, 나는 나의 상태에 관해 어느 것 하나 편집하고 싶지 않다.

하지만 뒤로 갈수록 그는 더욱 기교 있게 이야기를 엮어 나간다. 치명적인 질병을 기회로 삼아 창의성을 발휘한 것이다.

누구나 아나톨 브로이어드처럼 투병 생활을 서정적인 글로 옮겨 낼 수 있는 건 아니지만, '질병이란 고유한 도전 과제를 지닌 새로운 세계'라는 관념이 그만의 독창적인 생각은 아니다. 더글러스 메이너드는 질병이 엄습

해 그 세계의 문턱을 넘어가는 기분을 다음과 같이 묘사했다.

오른쪽 다리에 암(활막육종)이 발병했다고 진단받은 한 의사의 고백에서 이와 같은 한 세계에서 다른 세계로의 이행을 포착할 수 있었다. 『의사가 암에 걸렸을 때』라는 PBS 프로그램에서 그가 목발을 짚고 병원으로 걸어가는 모습, 야구 모자로 민머리를 가린 모습, 침대에 앉아 화학요법이나 검사를 받는 모습을 보여 주었다. 이제는 환자가 된 의사의 더빙된 목소리가 흘러나왔다. "1년 전 10월, 나는 앞으로 6개월밖에 못 산다는 선고를 받았다. 1년이 지난 지금, 나는 여기 새로운 세계에 있다. 지난 세계의 연속체이지만 완전히 새로운 세계이다." 나쁜 소식이 사람을 '새로운 세계'로 이끌 수 있다는 사실은 위와 같은 발언뿐 아니라 환자복을 입고 환자 역할을 하게 된 그의 모습에서도 생생히 드러났다.

브로이어드라면 PBS 방송과 같은 낙관적인 견해를 거부했을 가능성이 크다. 그러나 그는 분명 암에 걸린 의사에게 그 눈부신 문턱을 넘는 일에 관해 말해 주려 했을 것이다. 작가이자 전립선암 환자였던 로버트 본 영은 브로이어드의 책을 읽고 자신의 일기에 이렇게 고백했다. "나의 고양감을 글로 표현하고 나의 우선순위가 바뀐 이유를 설명해 줄 수 있는 사람을 드디어 찾았다." 이야기가 평범한 작업을 한다고 해서 사람들을 고무시키지 못할 이유는 없다.

『나의 질병에 취하여』가 출간되고 얼마 안 됐을 무렵, 분자유전학자인 내 딸 키트 틸리가 내게 그 책을 선물했다. 그리스 수도원이 그려진 동봉된 엽서에는 이런 글귀가 쓰여 있었다. "너무 우울하게 생각하지 않으셨으면 좋겠어요. 저는 아주 흥미롭게 읽었어요." 그애는 내가 몇 년 전에 악성 흑색종을 이겨 낸 걸 알았으므로, 내 경험을 브로이어드의 경험과 비교할 수밖에 없었을 것이다. 딸이 책을 선물할 당시는 우리 둘 다 몰랐지만, 그로부터 10여 년 후 나를 검사한 의사들도 내 몸에서 브로이어드와 같은 전이성 전립선암을 찾아냈고, 그 후에는 두 번이나 림프종이 발견되어 치료를 받아야 했다. 화학요법으로 완전히 대머리가 되었던 당시를 추억하기 위해 나는 차마 한 번도 못 썼던 가발을 기념품으로 남겨 두었다.

림프종을 치료하는 동안에는 전기류 책장에 꽂아 둔 브로이어드의 저서를 잊어버린 채, 삶과 희망에 집중하기 위해 새로운 책을 집필했다(병에 관한 건 아니고, 사회운동의 역사에 관한 책이었다). 나는 이걸 나의 '암 책'이라고 부른다. 림프종은 확실히 제거됐지만 내 몸 구석구석에는 눈에 띄진 않아도 집요한 전이성 전립선암 세포가 여전히 숨어 있었다. 나는 그제야 브로이어드의 책을 다시 읽으며 더 큰 즐거움과 괴로움과 안도감 그리고 그는 죽었는데 나는 살아 있다는 데에서 오는 약간의 죄책감을 느꼈다. 병마로 인해 한층 예리해진 나의 눈에 브로이어드의 이야기는 죽음 앞에서의 창의성에 관한 엄격한 기준이 되었다.

나의 우울한 이야기 때문에 당신이 이 책의 요점에서 벗어나지 않았으면 한다. 이야기는 사회적 작용을 한다. 당황스럽거나 예외적인, 극적이거나 골치 아픈, 또는 본보기가 되는 사건을 설명하는 데 도움이 될 뿐 아니라, 사회적 관계를 확증 혹은 재규정하거나 그것에 이의를 제기하게 해 준다. 이야기의 수사적(언제나 화자와 청자를 연결해 주는) 성격이 이를 더욱 명확하게 보여 준다. 이야기는 사회적으로 통용되는 원형에 수시로 의존하고,

화자와 청자의 관계에 관한 신호로 해석되며, 때로는 자존감에 커다란 영향을 미친다는 사실도 이러한 요점을 한층 강화해 준다. 마지막 사례가 이 논증에 쐐기를 박아 줄 것 같다. 인류학자 겸 사회학자 캐서린 뉴먼Katherine Newman은 1980년대 미국 중산층의 하향 이동에 관한 저술을 위해 과거에 부유했던 사람들을 150명 이상 만나며 풍족한 환경에서 빈곤의 밑바닥으로 추락한 경험을 심층적으로 인터뷰했다.

뉴먼의 책은 데이비드 패터슨(우리가 1장에서 만나 본 인물)의 이야기로 문을 연다. 전자회사 임원인 그는 캘리포니아에서 뉴욕으로 전근했는데, 경기 침체로 타격을 입은 회사에서 그가 대표로 있는 지부를 폐쇄하는 바람에 실업자가 되었고 재취업 전망도 불투명했다. 패터슨은 잃을 게 많은 사람이었다. 필라델피아 빈민가에서 자란 노동자 가정 출신의 패터슨은 그의 가문에서 처음으로 대학에 들어간 사람이었다. 그는 온 가족의 자랑이자 기쁨이었다. 커다란 집과 두 대의 고급 승용차를 소유하고 있었으며, 그가 부양해 주는 덕분에 아내와 두 자녀는 풍요로운 생활 방식에 젖어 있었다. 그런데 이제 일자리를 찾을 수 없게 된 것이다.

뉴먼은 패터슨이 한 이야기에서 다른 이야기로 옮겨 가는 과정을 순서대로 기록했다. 경영 능력을 바탕으로 새 직장에 들어가겠다는 희망이 남아 있는 동안, 그는 '일은 일'이라는 말이나 냉혹한 시장 논리, 불안정한 업계에서 기회를 놓친 회사의 문제 등을 설명하는 데 매달렸다. 그러다가 이야기의 초점이 변해 갔다.

그렇지만 몇 달간 불안과 우울증, 끔찍한 공포감에 시달리고 나자 그의 문제에서 경기 불황이라는 원인은 사라지기 시작했다. 이제 패터슨의 머릿속은 이런 생각들로 가득해졌다. 나한테 무슨 문제가 있나? 왜 아무 데서도 연락이 안 오지? 내가 뭘 잘못한 걸까? 그는 몇 시간이고 책상에 웅크린 채, 이마를 문지르고 파이프 담배를 뻐끔거리며 이런저런 성격상의 결함이 자신을 붙들고 있는 건 아닌지 고민했다. 내가 불안하다는 걸 남들이 눈치챌까? 사람들이 거리에서 나를 피하는 건 나의 절망감과 마주하는 게 고통스러워서인가? 내가 너무 적극적으로 굴어서 잠재적 고용주들이 질려 버린 걸까? 실패감 때문에 궁지에 몰리자 "내가 문제였어"라는 답만이 돌아왔다. 컴퓨터 업계와 국내 경제의 부침 같은 건 뇌리에서 사라졌다. 패터슨의 성격이 그의 붕괴에서 가장 큰 악역을 맡았다.

여기서도 다른 사람의 이야기와 나의 경험이 공명한다. 가난한 독일 이민자의 자녀였던 내 아버지는 시카고 지역의 트랙터 공장에서 근무하던 할아버지가 사고로 다리를 못 쓰게 되자 가족을 부양하려고 고등학교를 중퇴했다. 하지만 막일을 하며 야간 강좌를 들어 고등학교 졸업장을 받았고, 그길로 회계 공부를 계속해 하급 사무직까지 올라갔다. 1929년에 대공황이 닥쳤을 때, 아버지는 시카고의 대형 카메라 회사에서 신용조사 과장으로 일하고 있었다. 지부장이었던 데이비드 패터슨에 비할 만한 직책은 아니지만, 불구가 된 농부 겸 노동자였던 할아버지에 비하면 소득 면에서 한참 상승한 것이었다. 그러나 얼마 안 가 회사가 긴축에 들어가는 바람에 아버지는 직장을 잃고 말았다.

내가 선명하게 기억하는 시절은 그로부터 몇 년이 지난 후에야 시작된다. 대공황 시기에 아버지(그리고 가족 모두)는 오랫동안 실업자로 지냈고, 간헐적으로 임시 혹은 시간제로 일했으며, 외가댁 지하실을 비롯해 여러 곳을 전전하며 지냈다.(외할아버지는 1920년대에 두 번째 부인과 딸 다섯을 데리고 파업으로 작업이 중지된 웨일스 탄광을 떠나 미국으로 건너온 분으로, 경기 침체에도 불구하고 오발틴* 공장의 수석 기술자 자리를 지켜 내셨다. 덕분에 우리는 대공황 기간에 오발틴을 원 없이 먹었다.)

우리의 어린 시절은 고난과 좌절, 굴욕의 연속이었다. 다섯 명이나 되는 우리 남매는 차례로 옷을 물려 입었고, 정부에서 배급받은 옥수숫가루를 먹으며 자랐다. 샐러드를 만들려고 민들레를 캐러 다녔고, 아르바이트 자리가 생기면 뭐든 가리지 않고 했다. 우리 식구들은 데이비드 패터슨처럼 시장의 합리성을 믿지 않았으며 자책에 빠지지도 않았다. 억척스러운 부모님을 필두로 우리는 훌륭한 사람들이 겪은 고난에 관해 이야기하는 걸 즐겼다. 어쨌든 우리 역시 우리의 삶을 체계화하고 그것을 다른 이들의 삶과 연관 짓기 위해 이야기에 의존했다.

이야기는 사회적 관계를 구성한다는 점에서 (농업의 쟁기에 비견되는) 인간의 위대한 발명품이라 할 수 있다. 이야기는 쟁기와 마찬가지로 단순히 힘을 가하는 것만

---

* 맥아추출물과 유청 등으로 만든 우유향 파우더 브랜드.

으로 깊이 묻혀 있는 무언가를 파낸다. 이야기는 그 본연의 특징 때문에 순수주의자를 좌절시킨다. 원인과 결과들을 턱없이 많이 쳐내어 복합적인 삶을 단순한 플롯으로 압축시키기 때문이다. 이야기는 평범한 삶에서 희극과 비극, 도덕과 비도덕, 승리와 패배를 강조한다. 이야기는 관습보다 훨씬 많은 내용을 제공하고, 코드와 학술적 논고를 내려다본다. 그래서 코드와 학술적 논고를 전문적으로 사용하는 사람들은 부득이 자신들의 메시지를 이야기로 변환해야 할 때가 많다. 사람들이 이유를 진지하게 여길수록 그 이유는 이야기의 형태로 전달된다.

4장

코드

코네티컷에 기반을 둔 로라 J. 나일스 재단은 1997년에 설립된 기관으로, "의욕을 품고 있는 빈곤층에게 교육과 경제적 성장의 기회를 부여하는 운동을 권장하고 지원한다. 또한 애완견 등 반려동물을 통해 삶을 풍요롭게 하는 자선 활동을 중시한다." 일례로 나일스 재단은 5세~20세 문제 소년을 위한 주거형 캠퍼스인 뉴욕주 돕스 페리의 어린이 마을 Children's Village에 자금을 후원했다. 이 보조금으로 학생들이 시각장애인 안내견을 훈련했고, 시각장애인들은 2주간의 훈련을 통해 새로운 안내견과 서로 익숙해지는 시간을 가졌다.

그런데 인간과 견공에게 도움을 주려는 재단의 이러

한 노력 뒤에서는 파란만장한 법적 분쟁이 벌어지고 있었다. 로라 나일스(1909년생)와 두 살 아래 남동생 헨리는 부모에게 막대한 부를 물려받았다. 로라와 헨리는 오랫동안 뉴욕시와 롱아일랜드의 브라이트워터스에 있는 가족 사유지를 오가며 생활했다. 결혼을 하지 않은 로라는 승마와 테니스 등을 즐기며 활발한 사회생활을 영위했고, 애견대회 참가견 중에서도 미니어처 푸들을 사육하는 것으로 유명했다. 재단 홈페이지에 따르면 "그녀는 수다스럽고 논쟁을 좋아했다. 또한 재미있고 남에게 즐거움을 주는 사람으로 정평이 나 있었다. 그녀는 부유하지만 소박한 생활을 견지했다." 브라이트워터스에 거주하던 로라는 1986년(77세)에 말과 개를 기르던 뉴저지주 블레어스타운의 농장으로 거처를 옮겼다.

당시 75세였던 헨리 나일스는 신체와 정신 모두 쇠약해지고 있었다. 로라가 이사하자 헨리는 혼자 브라이트워터스의 사유지에 남았고, 그보다 서른 살쯤 어린 세리나 보노가 그를 돌봐 주게 됐다. 1990년에 이르러 헨리는 자신의 생활과 재정을 관리할 능력을 상실했다. 그러자 롱아일랜드의 이웃이자 나일스 가문의 지인이며 투자 상담가인 제프리 파킨슨이 나서서 전직 판사 조지프

쿤즈먼을 헨리의 후견인으로 세우고 본인은 재정 고문이 되었다. 한편 헨리는 세리나와 연인 관계로 발전했다. 파킨슨과 쿤즈먼이 금지 명령을 받아 냈지만, 1992년에 헨리와 세리나의 혼인이 성사되었다.

그 무렵 로라는 재산 대부분을 미래의 로라 J. 나일스 재단에 증여하기 위해 세 개의 신탁을 설립했다. 그런데 얼마 안 가 로라(당시 83세)는 헨리 부부 및 세리나의 아들인 살바토레 보노와 많은 시간을 보내게 됐고, 얼마 안 가 플로리다주 네이플스에 70만 달러짜리 콘도를 구매해 네 사람이 함께 살았다. 1997년이 되자, 로라는 유언 집행인 겸 신탁 관리자 파킨슨 대신 살바토레를 그 자리에 앉히겠다고 유언장을 수정했다. 같은 해에 헨리가 사망했다. 당시 살바토레는 피자 가게 사장인 임대인을 대리해 임대료를 징수하며 보험 중개사가 되려고 준비 중이었지만 뜻대로 되지 않고 있었다. 새로운 유언장에는 보노 모자가 거액의 유산을 상속받는 것으로 명시되어 있었다. 살바토레는 로라의 자산을 전담하는 관리자(혹은 약탈자)가 되어 자신과 가족을 위해 아낌없이 돈을 쓰고 다녔다.

살바토레의 사치가 시작되고 16개월이 지났을 때,

파킨슨이 소송을 제기했다. 그는 이전 신탁 관리자로서 수수료를 청구하고, 재정 조언에 대한 추가 수수료를 요청했으며, 로라의 후견인을 법원에서 지정해 달라고 청원했다. 그는 후견인 교체 요구를 정당화하기 위해 **부당위압**이라는 법적 근거를 들었다. 근래에 인척 관계가 된 세리나와 살바토레가 부당하게 개인적인 영향력을 이용해 로라가 유언을 수정하도록 하고 그녀의 자산을 약탈했다는 주장이었다. 뉴저지 법원은 이를 받아들여 변호사를 후견인으로 임명하고, 보노 모자의 부당위압에 관한 민사 재판을 열었다. 비슷한 시기에 로라는 혼수상태에 빠졌고, 회복하지 못한 채 그대로 사망하고 말았다.

부당위압에 관한 법률은 유언신탁법과 얽혀 있다. 일반적으로 법원은 유언자가 다음 사항을 이해해야만 유언장이 유효하다고 본다. (1)재산의 성격과 범위. (2)'당연한 상속 대상'—통상적으로 누가 유산의 정당한 권리를 갖게 되는지. (3)자신이 서명하는 유언장의 조항들. 부당위압이 성립하려면, 법원은 영향력을 행사한 혐의자에게 동기 및 기회가 있었고, 그러한 결과를 구체화하는 데 실제로 개입했음을 확인해야 한다. 예기치 않은 수령인이 유산을 받거나 '당연한 상속 대상'이 제외된 것만으로는 부당위압을 밝히기에 충분치 않다.

형제자매가 부모의 유언에 부당한 압력을 행사했다고 서로를 비난하는 일이 많지만, 미국의 판례법은 일반적으로 가까운 친척이나 가족 구성원끼리는 서로 영향을 미치는 게 '당연하다'고 가정한다. 따라서 그러한 고소는 변호사나 의사, 고용인, 친구, 최근에 가까워진 연인 같은 상대적 외부인의 부당위압보다 더욱 까다로운 법적 시험에 직면한다. 반면에 외부인이 법률상 유언자와 '신뢰 관계'로 확인되면서 해당 유언으로 상당한 이익을 얻었다면, 법원은 부당위압에 관한 호소를 더욱 기꺼이 받아들인다.

신뢰 관계(수탁 관계라고도 한다)에는 가까운 친족이 아니면서, 당사자 중 한 사람에게 상대방의 결정에 영향력을 미칠 수 있는 강력한 힘이 부여된 경우가 포함된다. 신뢰 또는 수탁 관계인 사람에게 거액을 유증하는 경우, 법리에 따라 법적 적부성을 입증할 책임은 유언의 수혜자에게로 넘어가며, 그 사람은 부당위압이라는 추정을 반박해야 한다.

부당위압 소송을 담당하는 판사는 일반적으로 원고와 피고가 제시한 이야기를 상세히 검토하지만, 그러한 이야기에서 받아들인 요소를 판례법에서 찾아볼 수 있는 유형 및 판례와 맞춰 본다. 동기에 관한 판단조차 정신 상태에 관한 직접적인 증거뿐 아니라 같은 상황에서 다른 사람들이라면 어떻게 했을까 하는 비교에 의존한다. 판례와 비교하여 도출된 이유는 새로운 원인-결과의 서술이 아닌 코드에 기반을 둔다. 이러한 이유는 설명이 아닌 공식을 이용한다. 관습에서의 공식과 달리, 부당위압 법리와 같은 코드의 공식은 광범위한 전문 지식의 해석과 적용에 달려 있다. 그래서 로스쿨에서는 관련 법규를 어떻게 분별하고 해석하는지, 과거의 판결에서 어떠한 선례를 인용할 수 있는지, 적용 가능한 공식을 위해 어떠한 유형의 증거가 필요한지 등을 가르친다.

뉴저지의 부동산 전문변호사 세 명은 부당위압 재판을 다음과 같이 요약했다.

현실에 입각한 다양한 시나리오로 부당위압에 대한 주장을 어떻게 뒷받침할 수 있는지 알아보자. 부당위압의 가장 극단적인 예는 물리적 강압에 의한 것이다. 유언자의 머리에 총을 겨누며 유언장에 서명하라고 물리적 위협을 가하거나 물과 의약품 등의 생활필수품을 서명할 때까지 돌려주지 않는 등의 노골적인 방법이다.

그러나 대부분의 부당위압은 다음과 같이 덜 극단적인 방식으로 표출된다.

• 유언자가 새로운 유언에 따라 재산을 처분하게 된 방식에 사유가 불분명한 변화가 있는 경우

• '부자연스러운' 혹은 '옳지 않은' 선물이 관련된 상황

• 유언자가 타인의 영향에 과도하게 민감해진 경우

• 유언자의 재정이나 사업이 영향을 행사하는 이에 의해 통제되는 경우

• 유언자에게 새로운 애인이 생기는 등 유언자와 부당위압 혐의자 간의 관계 지속 기간에 의심이 가는 경우

로라와 헨리 나일스의 경우, 이 모든 조건에 조금씩 해당되었다. 따라서 뉴저지 법원은 부당위압을 증명하는 세 가지 요소인 동기, 기회, 효과적인 개입을 인정했다. 나일스 재단을 대리하고 제프리 파킨슨의 나일스 자산에 대한 청구를 맡은 파킨슨의 변호인은 여러 단계의 뉴저지 법원을 설득하여 1997년에 수정된 나일스의 유언장을 무효화하고, 세리나와 살바토레 보노가 로라 나일스의 자산에서(그리고 간접적으로 재단에서) 가져간 돈

의 상당 부분에 강제상환 명령을 내리게 했다. 상환금에는 파킨슨과 로라 J. 나일스 재단이 지출한 소송 비용도 포함되어 있었다. 뉴저지 대법원의 판사 두 명은 소송에서 패소한 피고에게 원고의 소송 비용을 청구하는 행위를 금지하는 소위 '미국식 원칙'American Rule*을 들어 피고에게 원고의 소송 비용을 청구하는 데 반대했다.

그러나 대다수의 법관은 이처럼 심각한 부당위압 사건의 경우 피고의 행동이 미국식 원칙에 대한 예외를 정당화한다는 의견을 냈다. 다수의 의견에는 다음과 같은 구절이 포함되어 있었다.

> 이 항소에서는 모자가 공동으로 치매에 걸린 88세의 독신 억만장자에게 부당한 영향력을 행사하여, 생존자 간의 신탁 계약 세 건을 수정해 아들을 신탁 관리인으로 지정하도록 하고, 변경된 신탁 계약에 따라 상당한 경제적 이익을 취했다. 변경 전 신탁 계약하에서의 신탁 관리인 겸 유산의 주 수혜자는 불법적인 수탁자의 자격을 취소하고 이들 모자에게 변호사 비용 일부를 제외한 유산

---

* 변호사 보수 각자 부담주의.

전액을 반환하게 해 달라는 소송을 제기해 승소했다. 이 항소에서 제기된 문제는 일반적으로 승소자가 패소자에게 변호사 비용을 회수하지 못하게 하는 미국식 원칙에 이미 존재하는 예외가 아닌 새로운 예외를 만들어야 하는지 여부이다. 우리는 이 사건에서와 같이 유언 집행인이나 수탁자가 부당위압으로 상당한 경제적 혹은 재정적 이익을 취한 경우, 부당위압이 발생하지 않았다면 원고와 제삼자들이 보유했을 재산을 그 수준으로 회복하기 위한 소송에서 그들에게 발생한 변호사 비용을 수탁자에게 부과할 수 있다고 보았다. 또한 우리는 이 의견에 따라 인정된 모든 합당한 변호사 비용을 이들 모자가 각각 그리고 함께 부담해야 한다고 판단했다.

우리는 뉴저지 대법원의 법관 대다수가 보노 모자에게 정의를 실현하는 데에서 만족감을 얻은 건 아닌지 의심해 볼 수 있다. 그러나 미국식 원칙에 예외를 둔 것에 대한 그들의 이유는 모자의 부정에 초점이 맞춰져 있지 않다. 그들은 보노 모자가 신탁을 조작하여 얻은 재정적 이익을 강조했다.

부당위압의 사례에는 가족 막장극이 포함되는 경우

가 많다. 형제자매나 자녀들이 상속 때문에 치고받고, 새로운 인물이 연약한 노인의 등을 벗겨 먹으려 하며, 탐욕스러운 친척들 때문에 오랜 동반자가 소외된다. 이럴 때 사람들은 거의 항상 공정성에 의문을 제기한다. 그러나 법정의 부당위압 심리에서 공정성 문제는 확고한 절차적 법칙에 밀려 경시된다. 나일스 사건에서처럼 판결에 관해 설명할 때, 법원이 제공하는 것은 인과적 이야기나 학술적 논고가 아니고, 관습은 더더욱 아니다. 그들은 코드를 제시한다. 유언장의 유효성을 판단하는 세 가지 기준을 충족하고 부당위압의 세 가지 기준도 충족이 되었다면, 증인과 원고 그리고 피고가 제시한 이야기를 변환하여 법원이 이 사건에서 사실로 인정한 내용이 법리와 일치하는지 맞춰 본다. 그러한 과정을 통해 도출된 코드를 기반으로 한 타당한 이유가 법원의 판결을 뒷받침한다. 그것은 공식을 따른다. 법이라는 용광로에서 관습과 이야기, 학술적 논고는 전부 코드에 자리를 내준다.

코드는
어떻게 작동하는가

관습에 기반한 이유는 행위를 설명하거나 정당화하기 위해 널리 통용되는 공식을 사용하지만, 인과적 논리는 거의 혹은 전혀 포함하지 않는다. 반면에 이야기에 기반한 이유는 같은 문화권에 속한 사람이라면 누구나 이해할 수 있는 관용어를 바탕으로 단순화된 인과적 설명 위에 건설된다. 학술적 논고에서 비롯된 이유도 마찬가지로 원인과 결과를 언급하지만, 전문적인 학문에 기대어 종합적인 설명을 제시한다. 코드의 경우, 행위에 관한 이유는 특수한 범주 체계, 증거를 처리하는 절차, 해석상의 규칙을 따른다. 이러한 범주, 절차, 규칙이 결합하여 코드를 구성한다.

코드는 이유의 정당화뿐 아니라 다양한 목적으로 사용된다. 언어학자들이 문법으로 단순화하고 표준화한 코드는 같은 언어를 사용하는 화자와 작가, 독자 사이에 의사소통을 가능하게 한다. 어떤 시대든 간에 회화, 음악, 시 그리고 기타 대중예술은 코드를 따름으로써 예술가의 작품을 이해하게 쉽게 할 뿐 아니라, 감상하는 사람이 거기에 담긴 창의적 혁신을 인식할 수 있게 한다. 민간에서 혹은 종교적으로 행해지는 엄숙한 의식은 공동의 약속을 확인하는 기회를 제공한다. 이와 같은 용도로 사용되는 코드들은 반드시 이유의 제공과 관계가 있다고는 할 수 없다.

코드는 사회분석 분야에서도 중요하다. 경제나 정치 분석가 중 자칭 '제도주의자'*인 이들은 암묵적, 명시적 코드가 시장이나 선거제도 같은 복잡한 구조에 필수적인 토대를 제공한다고 주장한다. 한때 시장이 자율적으로 스스로를 규제한다는 사상을 견지했던 세계은행까지 '시장을 위한 제도 구축'에 관해 언급하기 시작했다. 계약, 재산권, 정부의 투명성, 예금자에 대한 은행가의 의

---

* 제도의 역할을 중시하는 사람들.

무가 세계은행이 개발도상국에서 진척시키려는 사회기반시설에서 하나같이 중요한 위치를 차지한다. 이러한 항목들은 각 나라가 이상적으로 제도화된 시장에 어느 정도 근접해 있는지 평가할 수 있는 점검표(공식)가 된다. 점검표에는 규칙이 명시된다.

코드에는 고유한 역학이 작용한다. 범주는 변화하고, 관련 증거를 처리하는 절차도 변화하며, 해석상의 규칙 역시 변화한다. 그리고 이 세 가지는 상호작용을 한다. 가장 쉽게 눈에 띄는 건 참가자들이 규칙을 바꾸는 경우이다. 인간 활동의 일부 영역(법을 비롯한 기타 전문 분야, 복잡한 경기, 특수한 조직)에서 서로 연계된 일련의 규칙을 발견할 때 우리는 가장 수월하게 코드를 감지한다. 어떠한 분야에서든 기관은 새로운 문제에 직면할 때마다 규칙을 변경한다. 따라서 축적된 규칙은 사람들이 그 분야에서 직면했던 과거의 주요 문제들에 관해 알려준다.

제임스 마치James March, 마틴 슐츠Martin Schulz, 쉐광저우Xueguang Zhou는 스탠퍼드대학에서 1891년(학교가 설립된 해)부터 1987년까지 학제와 행정 제도가 변경된 부분을 면밀히 조사했다. 그들은 거의 100년 단위로 '규칙의 체제'rule regimes를 나누고, 규칙 제정 절차에 주요한 변화가 발생하면 새로운 체제로 구분했다. 가령 격동의 해였던 1968년에는 학내에 교직원 이사회가 설립되었기에 행정 규칙상의 새로운 체제가 도입되었다고 보았다.(1968~1969년의 학기를 스탠퍼드에서 지낸 나는 축제와도 같았던 당시의 토론과 시위 들을 지금도 기억하고 있다.)

연구자들은 각각의 체제 안에서 시간이 지남에 따라 규칙의 혁신 속도가 감소하는 현상을 발견했다. 발견은 두 단계의 과정을 시사한다. 첫 번째는 사람들이 새로운 체제의 모순과 괴리, 부적합성을 발견하는 시험 단계이다. 그런 다음 조직 내에서 자신들의 프로그램을 규칙과 조화시키고 규칙을 프로그램과 조화시킬 방법을 점진적으로 탐구하며 거기에 적응하는 긴 단계가 시작된다. 한 영역에서 규칙이 변경되면 조직 내의 인접한 영역에서도 변화가 활성화된다. 예를 들어, 학부 전공에 관한 규칙이 변경되면 졸업 학점에 관한 규칙도 잇달아 변경될 가능성이 크다.

외부의 영향도 중요하다. 스탠퍼드대학의 경우 정부의 개입이 규칙에 변화를 가져왔다. 정부 개입이 증가하면 학제 변화가 늘어났지만, **행정** 제도에서는 정반대의 결과가 나타났다.

연방정부에서 흘러들어오는 고등교육 지원금의 비중이 커질수록 새로운 행정 규칙이 줄어들고, 행정 규칙의 수정도 적어진다. 연방정부의 압력이 규칙에 미치는 영향은 정부가 대학의 재정에 관여하는지 여부에 따라 달라질 수 있지만, 스탠퍼드에서 새로운 행정 규칙이 제정되는 건 재정의 증가보다 감소와 더욱 관련이 있었다. 긴축 재정일 때 행정 절차에 관심이 집중되는 것으로 확인된다.

나는 대학에서 여러 번의 긴축 재정을 겪어 봐서 금융 위기가 닥치면 규칙이 바뀌고 급증한다는 말에 선뜻 공감이 간다. 그런 시기에는 갑자기 누가 복사 비용을 부담하고 누가 통신료를 지원받는지가 쟁점으로 떠오른다. 이와 동일한 논리가 직업 강령, 종교 규범, 교육 프로그램의 조건, 맞춤법, 관료적 관행에도 적용된다. 코드는 단순히 추상적인 원칙이 아니라 조직 생활 중 서로 의견을 주고받는 과정에서 발생한다. 따라서 조직의 역사적 유산이 포함되어 있으며 조직 내에서 현재의 활동을 제한한다.

그러나 여기서는 범위를 좁혀 이러한 질문에 초점을 맞추려 한다. 특수한 코드가 (그것이 어떠한 내용을 전개하고, 별도로 다른 어떤 목적을 수행하든) 어떻게 이유 제시의 근거를 제공하느냐는 것이다. 결정을 정당화하거나 분쟁에 판결을 내리거나 조언을 해야 할 때, 코드를 능숙하게 사용하는 사람은 구체적인 사례와 범주, 절차 그리고 이미 코드에 내재하는 규칙 사이에서 일치점을 찾는다. 관습에서와 마찬가지로, 코드에 기반한 이유는 이야기나 학술적 논고에 만연한 인과적 타당성보다 적합성을 기준으로 신용을 얻는다. 법률적 코드의 경우, 참가자들이 당면한 사건에 어떠한 인과적 논리를 적용하든 상관없이 행동의 증거를 사용 가능한 법률적 범주와 일치시킨다. 변호사 겸 판사이자 교수인 존 T. 누넌John T. Noonan의 요약처럼 "법학의 일반적인 주제는 사람이 아니라 규칙이다." 법률 전문가는 해당 행동이 어떤 범주에 속하는지, 그 사건의 참가자(변호사, 판사, 배심원 포함)가 허용되는 절차를 따랐는지, 법적으로 확립된 규칙 중 어떤 것이 적용되는지를 따진다.

공식의 작동

뉴저지에서 발생한 또 다른 부당위압 사례는 적합성의 논리를 극적으로 보여 준다. 애나 빌론 카텔리는 자식 없이 혼자 사는 과부였다. 애나의 오빠 로버트 빌론은 1994년에 사망하면서 그들의 조카인 토머스 빌론에게 재산의 대부분을 물려주었다. 토머스는 애리조나에 살며 장거리 트럭 운전사로 일하는 자영업자였다. 그는 애나에게 전화를 걸어 로버트의 죽음을 알렸다. 그 전까지 애나와 토머스는 서로 만난 적도 없다시피 한 관계였다. 하지만 그날 전화를 받은 애나는 토머스에게 뉴저지에 올 일이 있으면 자신을 찾아오라고 했다. 그때부터 토머스는 자주 애나를 방문하기 시작했다.

애나는 빌론 가문이 운영하는 엑셀시어 부동산 회사에 관심이 아주 많았다. 또 다른 조카인 조지 빌론이 이곳의 GP*로 일하고 있었다. 1994년 초에 애나는 자신의 변호사를 찾아가 유언장에 서명했다. 친척과 친구 및 두 군데 교회에 재산을 물려주고, 나머지는 의사이자 친구인 코폴라 박사에게 유증한다는 내용이었다. 그녀는 또한 코폴라 박사가 유언 집행을 수행할 수 없는 경우를 대비해 토머스에게 대리 위임장을 써 주었다. 그러다가 1994년에 토머스를 조지와 함께 다수의 수증자 중 한 명으로 포함시켰다. 그해에 애나는 심한 뇌졸중을 겪어 언어 능력과 시력이 크게 손상되었다. 그녀의 위임자인 코폴라 박사가 애나를 가든 테라스 요양원에 입원시켰다. 토머스는 애리조나와 뉴저지를 오가며 가든 테라스에 있는 애나를 꾸준히 방문했다.

1995년 11월, 코폴라 박사는 애리조나에 있는 토머스에게 전화를 걸어 애나가 토머스를 유일한 상속자로 결정했다고 말해 주었다. 그리고 3일 후, 코폴라 박사가 세상을 떠났다. 코폴라 박사의 아들은 부동산 서류를 토

---

* 투자 결과에 무한책임을 갖는 업무집행사원.

머스에게 넘겼다. 토머스는 애리조나에서 변호사를 고용해 생전신탁을 설정하고 자신을 단독 상속자로 지정하는 유언장을 작성했다. 애리조나의 변호사는 (고등학교까지 졸업했고 삼촌의 유언 집행자가 되어 본 것 외에는 법률적 배경이 없는) 토머스에게, 뉴저지의 변호사에게 문서 검토를 요청할 것과 애나 역시 본인의 이익을 대변할 변호사를 고용하게 할 것을 권고했다. 하지만 토머스는 1996년 1월에 곧장 차를 몰고 뉴저지의 요양원을 찾아가 3일에 걸쳐 애나에게 문서를 읽어 주었다.

그즈음 애나는 혼자서 글을 읽을 수 없을 만큼 시력이 나빠진 데다, 여러 가지 장애를 앓고 있었다.

애나를 매일 관찰한 간호사는 그녀가 뇌졸중 회복에 진전을 보이긴 했지만, 신체 기능이 심각하게 저하되어 있었다고 인정했다. 애나의 단기 기억력은 심각하게 손상되어 있었다. 시력도 현저히 떨어진 상태였다. 매일 식사와 목욕, 여타 기본적인 생활에 도움이 필요해 요양보호사에게 총체적인 간병을 받아야 했다. 문건을 작성하기 전 3일 동안 그녀는 방을 떠나지 않고 침대에만 누워 있었으며, 다른 사람과 대화도 거의 나누지 않았다.

문서를 읽어 준 지 3일째 되는 날, 토머스는 애나에게 유언장 서명란에 X 표시를 하게 하고, 요양원 관계자를 불러 이를 참관하고 공증하게 했다.

애나는 이듬해인 1997년까지 살았다. 그러나 토머스는 그녀의 서명을 받자마자 행동에 나섰다. 그는 트럭 운전을 그만두고 자신을 신탁의 전임 관리자로 지정했다. 그리고 거의 동시에 자신과 가족들 앞으로 3만 달러의 수표를 발행했다. 다음으로는 엑셀시어 부동산의 조지 빌론에게서 애나의 지분을 빼앗아 오기 위해 곧바로 소송을 제기했다. 애나가 사망한 후에는 엑셀시어 지분의 강제 양도와 1996년에 작성한 유언장의 인정을 위한 소송을 제기했다. 조지는 이의신청을 했다. 이를 받아들인 판사들은 토머스가 1996년에 생전신탁과 유언장을 작성할 때 부당위압을 가하지 않았는지 들여다보기 시작했다.

이 사건을 심리한 뉴저지 법원들은 당연히 애나와 토머스, 조지와 코폴라 박사의 이야기를 재구성했다. 그들은 인과 관계를 검토했고, 특히 토머스가 어떻게 그토록 유리한 결과를 얻어 냈는지 살펴보았다. 그러나 법적 절차의 핵심은 무슨 일이 발생했는지 혹은 왜 발생했는지가 아니었다. 그들은 유언의 유효성을 밝히는 공식, 특히 유언자가 자신이 서명하는 내용을 이해하고 있어야 한다는 조건에 집중했다. 그리고 적절한 범주(법적 자격이 있는 유언자), 증거를 처리하는 절차(유언자의 의도를 적절하게 기록했는지), 해석상의 규칙(권한과 영향력 모두를 입증하는 수단)을 추려 냈다.

법원은 애나의 시력이 현저히 저하되어 토머스가 제시하는 문서를 읽을 수 없었고, 따라서 그 내용을 이해하지 못했다고 판단했다. 뉴저지 법원의 법적 평결은 세 가지 사항을 강조했다. (1)토머스와 애나의 신뢰관계로 인해 입증의 책임이 조지에게서 토머스에게로 옮겨졌다는 점. (2)애나가 문서를 읽을 수 없었던 데다 그녀가 내용을 이해하고 동의했다고 증언할 제삼자가 없다는 점. (3)토머스가 애나의 이익을 대변할 변호사를 선임하지 않았다는 점. 이에 법원은 토머스가 애나에게 낭독해 준 1996년도의 유언장을 무효화했다.

이 판결에는 놀라운 의미가 함축되어 있다. 그들은 토머스가 두 번째와 세 번째 사항에 관한 법적 요건을 충족했다면 1996년에 그를 단독 상속자로 지정한 애나의 결정이 법적으로 유효했을 수도 있다고 지적했다. 그보다 앞서 애나의 오빠가 아무런 논쟁 없이 재산의 대부분을 토머스에게 기꺼이 물려준 사례가 있었다. 코폴라 박사는 실제로 사망 직전에 그에게 전화로 애나의 결정을 전달했다. 1996년 1월에 수정된 유언장에 애나가 어떻게 그리고 왜 X자를 착서했는지에 관한 이야기가 이 사건의 법정 기록에 여러 차례 등장했지만, 법원의 결정은 그러한 인과적 이야기의 진실 여부에 중점을 두지 않았다. 요컨대, 판결은 이야기의 재료를 '코드'로 번역했다. 그들은 토머스의 행동이 법률과 일치하지 않기 때문에 그를 처벌한 것이다.

법적 분쟁은 그 성격상 코드를 작동시킨다. 이러한 분쟁에서 진술과 판결은 대체로 인과적 설명보다 법적으로 확립된 사실과 유효한 원칙 사이의 일치를 강조한다. 범주, 절차, 원용된 규칙은 때때로 문제를 일으킨다. 과실의 주장은 진술된 사실에 이의를 제기하는 것보다 유효한 원칙을 잘못 적용하거나 소홀히 했다는 주장일 때가 더 많다. 법적 분쟁의 이러한 특성은 코드에 기반한 불일치와 다른 종류의 불일치를 명확히 구분해 주기 때문에 우리의 논제에서 중요하다.

관습은 전문 지식에 의존하지 않아도 인간관계를 원

활하게 해 준다. 관습에서의 논쟁은 주로 그러한 관습적 이유가 사용 가능한 프로토콜에 명쾌하게 들어맞는지보다 화자와 청자의 관계에 관해 그것이 무엇을 암시하는지에 중점을 둔다. 이야기는 서로 대립되는 설명에 토론의 장을 열어 주지만, 많은 사람이 공유하는 관용어를 사용한다. 학술적 논고 간의 이견은 전문 지식을 요구하는 코드와 유사하지만, 적합성의 논리보다 무엇이 무엇을 초래했는지에 관한 상충되는 주장에 의존한다.(그러나 다음 장에서 볼 수 있듯, 학술적 논고에서의 논쟁은 측정 행위와 수단의 불일치에서 비롯되는 경우도 있다. 이런 경우 문제는 코드로 옮겨 간다.) 의료 행위에서는 코드가 광범위하게 사용되기 때문에 이러한 구별이 더욱 명확해진다.

의료 코드

우리는 앞서 의료인이 관습과 이야기, 학술적 논고의 형태로 이유를 제시하는 것을 살펴보았다. 하지만 의료계에서 코드가 얼마나 빈번히 활용되는지에는 아직 주목하지 않았다. 인간의 건강과 질병은 지극히 복잡한 문제라 어떤 간호사, 의사, 의료기사도 환자의 현 상태에 관해 완벽한 설명을 제공할 수 없다. 의료 코드는 다음과 같은 여러 가지 방식으로 이러한 복잡성을 줄여준다.

1. 증상을 분류함으로써, 질환이나 부상으로 정의되는 근본적 상태에 따라 의사가 사람들의 문제를 가려낼 수 있

게 한다.

2. 표준화된 어휘를 제공하여, 의사가 환자에게서 관찰되는 상태를 번역하고 다른 전문가들에게 그 상태에 관한 해석을 전달할 수 있게 해 준다.

3. 안내 책자와 교과서에 개괄된 것처럼 진단과 치료 간의 적절한 일치 관계를 설정한다.

4. 상술한 세 가지를 종합하여, 의대 교수가 수련의를 판단하고, 평가 위원회가 병원들을 판단하고, 법원이 의료 과실 소송을 판결하는 올바른 행위의 기준을 설정한다.

경험 많은 의사들은 특정한 환자나 질병, 치료법에 관해 통용되는 코드에서 벗어난 지식을 보유하고 있지만, 대다수의 의료 행위는 기존의 코드를 기반으로 질환과 치료를 일치시킨다. 이 환자는 어떤 범주에 속하는가? 그러한 범주를 고려할 때, 의료진은 그 환자의 상태로 인한 징후를 어떻게 수집, 처리, 기록해야 하는가? 범주와 징후를 고려할 때, 어떠한 치료법을 적용해야 하는가?

코드는 오래전부터 의학 교육에 널리 사용되었다. 사회학자 에런 시쿠렐Aaron Cicourel은 수년간 병원 의료팀과 협력하여 그들이 실제로 어떻게 일하는지 면밀히 관찰했다. 시쿠렐은 1970년대에 한 대학병원 류마티스내과에서 여성 전임의*와 남성 전문의** 사이에 오간 대화를 기록했다.

전임의: 네, 다음은 엘레나 루이스. 44세 여성이고, 종양학과에서 넘어왔습니다. 증상은 2년 전부터 나타났습니다. 처음엔 홍반 다음으로 부종이 왔고요. 세 번째가 양손 중수골과 손마디 관절인데, 1번에서 시작해 점차 옮겨 갔습니다. 발목에도 관절염이 있고, 부종 때문에 측면 복사뼈 바깥쪽에 붉은 반점이 생겼습니다. 처음에는 붉은 반점만 올라왔고, 24시간 내에 통증과 부종이 나타났습니다. 며칠간 지속되다가 결국 사라졌고요. 그런데 반점이 있는 동안 통증이 아주 심했어요. 그래서 손을 거의 못 썼고, 걷지도 못했다고 합니다. 음, 관절은 등이랑 다른 관절들이 조금 뻣뻣한 것 말고는 크게 불편하지 않다고 합니다. 팔꿈치나 어깨에는 전혀 문제가 없었고요.

* 의사면허 취득 후 1~2년간 종합병원에서 실습하는 의사. 펠로우, 임상강사라고도 한다.
** 특정 분과에서 전문적인 지식과 자격을 갖춘 의사.

어, 결절은 하나도 없습니다. 레이노도 없고, 쇼그렌도 없고요. 항상 피곤하다고 합니다. 최근 들어 다리에 경련이 많이 일어나고요. 어, 관절염 가족력은 없습니다. 구역, 구토는 없는데, 그렇다고······.

전문의: 이런 증상이 얼마나 지속된 거지?

전임의: 2년이요. 세인트 미겔 병원에서 블룸버그 박사님께 진료받다가, 거기서 퇴행성 관절염이 있다는 얘기를 들었다고 합니다. 그 전에 진료를 본 다른 의사는 류마티스 관절염이라고 했고요. 그러다 어느 시점에 톨렉틴 처방을 받았는데, 환자는 그게 효과가 없다고 느꼈나 봅니다. 현재 복용 중인 약은 없고······ 어어.

전문의: 기질성 질환은 없고?

전임의: 네. 그런데 당시 몸무게가 172킬로그램이었는데, 어, 지금은 90킬로그램쯤 빠졌다고 합니다. 1970년경에 리버데일에서 장폐색이 왔었다는데······.

전문의: 진짜 장폐색증을 앓은 거야?

전임의: 본인은 그렇게 말했어요.

지금 무슨 일이 벌어지고 있는 걸까? 시쿠렐이 분석한 것처럼, 전임의는 해당 환자를 다음과 같은 류마티즘 질병의 범주 중 하나에 포함시키려 한다.

- 류마티스 관절염
- 골관절염
- 류마티스 변종
- 전신 홍반성 루푸스
- 통풍성 관절염

각 범주에는 표준화된 임상적 설명이 있으며, 전임의는 자신이 해당 환자에 관해 알고 있는 내용을 이와 일치시켜야 한다. 그녀의 보고는 류마티스 관절염, 류마티스 변종, 루푸스, 통풍성 관절염을 암묵적으로 제외하고 골관절염에 집중하고 있다. 실제로 전문의가 나중에 시쿠렐에게 털어놓은 바에 따르면, 전임의가 말한 골관절염은 오진이었고, 추가 검사에서 류마티스 관절염으로 밝혀졌다. 우리는 신참 의사가 상급자의 도움을 받아 이중 변환을 학습하는 모습을 살펴보았다. 관찰, 면담, 신체검사를 통해 환자의 증상을 인식하고, 그런 증상을 가지고 표준적인 진단을 내리는 것이다. 그다음 단계에서는(시쿠렐의 이야기에는 나오지 않지만) 진단에 맞는 치료법을 찾는다. 이는 사실과 코드를 일치시키는 과정이다.

대학교의 제도와 마찬가지로, 의료 코드도 기존의 코드를 사용하다가 문제가 발생하면 새롭게 고친다. 과학이나 의료 연구에서도 코드의 수정이 이루어진다. 21세기의 류마티즘 전문의라면 시쿠렐이 관찰한 병원에서 1970년대에 사용한 코드가 구식으로 보일 것이다. 현재 류마티스 관절염의 분류에는 섬유근육통, 골괴사증, 골다공증, 파제트병, 베체트병, 라임병 등 1970년대에는 목록에 없던 기타 질환이 추가되었고 골관절염은 완전히 제외되었다. 그러나 의사가 관찰한 바를 증상과 맞춰 보고 증상을 기존의 코드에 맞춰 보는 행위는 통증에서 치료로 이어지는 과정을 여전히 지배하고 있다.

미국 의학은 오랫동안 대회진Grand Round이라는 병원의 루틴을 통해 코드와의 관계를 극적으로 보여 주었다. 초기의 대회진에서는 그 병원 의료진 중 최고참 의사가 후배들을 데리고 병동을 하나하나 돌면서 '흥미로운' 환자가 나오면 멈춰서 진찰하고, 진단과 치료에 관해 의견을 묻거나 제시하며, 그 기회를 활용해 관찰과 사례 정보, 진단, 치료를 적절히 일치시키는 법을 가르쳤다. 회진은 종종 병동을 둘러본 의사들이 그날 관찰한 사례를 논의하는 회의로 이어졌고, 이따금 환자를 데려와 추가 질문을 하기도 했다. 반세기 전 '보스턴 사이코'에서 근무할 때, 나도 가끔 회진 후에 열리는 컨퍼런스에 참석했다.

전문의와 레지던트, 인턴, 의대생들이 현재 치료 중인 환자에 관해 논의하는 소규모 회진은 여전히 많은 병원에서 이루어지고 있다. 전문의와 레지던트를 위한 회진 지침에는 전문의(고프 박사)와 레지던트(알), 학생(수전)의 회의실 대화가 묘사되어 있다.

> 수전이 심각한 호흡기 질환을 앓는 환자에 관한 프레젠테이션을 마치자, 고프 박사가 이렇게 물었다. "그 목록을 보면 환자는 어디에 해당하는 것 같나?"
> "사르코이드증이요?" 수전이 되묻듯이 말했다.
> "사르코이드증! 왜 사르코이드가 관련돼 있다고 생각하지?" 고프 박사가 냉큼 물었다.
> "그건, 제한적인 유형의 질병이라서요." 수전이 대답했다.
> "사르코이드의 몇 퍼센트가 X선 이외의 방식으로 발견

되지?" 고프 박사가 다시 물었다.

수전이 쩔쩔매자 레지던트인 알이 끼어들었다. "30%입니다."

"그래서 흉부 X선이 중요한 거야. 사르코이드의 70%는 거기서 문제가 발견되니까." 고프 박사가 단호히 말했다.

임상 교육은 상당 부분 이처럼 회진을 기반으로 한 회의에서 이루어진다. 여기서도 전문의는 학생에게 임상 관찰을 진단과 일치시키는 법을 가르치고 있으며, 이는 더 나아가 진단을 적절한 치료와 일치시키는 일로 이어질 것이다.

그러나 최근 몇십 년간 개방형 병동이 감소하고 환자의 사생활 보호가 중요해진 데다 진단 기술이 복잡해지면서, 이제 회진은 발표자의 프레젠테이션과 토의로 이루어지는 의대 포럼 같은 형태로 변해 가고 있다. 거기에 신약 홍보를 위한 제약 업계의 후원이 더해지기도 한다. 인터넷 시대에 대회진은 전 세계로 전송되는, 임상 사례의 온라인 프레젠테이션으로 변모했다. 가령 베일러 의과대학은 정기적으로 인터넷을 통해 임상 사례를 공개한다. 2002년 갑상샘염 사례 프레젠테이션에서 베일러 의대의 의사들은 온라인 토론을 위한 질문을 준비했다. 각각의 질문에는 "정답을 보려면 여기를 클릭하세요"라는 문구가 딸려 있었다.

1. 이 환자의 목 통증과 압통의 감별진단*은 무엇인가?
2. TSH 억제와 T4 상승의 감별진단은 무엇인가?
3. 감별진단에 따른 잠재적 치료 옵션에는 어떤 것이 있는가?
4. 현재 추가적인 감별진단에는 어떤 것이 있는가?
5. 이 진단을 확고히 하는 데 도움이 될 만한 검사에는 무엇이 있는가?

이처럼 현대적인 형태의 회진에서도 임상 관찰을 진단 및 치료 코드와 일치시키는 데 집중한다.

시코렐이 관찰 연구를 실시한 1970년대 이래로 미국 의사들 사이에서는 코드의 일치를 가시화, 공개, 표준화해야 한다는 압박이 크게 증가했다. 그들은 변호사, 윤리학자, 보험회사, 병원 행정실, 건강관리기관의 개입

* 유사한 증세가 있는 질병을 비교하여 질환을 감별하는 작업.

에 대응해 '근거기반의학'Evidence-based medicine이라는 방식을 고안해 냈다.

임상에서 근거기반의학을 사용하려면 의사의 행동에 약간의 변화가 요구된다. 임상에서의 의사결정은 오랫동안 주로 의사의 지식과 전문적 소견을 기반으로 이루어졌다. 책임은 의료보험회사의 판단이 아닌 환자의 예후, 즉 합의된 치료 목표를 달성했느냐에 달려 있었다. 환자가 법적 조치를 취할 경우, 각 주의 의료위원회가 '최종' 책임을 졌다. 이제 의사들은 측정 가능한 결과를 도출할 수 있고 높은 수준의 품질 관리와 책임을 적용할 수 있는 진료 표준을 만들고, 유지하고, 개선해야 한다. 의학 발전에 관한 대중매체의 보도와 접근 가능한 인터넷상의 정보 등으로 환자들의 의료 지식이 매우 증가한 데다 세계화까지 진행된 까닭에, 의사들은 자신이 선택한 치료법이나 검사 절차를 입증하는 근거를 제시해야 한다. 게다가 의료비의 급등으로 이제 의료보험회사가 의사의 선택에 영향을 미치는 처방집과 치료 지침을 만들기에 이르렀다.

근거기반의학이 반드시 질병을 치료하거나 생명을 구하는 건 아니다. 그러나 과거의 의료 실습에서보다 코드가 더욱 명확히 드러나기 때문에, 현대 의료 행위에 관한 대중의 호응을 얻기에 용이하다.

의료 과실

의료 과실 소송은 의료 코드를 극명하게 드러내 준다. 의료 행위를 하는 도중 혹은 이후에 심각한 문제가 발생하면, 환자나 그 가족은 담당 의사 혹은 기관을 상대로 소송을 제기하곤 한다. 변호사들이 만든 한 웹사이트는 뜻밖의 의료 사고 목록을 알파벳순으로 열거하여 의료 과실 소송의 '강력한 사례'들을 보여 준다.

마취 Anesthesia

• 이 환자는 과거에 담도 질환을 앓은 적이 있어서 할로세인(플루오세인) 마취제는 금기인데도 수술에서 이 마취제가 사용되었다. 결국 마취제 때문에 간이 괴사하여

사망했다.

• 마취과 수련의의 실수로 수술이 끝나기도 전에 산소가 다 떨어지는 바람에 환자가 치명적인 심정지를 겪었다.

• 경막외 마취를 하고 모소낭 제거 수술을 받은 환자가 하지의 운동을 조절할 수 없게 돼 버렸다.

혈관조영술 Angiography

• 이 환자는 동맥을 염색하는 혈관조영술을 받았는데, 시술이 부적절하게 시행되어 뇌 손상을 입었다.

화상 치료 Burn Treatment

• 심각한 3도 화상을 입은 환자가 불충분하고 부적절한 '화상 치료'를 받았다.

출산 Child Birth

• 산모에게서 생성된 항체가 태아의 혈액을 파괴하여 아기가 혈액질환(RH식 혈액형 부적합)을 가지고 태어났다. 전문의와 병원 의료진은 태아의 상태를 발견하지 못했다.

이러한 끔찍한 사고 목록이 알파벳 순으로 계속 이어진다. 당신이나 나 혹은 우리 가족에게 이런 사고가 발생한다면 아마 우리도 십중팔구 의사나 병원을 고소하게 될 것이다.

그러한 사건이 배심원단에 배정되고 배심원단이 원고에게 유리한 판결을 내리면, 보통은 상당한 규모의 피해보상금이 책정된다. 2002년에 브루클린의 세인트 메리 병원과 란다히르 바자지 박사는 미셸 매코드에게 1억 4,486만 9,495달러를 보상하라는 배심원의 2001년 판결에 항소했다. 『뉴욕법률저널』은 이 판결이 그해 최대 규모의 의료 과실 판정이었다고 보도했다. 1998년, 당시 임신 7개월 반이었던 스물여덟 살의 매코드는 흡연 형태의 순화 코카인을 흡입한 후 호흡곤란을 겪었다. 그녀는 세인트 메리 병원의 응급실로 갔고, 의료진이 그녀의 입에서 기관을 통해 튜브를 삽입해 폐에 산소를 공급했다. 같은 날 느지막이 매코드의 상태가 안정되는 것처럼 보이자, 그 시각 세인트 메리에서 근무하던 의료진이 바자지 박사의 감독 아래 튜브를 제거했다. 그런데 튜브를 제거하자 경련이 일어나며 후두가 폐쇄되었다. 의료진은 튜브를 다시 삽입하려다 실패했다. 결국 외과의가 기관 절제술을 시행해 새로운 산소 튜브를 삽입했지만, 매코드는 이미 심정지로 영구적인 뇌 손상을 입었다.

그녀는 세인트 메리 병원에서 8개월을 보낸 뒤에 장기요양시설을 전전하기 시작했다. 그로부터 13년 후, 마침내 배심원단의 판결이 나왔을 때도 매코드는 여전히 신체 기능이 저하된 상태였다. 배심원단은 그녀의 뇌 손상에 대한 책임의 75%는 병원에, 25%는 처음 튜브 제거를 명령한 바자지 박사에게 부여했다. 그들은 "매코드와 관련한 피고인들의 의료 행위에서 적절하고 일반적으로 용인되는 범위를 벗어난 부분들을 발견"했다. 배심원 보상 판정액에는 "과거 손실 보상 38만 3,161달러, 향후 31년간의 예상 손실액 95만 7,696달러, 의료비 변상 200만 달러, 향후 31년간 예상 의료비 1,152만 8,636달러, 과거 피해 위로금 3천만 달러, 향후 31년간의 피해 위로금 1억 달러"가 포함되었다. 항소 법원은 세인트 메리 병원의 항소 신청을 기각하고 보상 판정액을 703만 2,560달러로(1억 3,700만 달러나 낮은 금액!) 감면하라고 권고했지만, 당사자들이 감면에 동의하지 않는다면 보상 판정액을 재심사하도록 명령했다. 대폭 삭감된 수준에서 보더라도, 이 보상 판정액은 병원과 의사에 대한 상당히 큰 처벌이라 할 수 있다.

1999년에서 2001년 사이에 미국 내 의료 과실 보상 배심원 판정액은 평균 70만 달러에서 100만 달러로 증가했다. 같은 기간, 의사와 병원의 의료 과실 보험료가 현저히 증가했는데, 이는 배심원 판정액이 늘어나서라기보다 투자 이익의 감소 등 다른 이유로 의료 과실 보험사의 수익률이 전반적으로 하락했기 때문으로 보인다. 당시 의료 과실 보험의 대다수는 민간 회사가 아니라 의사 공제회나 대규모 의료기관의 자가보험에서 나온 것이었다. 그런데도 보험료가 오르자 법정 변호사, 보험사, 의사 조직, 입법자 들은 공개적으로 서로를 비난하기 시작했다. 일부 보험사는 과실 보험을 중단했고, 일부 의료기관은 과실 보험료를 통제해 달라고 나섰으며, 또 다른 이들은 법정 합의금에 상한선을 요구했다. 그러나 변호사 단체는 합의 상한선을 두는 것은 위법적 의료 행위의 피해자들에게 제재를 가하는 거라고 응수했다.

아무리 어마어마한 보상 판정액이 머리기사를 장식해도, 의료 과실은 변호사들에게 여전히 위험성이 큰 업무이다. 의료 과실로 본인이나 가족이 손해를 입었다고 주장하는 사람들은 대부분 재산이 많지 않기 때문에, 변호사들은 주로 서면상의 비용을 공제한 후 최종 보상금의 3분의 1에서 절반을 징수한다고 원고와 합의하는 조건으로 사건을 맡는다. 재판 변호사들의 승률은 형편없는 수준이다. 2003년, 주립재판변호사협회와 몇몇 보험회사가 미 회계감사원에 제출한 의료 과실 소송 결과의 추산치는 다음과 같았다.

• 원고(의료 과실 피해 호소인 등)가 보상받은 사건의 비율: 14~50퍼센트
• 사건이 실제로 재판까지 이어진 경우: 5~7퍼센트
• 재판에서 피고인(의사나 병원, 혹은 둘 다)에게 유리한 판결이 난 경우: 70~86퍼센트

이러한 수치에 따르면, 16개 사건 중 1건(5~7퍼센트)만이 재판으로 이어졌고, 그중 원고가 승소한 경우는 14~30퍼센트에 불과했다. 소송을 제기한 전체 사건 중 1~2퍼센트만이 원고의 승리로 끝난 것이다. 그러므로 변호사 웹사이트의 설명처럼 재판 변호사가 의심의 여지 없이 "확실한 사건"을 맡아도 돈을 벌 수 있는 확률은 3분의 1밖에 안 되고, 그 확률 역시 대개는 재판 전에 합의를 하

겠다는 피고인의 의지에 달려 있다고 합리적으로 추정할 수 있다.

미국에서 의료 과실 사건이 급증하자 소송이 표준적인 형태를 취하게 되었다. 양쪽 변호인단은 전문성이 확실한 의사를 찾아 감정인으로 고용한다. 의료 감정인은 다음의 세 가지 중 하나 이상에 관해 증언하는 데 동의한다. (1)이 분야의 진단 및 치료에 어떠한 내과 혹은 외과적 행위가 통용되는가. (2)해당 의사나 병원이 그러한 기준을 위반했는가. (3)그러한 위반이 환자에게 피해를 입혔는가. (3)은 원인과 결과에 관한 질문을 제기하지만, 증언과 공방은 일반적으로 (1)과 (2)를 중심으로 이루어진다. 이 두 항목에서 의사들은 코드에 관해, 그리고 행위와 코드의 일치 여부에 관해 증언한다. 의료진은 환자를 올바른 범주로 분류했는가? 환자의 상태에 관한 근거를 적절히 수집하고 기록했는가? 적합한 치료 원칙을 따랐는가?

근거기반의학은 부분적으로 이러한 표준 코드의 사용에 부응하여 생겨났다. 코드의 존재는 그 자체로 대중을 법원이 의료 행위를 판단하는 원칙의 주체로 만든다. 사건이 실제 배심원 재판으로 넘어가면 판사는 배심원단에게 양측의 증언을 듣고 사실을 검토하되, 이러한 사실을 해당 분야의 진단 및 치료 과정에서 통용되는 내과 혹은 외과적 행위의 기준과 비교해 달라고 권한다. 양측의 의료 감정인은 일반적으로 용인되는 의료 행위에 관해 증언한다. 원고와 피고 측 변호인은 교과서나 의학 출판물, 이전의 법원 판결을 빈번히 인용하고, 의료 행위를 널리 알려진 코드와 비교한다. 그런 연유로 의사와 병원 관계자 들이 원인과 결과를 스스로 판단할 수 있는 영역은 점점 줄어들고 있다.

이야기를
코드로 전환하기

　법률 및 의료 분쟁은 코드가 지배하는 희귀한 세계에서 발생한다. 코드는 랍비, 변호사, 공무원, 심판, 의료 윤리학자와 같은 전문가들의 영역에 속해 있다. 설교, 강의, 파워포인트 프레젠테이션, 교과서, 설명서 등은 원칙을 간략히 설명한 후 현실에서의 적용을 덧붙이는 형태로 코드를 제시하는 경우가 많다. 코드는 형식 자체가 일상적인 사회적 교류와 현저히 다르다. 일상적인 사회생활의 중심이 되는 건 코드의 재현이 아니다. 자신이 목격하거나 참여한 사건에 관해 묘사 혹은 설명해 달라는 요청을 받았을 때, 코드의 범주나 절차, 규칙을 언급하는 사람은 여간해선 없다.

일반적인 사람들은 (당신과 나 같은 사람들이 전문 분야에서 작업 중일 때가 아니라면) 이야기를 통해 묘사와 설명을 제시한다. 그래서 일부 전문가들은 이야기를 듣고 코드로 변환하는 일을 전문적으로 수행한다. 응급실에서 중증도 환자를 분류하는 간호사들은 환자를 임시로 진단 및 치료의 범주에 배정하는 일을 정당화하는 기록을 작성한다. 사회복지사는 수급 지원자를 면담하여 자격 여부를 결정한다. 성직자는 참회의 근거가 되는 고해성사를 주관한다. 경찰 심문관은 형사재판에 제시하기 위한 자백을 끄집어낸다. 앞서 우리는 레지던트가 의료 면담에서 도출한 근거(환자가 들려준 이야기)를 코드화된 진단의 자료로 변환하는 것을 보았다. 이러한 전문가들은 하나같이 인과적 설명을 공식으로, 대중적인 관용어를 전문적인 담론으로 바꾸는 이중 변환을 시행한다.

경찰 심문을 예로 들어 보자. 피의자를 심문하는 경찰관은 대체로 상대방의 혐의를 알고 있으며, 그 위법 행위가 어떻게 발생했는지에 관한 대략적인 이야기를 파악하고 있다. 하지만 그들은 세 가지 까다로운 과제를 앞두고 있다. (1)피의자의 답변을 이용해 자신이 알고 있는 사건 정보를 보충하고, (2)피의자가 실제로 해당 범죄나 기타 처벌 가능한 위법 행위를 저질렀는지 판단하고, (3) 질문을 던지고 이의를 제기하여 관련 법률에 규정된 범죄의 주요 요소에 해당하는 대답을 끌어내는 것이다. 세 번째 작업이 이야기의 재료를 코드의 재료로 변환하는 일이다. 경찰 심문관은 수집한 정보를 형사법의 코드를 구성하는 범주와 증거를 처리하는 절차, 해석의 규칙과 일치시킨다.

자잘한 범죄를 저지르다 살인범이 된 제임스 마틴의 경찰 심문을 들여다보자. 1990년대 초, 샌타바버라의 국선변호사 사무실에서는 오클라호마에서 진행되는 제임스 마틴의 형사재판 구형 공판의 변호를 위해 사회학자 잭 캐츠Jack Katz를 영입했다. 마틴은 오클라호마에서 사기, 위조, 절도 등 다양한 전과 기록을 갖고 있었다. 1991년, 오클라호마 지방 경찰은 새로운 혐의로 그를 수배했다. 마틴은 자신이 일하던 오클라호마 이동식 주택 야영장에서 총을 훔쳐 부인의 차를 허락 없이 훔쳐 타고 캘리포니아주 베이커스필드에 있는 친척 집으로 달아났다.

베이커스필드에서 친척들과 다툼을 벌인 마틴은 캘리포니아주 벤추라로 떠났고, 그곳의 해변에서 매력적인 레저용 차량을 발견했다. 그는 소유주인 68세의 캐나 다인 여성을 총으로 위협해 차량을 빼앗고 그녀를 살해했다. 그리고 샌타바버라 카운티의 외딴 시골길에 시신을 유기한 후, 훔친 차를 몰고 베이커스필드로 돌아갔다. 베이커스필드의 친척들은 경찰 무전에서 들은 내용을 그에게 알려 주었다. 경찰에서 그 레저용 차량을 찾고 있다는 것이었다. 그는 차량을 버리고 벤추라로 돌아갔다. 거기서 한 노숙자 남성을 살해해 그의 픽업트럭을 훔치려다 실패했지만 어찌어찌해서 라스베이거스까지 넘어갔다. 라스베이거스에서 그는 65세의 시각장애인을 살해하고 그의 집을 털었다.

얼마 후, 마틴은 중고차 대리점에서 차량을 훔쳐 텍사스로 도망쳤다. 뉴멕시코주와 텍사스주의 경계에 있는 순찰대 검문소가 가까워지자 그는 차창 밖으로 총을 버렸다. 하지만 순찰대가 그 총을 주웠고, 마틴의 차에서 유죄를 입증할 만한 증거(경찰 배지를 포함)를 상당수 발견했다. 그들은 네바다주와 캘리포니아주 경찰에 연락했고, 곧 마틴이 두 건의 살인 사건 용의자라는 사실을 알게 되었다. 샌타바버라 카운티 보안관 대리인 프레드 레이와 에드 스키언이 마틴을 심문하러 뉴멕시코로 왔다. 경찰은 4시간에 걸친 심문 과정을 영상으로 기록했다.

심문관들의 채근에 마틴은 훗날 살인 혐의에 관해 유죄를 확정받게 되는 진술을 했다. 그들은 벤추라에서 무슨 일이 있었는지(그의 이야기)를 반복적으로 물어보았다. 그가 조금 전에 한 말과의 모순을 지적하거나 새로운 정보를 제시해 그의 이야기에 이의를 제기하기 위해서였다. 외부 전문가인 캐츠는 형량을 낮출 근거가 될 만한 문제점을 찾으려고 녹화된 심문 내용을 분석했다.

비디오테이프에는 고통스러운 광경이 녹화되어 있었다. 마틴은 벤추라와 라스베이거스 사건에 관해 자신의 책임을 부인하거나 축소하는 이야기를 계속해서 내놓았다. 두 명의 보안관 대리는 가만히 듣고 있다가 세부 사항을 들이밀며 그의 이야기를 뒤집었다. 가령 마틴은 처음에 빈 레저용 차량을 훔쳤다고 주장하며, 기나긴 경범죄 전과를 언급해 자신의 주장을 뒷받침했다. 마틴이 그 이야기를 밀고 나가자 심문관들은 "두 소년이 그가 주차장에서 레저용 차량의 운전자를 차량 뒤편에 밀어 놓고 시동을 걸어 떠나는 걸 보았다고 목소리를 높인다."

캐츠는 이 갈지자의 대화에서 마틴의 발언과 신체 언어를 정밀히 분석해 보안관 대리들의 반박에 그가 눈물을 흘리는 두 지점에 집중한다. 우리는 캐츠가 제시한

이 놀라운 세부사항에서 경찰이 어떻게 관련 코드와 일치시키기 위해(이 사건의 경우, 더 정확히는 코드에 기반해 혐의를 밝히기 위해) 필요한 자백을 끌어냈는지 살펴볼 수 있다. 예를 들어, "두 소년"에 관해 말한 후 스키언은 "고의로 한 건지 아닌지에는 큰 차이가 있다"는 말로 마틴을 무장해제시킨다. 마틴이 고개를 끄덕여 알았다는 표시를 하자, 그는 이어서 "그 여자를 태운 채로 차를 몰고 간 거지?"라고 묻는다. 마틴은 안절부절못하며 자세를 바꾸더니 마침내 "네"라고 대답한다. 경찰은 그렇게 해서 최초의 강력한 자백을 받아 냈다.

상황은 점점 고조된다. 심문관들은 이제 굳히기에 들어간다. 레이가 말한다. "그래, 우리도 알고 있었어. 그럼 이제 총, 총 말인데, 그 여자를 쏜 총이 오클라호마에서 훔친 거랑 같은 총이지?" 다른 심문관이 손가락으로 권총 모양을 만들어 마틴의 이마를 겨누고는 또 다른 사실을 밝힌다. "그 총도 우리가 입수했어." 캐츠는 다음과 같이 요약한다.

> 마틴은 경찰이 두 명의 목격자를 확보했다는 사실을 조금 전에야 알았다. 자신이 주 경계 검문소에 근접하며 내

던진 총을 경찰이 찾아냈다는 사실도 별안간 알게 되었다. "똑같은 총이야, 그렇지?" 레이의 질문에 마틴은 답한다. "네, 기본적으로는, 그런 것 같아요." 경찰은 철저한 자백을 밀어붙인다. 스키언이 "아니지?"라고 묻자, 레이가 "그 여자를 쏜 거랑 같은 총이잖아"라고 한다. 마틴은 작은 소리로 "맙소사"라고 내뱉는다. 그는 여전히 시선을 아래로 한 채 말을 잇는다. "그래요, 나도 알아요, 내가 전기의자에 앉게 될 거라는 걸. 안다고요."

마틴은 그 후로도 여러 번 이야기를 바꿔 가며 자세히 진술했으며, 무슨 일이 있었고 자신이 어떤 상태였는지 다시 한번 묘사하며 두 번이나 흐느꼈다. 그는 레저용 차량을 훔칠 때 술에 취해 있었다고 진술하면서, 차량에 타고 있던 제삼자가 차주를 죽인 게 분명하다고 주장하는가 하면, 주 경계 검문소가 가까워졌을 때 총으로 자살할 생각을 했다고 밝혔다.

심문관들이 차주에 대한 살인 미수와 라스베이거스에서의 살인에 관해 새로운 정보를 공개하자 마틴은 점차 자신을 사회에서 거부당한 외롭고 절박하고 박복한 실패자로 묘사하며 자신이 무슨 일을 저지르고 있는지도 몰랐다고 항변했다. 샌타바버라의 보안관 대리들은 고통스러운 심문 단계를 거쳐, 계속해서 바뀌는 제임스 마틴의 이야기에서 혐의 입증을 위한 코드화된 자료를 추출했다. 그들이 냉혹하게 수집한 진술은 이후에 검사들이 마틴을 법적으로 살인자의 범주에 넣을 때 사용되고, 그의 행동에 대한 증거로 제시되며, 실제 공소장과 적절한 법률적 형식을 갖춘 목격자 증언과 함께 배열될 것이다. 제임스 마틴을 기소한 검찰은 살인 재판에 적용되는 범주, 증거적 절차, 판결 규칙에 이 사건을 맞춰 나갈 것이다.

코드의 약점

　이야기가 코드로 변환된다고 모두가 전기의자에 앉게 되는 건 아니다. 입사 지원서, 설문 조사, 이력서, 부고, 수상자 소개의 경우, 작성자나 몇몇 전문가가 애초에 이야기의 형식으로 제시된 설명을 양식화된 정보로 변환하여 확고하게 정립된 코드와 일치시킨다. 나는 최근에 러시아 비자 신청서를 작성하다가 지난 10년간 방문한 모든 국가를, 그것도 방문 날짜와 함께 기재하라는 항목을 마주했다. 나는 그 칸을 작성하기 위해 연도별로 있었던 이야기를 나 자신에게 줄줄 늘어놓아야 했다. 다행히 오래된 휴대용 달력들을 버리지 않고 간직한 덕분에 그 이야기들을 스스로에게 입증할 수 있었다. 내가 소속됐던 조직을 전부 나열하라는 칸에 이르렀을 땐 그냥 포기하고 "너무 많아서 셀 수 없음. 대부분 전문직"이라고 적었다. 러시아 관료들은 나의 이야기를 들어 주는 대신 나의 해외여행 경험과 소속 기관을 수상쩍은 활동을 기입하는 자신들의 서식에 끼워 맞추라고 강요했다. 나의 혼란스러운 삶을 코딩용 자료로 전환하기 위한 첫 번째 단계를 수행하라는 것이었다. 그들은 자신들이 정한 범주와 증거 처리 절차, 해석의 규칙과 일치시킬 수 있는 자료를 요구했다.

우리 같은 외부인들은 관습과 이야기, 학술적 논고로 이유를 조직하기 때문에 코드를 성가시게 여길 때가 많다. 그래서 내가 조금 전에 그랬던 것처럼, 완벽하게 합리적인 사실과 이유를 비틀고 복잡하게 만드는 "저놈의 공무원들"을 불만스러워한다. 내부에서도 반항적인 신학자들은 전통적인 해석을 비판하고, 반항적인 의사들은 효과적인 개별 치료를 금지하는 규정에 반발하며, 반항적인 변호사들은 비인간적인 법에 반기를 든다. 포덤대학 로스쿨에서 학생들을 가르치는 변호사이자 철학자 겸 소설가 세인 로즌바움Thane Rosenbaum은 다음과 같은 비난 성명을 내기도 했다.

법체계는 대중이 법에 특별한 기대를 걸고 있다는 점을 늘 간과하는 것 같다. 법이 스스로 염두하고 있는 제한된 시야는 대중의 기대와 어긋나 있다. 진실은 이처럼 무너진 신뢰의 한 예이다. 법체계는 대다수의 사건이 진실의 기준에 도달하지 못하고 끝난다는 사실을 잘 알면서도 그대로 작동하고 있다. 실제로 재판과 법정 합의, 양형 거래는 대개 진실을 침묵시키거나 깎아내리는 결과를 낳는다. 법체계는 사실을 습득하는 것만으로 만족한다. 그 사실이 만약 진실로 밝혀진다면 그것은 우연이지 법체계가 그것을 열망했기 때문은 아니다. 그러나 사실과 진실은 완전히 다른 개념이다. 사실은 진실일 필요가 없다. 그냥 찾아서 법에 적용하기만 하면 된다. 사실은 사법 체계의 가공품이고, 진실은 윤리 세계의 트레이드마크이다. 사실은 법체계, 진실은 윤리 체계이다. 법체계에서는 정서적·실질적 사실이라는 윤리적 차원을 포함하지 않은 채 법적 사실을 찾아내는 것만으로도 정의라는 개념을 사용할 수 있다.

소설가인 로즌바움은 뒤에서 스토리텔링의 치유력과 법의 파괴력을 대조하면서, 법도 부정행위의 피해자를 치유하는 법을 배워야 한다고 주장한다. "소설가라면 이미 알고 있으며 상처 입은 자라면 직관적으로 느끼는 것을 그들도 경험할 수 있어야 한다. 이야기를 들어 줄 사람이 없고, 자신의 고통을 증언할 도덕적 권리마저 빼앗긴다면, 피해자의 상처받은 마음은 치유될 도리가 없"기 때문이다.

요컨대, 코드에 속하는 적합성의 논리는 이야기에 속하는 인과적·윤리적 논리와 모순된다. 우리는 상속, 조직 행동, 의학적 분석, 의료 과실 그리고 범죄 문제에서 그러한 모순이 생생하게 드러나는 것을 확인했다. 윤리학이나 목회 신학, 건축 표준, 입법 절차를 비롯한 거의 모든 전문적 규제 영역에서 이야기와 코드 사이에는 그와 같은 격차가 발생한다. 사회생활에서 코드는 이야기와 매우 다른 종류의 작업을 수행한다.

코드는 개념과 자원, 활동 및 사람에게 질서를 부여하려는 조직들의 점진적 노력으로 만들어진다. 일단 코드가 실행되면, 그것은 해당 조직에서 일하는 사람들이나 그 조직의 지배권에서 벗어날 수 없는 사람들의 삶에 강력한 영향을 미친다. 그러한 영역에서 코드는 사람들이 자신의 행위에 관해서는 물론이고 실행하지 못한 일에 관해 제시하는 이유를 구성한다. 우리가 코드를 피하거나 파괴하려 할 때조차 코드는 중요한 역할을 한다.

5장

학술적 논고

미 국립과학원NAS과 산하 연구기관인 국립연구회의 NRC는 전쟁으로 인해 탄생했다. 남북전쟁 중 에이브러햄 링컨 대통령의 북부연방은 남부연합을 상대로 궁극적인 승리를 거두기 위해 과학계의 협력을 구했다. 앨릭스 롤런드Alex Roland에 따르면 "국립과학원은 연방정부가 남북전쟁 중에 워싱턴으로 쏟아져 들어오는 수많은 발명품과 제안을 처리하기 위해 만들어졌으며, 그중 상당수는 군사 문제와 관련돼 있었다." 1862년, 북부연방의 철갑함 모니터호가 남부연합의 철갑함 메리맥호를 격파하고 해상 전투의 새로운 장을 열면서 응용과학은 전쟁에서의 가치를 증명했다. 한편 그보다 앞서 개발된 후장식

총기와 연발총, 지뢰와 수뢰, 전신과 철도 그리고 (지금까지도 응용과학이 이룩한 경이라고 일컬어지는) 기관총 등은 지상전의 형세를 변화시키고 있었다.

오래전부터 프랑스 과학원Académie des sciences과 경쟁할 만한 국내 조직을 만들고 싶었던 미 연방정부 소속 과학자들은 해군을 통해 의회를 설득하여 그 꿈을 실현시켰다. 1863년 3월, 링컨 대통령은 국립과학원을 설립한다는 법안에 서명했다. 이 법안에는 다음과 같이 명시되어 있었다.

> 과학원은 정부 각 부처의 의뢰가 있을 때마다 과학이나 예술과 관련된 어떠한 주제에 관해서든 조사, 검토, 실험, 보고한다. 그러한 조사, 검토, 실험, 보고에 들어가는 실비는 용도에 따라 정부 예산에서 부담하지만, 미 연방정부를 위해 어떠한 업무를 하든 과학원은 일절의 대가를 받지 않는다.

과학원 창립 멤버 50명 중에는 스위스 출신 하버드대 박물학자 루이스 애거시즈 같은 저명한 민간 연구자들도 있었지만, 육군과 해군 소속이 13명이나 되었다. 결과적으로 국립과학원은 남북전쟁에서 북부연방의 승리에 크게 기여하지 못했다. "일절의 대가를 받지 않는다"는 법 조항 때문에 의회에서는 이 새로운 기관에 식객 같은 과학자들만 모여들 수 있다며 우려의 목소리를 냈다. 그러나 과학원의 설립은 과학계와 정부 사이의 유대를 증명하고 더욱 확고히 했다.

남북전쟁 후 국립과학원은 계속해서 정부에 봉사했을 뿐 아니라, 미국 최고의 연구자들이 과학 문제를 논의하는 주요한 토론장이 되었다. 제1차 세계대전 중, 우드로 윌슨 대통령은 국립과학원에 임시 연구기관인 국립연구회의를 창설하여 정부 관련 업무를 늘리도록 했다. 국립연구회의는 미국의 전투에 큰 도움을 주었고, 전후에 정식 기관으로 인가받았다. 그리고 이때부터 미국 과학계에서 중요한 정보 교류의 장이자 과학적 정통성을 인정해 주는 공인 기관으로서 영향력을 행사하게 되었다.

20세기 후반에 이르러 국립과학원은 1,800명 규모로 성장했고, 매년 70~80명의 신규 회원을 선출하여 근래에 사망한 기존 회원들의 자리를 보충했다. 또한 국립공학원과 의학연구소라는 두 개의 병렬적인 학회를 설립했다. 세 기관 모두 국립연구회의와 협력했다. 국립과학원은 권위 있는 과학 저널 『국립과학원 회보』를 간행하기도 했다. 한편, 국립연구회의는 국가적 차원에서 중대한 과학 문제를 발표하기 위해 위원회와 실무단을 발족했다. 정부기관들은 자신들 때문에 대중 사이에 논란이 일어나 과학적 문제가 대두되면 이들에게 보고서를 요청했다. 반대로 학회 내부 그룹이나 국립연구회의에서 자체적으로 연구를 시작해, 이를 후원해 줄 정부나 재단을 찾기도 했다.

이제 논제에 맞는 사례를 들어 보겠다. 나는 한때 국립연구회의 산하 '핵전쟁 방지를 위해 조력하는 행동과학 및 사회과학 위원회'에 속해 있었다. 우리가 이 위원회를 설립한 건, 미국의 군사 전략가들이 활용 가능한 사회과학 연구 결과를 무시하고 그 결과 핵으로 인한 대학살의 가능성을 줄일 수 있는 사회적 과정을 도외시한다고 느꼈기 때문이다. 우리는 우리의 학문이 이 주제에 관해 진지하게 할 얘기가 있다며 여러 재단을 설득했다. 매년 결과물을 낼 때마다 우리는 시간의 전후 관계를 인과관계와 혼동하는 낡은 오류를 꺼내 들며 스스로 만족스러워하곤 했다. 핵전쟁이 발생하지 않았으니 행동과학과 사회과학이 올해에도 임무를 완수했다면서 말이다. 그러면서 국제 분쟁의 원인과 예방법에 관해 우리가 찾을 수 있는 최고의 정보들을 한데 엮어 보고했다. 그러나 냉전이 종식되면서 위원회의 활동도 끝이 나고 말았다. 외부 후원자들이 적어도 그들이 보기엔 핵전쟁의 위험이 더 이상 예방이 필요하지 않을 만큼 줄어들었다고 판단했기 때문이다. 국립연구회의의 각종 위원회와 보고서 주제는 정부기관, 재단, 학계 전반의 이해관계에 따라 변화를 거듭했다.

그래도 국립연구회의는 자체적으로 다양한 프로젝트를 계속 운영했다. 가령 2004년 6월, 국립학술원 웹사이트에는 다음과 같은 최신 보고서 목록이 올라왔다.

- 천식 및 기타 호흡기 질환의 원인이 되는 건물 습기와 곰팡이
- 일부 백신이 자폐증을 유발하는지 여부
- 2004년 허리케인 시즌에 예상되는 태풍의 패턴
- 초등학교와 중고등학교 수학 교과 과정 분석
- 여성 대상 지역 보건 의료의 질

때로 이러한 보고서들은 최신 과학 정보를 이용해

최근에 대중의 항의를 유발한 주제를 검토했다. 가령 의학연구소의 자폐증 연구는 백신 보존제인 티메로살과 MMR(홍역, 볼거리, 풍진) 백신이 자폐를 유발할 수 있다는 떠들썩한 주장을 일축했다. 또 다른 보고서들은 세간에 널리 퍼져 있는 추론에 증거 불충분 판정을 내리거나, 현재로서는 그 문제에 관해 과학자 간 합의가 이루어지지 않았다고 선언하기도 했다. 습기와 곰팡이 연구는 곰팡이와 피로 혹은 정신 장애 사이의 연관성을 규명할 만큼 충분한 연구가 진행되지 않았으며, 비록 통계적 증거가 존재한다 해도 습기와 곰팡이가 정확히 **어떤** 영향을 미치는지는 밝혀진 바가 없다고 결론지었다. 이러한 보고서들은, 예상 가능한 일이지만, 대부분 향후 풍부한 연구가 더 많이 이루어지기를 바란다며 글을 마무리했다.

국립연구회의의 행동과학 및 사회과학(심리학, 경제학, 인류학, 사회학, 인구통계학, 정치학, 지리학 및 기타 관련 학문) 보고서는 물리학이나 자연과학 분야의 보고서보다 불확실성과 의견 차이를 인정하는 경우가 많았다. 물리학 및 자연과학자들은 인간의 문제에 적용했다가는 윤리적 한계를 넘어서게 되는 실험에 의지할 수 있다. 그들은 박테리아를 잘게 썰고, 초파리에 돌연변이를 일으키고, 분자를 산산조각 낸 다음 자신들의 개입이 불러온 결과를 관찰할 수 있다. 인간에게 동일한 일을 시도했다가는 바로 사형이나 구금형에 처해질 것이다. 사회과학자들도 가상의 그룹 과제나 인지 검사의 형태로 무해한 실험을 진행할 때가 있다. 그러나 대부분은 설문조사와 같은 '유사 실험'이나 학교, 기업, 공동체에 이미 존재하는 차이점을 분석하는 '자연 실험' 등의 밀착 연구에 의존한다.

이러한 비교 연구에서는 십중팔구 서로 대립하는 인과적 설명들이 미해결 상태로 남는다. 또한 사회과학자들은 물리학자나 자연과학자보다 더 자주 참여자, 관찰자, 정책 입안자의 의견이 첨예하게 갈리는 문제(예를 들어 사회적 불평등의 원인과 결과, 효율적인 민주화의 조건)에 의문을 제기한다. 그래서 국립연구회의의 행동과학 및 사회과학 보고서는 현재 대립 중인 견해들을 판별할 추가 연구가 필요하다는 결론을 내놓는 경우가 많다.

『국립과학원 회보』는 해당 분야와 무관한 외부인이 이해하기 어려운 학술적 논고를 게재하는 경우가 많다. 그런 논문들은 독자가 물리학, 화학, 생물학 분야의 심도 있는 문제들을 이미 알고 있다고 가정한다. 그런 연유로 나는 몇 년간 책상에 쌓여 가기만 하던 이 회보의 구독을 결국 해지했다. 이와 다르게 국립연구회의 보고서는 최신 과학을 기반으로 한 학술적 논고에 집중하면서도 정책 입안자나 교양 있는 시민들이 글의 논리를 따라갈 수 있게 작성되었다. 그러한 목적을 위해 이 글들은 학술적 논고를 이야기 쪽으로 어느 정도 옮겨 놓았다. 완전한 학술적 논고라면 포함하거나 명백히 배제해야 하는 점증, 간접, 환경, 동시, 상호 효과도 일부 생략했다. (행동과학 및 사회과학 위원회를 비롯한) 국립연구회의 산하 위원회들은 지구온난화, 공중보건, 교육의 질에 관한 일상적인 담론과 달리 현재의 과학적 합의를 담은 학술적 논고를 자기들만의 버전으로 제작했다,

학술적 논고의 역할

학술적 논고는 이야기, 관습, 코드와 어떤 차이가 있을까? 그것은 그 정의상 (적합성의 논리가 아닌) 인과적 설명을 (일상적 지식이 아닌) 체계적이고 전문화된 학문적 근거와 결합시킨다. 하지만 학술적 논고는 여러 가지 방식으로 특수한 코드를 이용하는 경우가 있다. 왜냐하면 첫째, 코드가 그 실행자에게 비전문가에게는 금지된 형식의 조사를 수행할 권한을 부여하고, 둘째, 코드가 관련 근거의 유용성을 실질적으로 좌우하며, 셋째, 실행자들 스스로가 적절한 절차와 부적절한 절차를 구분하는 코드를 만들어 내기 때문이다. 예컨대 전문적인 의학 연구에서는 엄격한 코드로 해부나 약물 투여에 참여하는 사람을 통제하고, 사례 기록의 작성법을 지도하며, 임상 실험 참가자의 윤리적 처우에 관한 규칙을 제시한다.

학술적 논고는 일부 전문가 집단 내에서의 의사소통을 용이하게 한다는 점에서 이야기나 관습, 코드와 분명 유사하다. 학술적 논고는 이미 축적된 정의, 관행, 결과에 관해 공유된 지식을 가정하여, 그러한 정의, 관행, 결과의 참조를 줄이게 해 준다. 바로 그러한 이유로 외부인은 학술적 논고가 너무 폐쇄적이거나 (외부자가 실제로 자신이 잘 아는 주제를 다루고 있다고 생각하는 경우에도) 전문 용어로 가득 차 있어서 이해하기 힘들다고 여기는 경우가 많다. 그러나 학술적 논고는 이유를 제시하면서 관계 작업을 수행한다는 점에서 이야기, 관습, 코드와 흡사하다. 이 경우에는 심도 있는 지식을 보유한 사람들 간의 관계를 의미한다. 자신에게 공감하는 다른 전문가들에게 당신도 우리 편에 속한다고 말하며, 저자와 의견이 다른 타 분야 사람들과의 차이를 강조하고, 초심자나 의뢰인에게 해당 분야의 개론을 제공하며, 존경받는 비전문가에게 맞서 저자의 권위를 확립한다. 화자와 청자 사이의 관계를 수립, 확증, 조정, 변경하거나 심지어 종식시키기도 한다.

관습이나 이야기보다는 눈에 덜 띄지만, 학술적 논고의 저자도 필연적으로 대상에 따라 글을 다르게 작성한다. 여기서도 그들은 관계 작업을 수행한다. 전문가 간의 의사소통에는 약칭을 사용해 수고를 줄이는 동시에 서로가 내부 구성원임을 암시한다. 그 좁은 테두리를 넘어갈 때는 더 많은 맥락을 제공하고 외부인이 이해할 수 있는 비유를 자주 구사한다. 과학 글쓰기는 하나의 예술이며, 『네이처』『사이언스』『사이언티픽 아메리칸』같은 잡지의 편집자들은 내부자끼리의 담화를 외부인도 따라갈 수 있는 흥미로운 담론으로 번역하는 데 많은 노력을 기울인다. 그런데 학술적 논고는 국립연구회의의 보고서처럼 해당 분야에 관심이 있는 비전문가에게 결과를 전달할 때 독특한 문제를 일으킨다. 연구 주제가 시급하고 논쟁적일수록 학술적 논고를 효과적으로 구성하고 저자와 독자 사이에 적절한 관계를 수립하는 기술은 더욱 섬세해진다. 몇 가지 예를 살펴보도록 하자.

폭력에 관한
학술적 논고

 대인 폭력 문제를 생각해 보자. 폭력의 이유는 확실히 관습("그 인간들은 원래 그래"), 코드("법률상 금지되어 있다"), 이야기("그 여자는 어릴 때 불우하게 자랐어요")의 형태로 제시되는 경우가 많다. 우리는 3장에서 런던의 전직 폭력배 아서 하딩이 역사가 래피얼 새뮤얼에게 젊은 시절의 범죄 행위에 관해 일련의 다채로운 이야기를 제공하는 걸 보았다. 그러나 대인 폭력은 그 원인에 관해 학술적 논고를 펼쳐 보려는 전문가들의 관심을 끌기도 한다.

 1988년, 세 개의 정부기관이 국립연구회의에 폭력의 원인과 예방법에 관한 보고서를 요청했다. 국립과학

재단은 연구의 우선순위에 관한 조언을 구했고, 국립법무연구소는 폭력 범죄를 감소시킬 방법을 요청했으며, 질병관리본부는 폭력 행위로 인한 부상 및 사망을 방지하기 위한 관련 정보를 주문했다. 국립과학재단의 경우는 어떤 차원의 폭력이든 상관이 없었겠지만, 다른 두 기관의 요구 때문에 연구의 초점을 전쟁, 대량 학살, 기타 대규모 폭력이 아닌 개인과 소규모 집단 내 폭력에 맞추게 되었다. 이에 따라 국립연구회의는 범죄학·법학·심리학 분야에 비중을 둔 전문 위원단을 구성했다. 또한 위원단은 자체적 판단에 따라 현대 미국의 소규모 범죄 행위로 연구 주제를 한정했다. 다른 위원단과 마찬가지로 이들도 여러 외부 전문가에게 리뷰논문을 의뢰하고, 내부 토론을 거쳐 현재 통용되는 지식을 종합했다. 그런 다음 소규모 대인 폭력 범죄에 관한 학술적 논고를 작성했다.

위원단이 선택한 관점은 조사 결과, 해석, 권고 사항에 커다란 영향을 미쳤다. 세 가지 보고서 모두 폭력 분석에서 자주 강조하는 사회적·문화적 복합성이 아닌 개인 차원의 작용을 강조했다. 이 보고서에서 사회적 조건은 주로 개인의 행동을 촉진하는 요인으로 등장한다. 조사 결과는 보고서의 내용을 극적으로 요약해 준다.

• 최근 미국의 사례에서는 폭행이 폭력 범죄의 대부분을 차지한다.

• 길거리 무차별 범죄에 대한 두려움이 널리 퍼져 있지만, 대부분의 폭력 범죄는 서로 아는 사이에서 발생하며, 가족 구성원 간에 벌어지는 경우가 많다.

• 미국은 선진국 중에서 1인당 폭력 범죄율이 가장 높다.

• 그렇지만 현재 미국의 폭력 범죄율은 역대 최고치보다 낮은 수준이다.

• 범죄 피해자의 구성을 보면 소수 인종이나 소수 민족이 불균형적으로 많다.

• 가해자는 압도적으로 남성이며 미성년이 불균형적으로 많지만, 전문적인 폭력범인 경우는 거의 없다.

• 사회적 통념에 비해 폭력 범죄와 청년 갱단 사이에는 연관성이 적다.

• 폭력 범죄는 매년 인명, 건강, 재산에 상당한 손실을 초래한다.

• 연구원들은 투옥의 증가가 폭력 범죄율에 미치는 뚜렷한 영향을 발견하지 못했다.

사회적·문화적 설명을 통해 이와 유사한 결과를 내

놓은 다른 보고서들과 달리, 이들은 개개인에게 작동한 동인에 초점을 맞추었다. 예를 들면 어린 시절에 학습된 공격적 패턴, 어린 시절에 당한 성적 학대, 주류 및 기타 '향정신성' 약물의 과도한 복용, 테스토스테론 과다 등이다. 이 학술적 논고에서는 개인적 원인을 활성화 혹은 촉진하는 요인으로 사회적 과정을 제시한다. 빈곤 가정의 집중화, 지역 간 소득 불균형, 젊은 남성에 대한 지역 공동체의 제어를 방해하는 유동성과 분열, 마약·총기류·범죄를 조장하는 기회에의 접근성 등이 그에 해당한다.

이에 따라 위원단은 여섯 가지 주요 영역에서 '문제 해결책'을 권고했다. (1)개인에게 잠재된 폭력 행동이 발현되는 데 생물학적, 사회심리학적으로 개입한다. (2)폭력을 조장하는 장소, 일상적인 행동, 상황을 개선한다. (3)경찰의 암시장 개입이 불러오는 폭력 감소 효과를 극대화한다. (4)폭력 사건이나 그로 인한 결과를 제재 혹은 조장하는 물품(총기류, 주류, 기타 향정신성 약물)의 역할을 한정한다. (5)혐오 범죄, 폭력단 활동, 지역사회의 변동에 내재하는 폭력적 잠재성을 줄이기 위해 개입한다. (6)데이트 폭력을 줄이기 위한 포괄적인 계획을 실시한다.

이러한 권고 사항은 심리학자, 변호사, 사회과학자들이 합의한 아래와 같은 인과적 연관성을 통해 도출된 것이다.

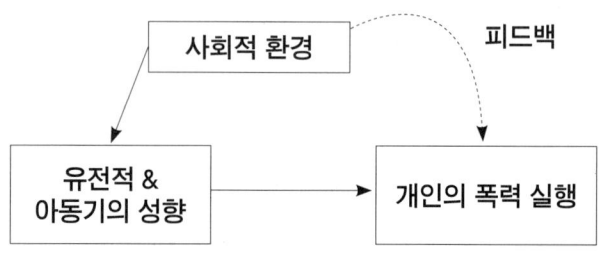

이에 따르면, 사회적 과정은 개인의 행동을 활성화, 억제 혹은 촉진하기도 하지만, 대부분은 개인의 기존 성향과 실제 폭력 행위의 실행 사이를 중재한다. 이처럼 단순한 학술적 논고조차 일상의 이야기를 훌쩍 뛰어넘을 만큼 복잡한 인과의 사슬을 갖고 있다. 게다가 저자들은 대부분 피드백을 인정한다. 가령 지역사회에서 벌어지는 개인적 폭력의 빈도가 그 지역의 사회적 환경을 형성한다. 이러한 인과적 논리는 학술적 논고가 이야기와 어떻게 다른지, 그리고 이 설명의 타당성이 어떻게 전문적 훈련에 의존하는지를 보여 준다. 오직 전문가들만이 인과적 화살표 안에 무엇이 들어가고 그것이 어떻게 결과를 생산하는지 명확한 개념을 파악할 수 있다.

범죄 분석 코드

 이 보고서의 저자들은 간간이 코드로 방향을 틀기도 한다. 코드를 통해 행위의 이유를 제시할 때는 인과 관계가 아니라 그 이유가 특수한 범주의 집합, 증거를 처리하는 절차, 해석의 규칙에 적합한지를 따진다. 폭력에 관한 분석에서 코드는 측정의 문제로 등장한다. 의료 진단 체계나 관료적 규칙과도 유사하다. 하지만 여기서는 '통계 정보 시스템'의 형식을 취한다.

 위원단의 전문가들은 주로 세 가지 통계 자료에서 보고서에 사용된 근거를 원용했다. 매년 12세 이상의 시민을 대상으로 최근에 어떤 범죄를 경험했는지 설문하는 전국범죄조사, 경찰로부터 정보를 수집하는 통합범죄보고시스템 그리고 살인 사건으로 인한 사망 진단서를 도표화하는 국립보건통계센터의 주요 통계 프로그램이다. 이들의 보고서는 강간이나 아동 학대, 폭행 등의 강력 범죄에서 현재 발표된 통계가 실제 수준을 크게 밑돈다고 정확히 지적했다.

또한 보고서는 이러한 사례와 기타 유사한 사례의 범주화에 윤리적, 법적, 정치적으로 논란의 여지가 있다는 점도 꼬집었다. 데이트 중 친밀한 접촉이 데이트 강간으로 변하는 시점을 언제로 봐야 하는가? 부모에게 자녀를 체벌할 법적 권리가 있는가? 인공 임신중절도 살인으로 간주해야 하는가? 시민들의 불평을 범죄로 접수할지, 가족 간에 다툼이 생겼을 때 체포해야 할지, 술집에서 시비 끝에 생긴 부상은 어떻게 분류할지에 관해 경찰은 어느 정도의 재량권을 갖는가? 이러한 질문들은 강력 범죄 연구를 인과적 영역에서 코드의 영역으로 이동시킨다.

다른 학술적 논고도 마찬가지지만, 범죄에 관한 학술적 논고에서도 코드는 중요하다. 코드는 그 실행자에게 비전문가에게는 금지된 형식의 조사를 수행할 수 있는 권한을 부여한다. 또한 코드는 관련 증거의 가용성 여부를 실질적으로 좌우한다. 그뿐 아니라 코드를 실행하는 사람들은 스스로 적절한 절차와 부적절한 절차를 구분하는 코드를 만들어 낸다. 범죄 사건에서 시민들은 이를 신고할 권리나 의무를 지니고 있지만, 그것을 조사, 기소, 처벌할 권리는 그러한 자격을 부여받은 당국만이 가지고 있다. 공개된 범죄 통계처럼 이미 존재하는 코드는 전문가들이 활용할 수 있는 증거를 대량으로 제공한다. 또한 경찰, 검사, 연구원은 증거의 수집, 분석, 보고를 엄격히 관리하는 규칙에 따라 작업을 수행한다.

국립연구회의의 보고서는 통계 시스템에 초점을 맞춘다. 그리고 다음과 같은 방법으로 유효한 통계적 절차를 개선하고 확대해 나갈 것을 권고한다.

1. 대중적 관심이 크지만 기존의 측정 시스템으로는 정확히 집계되지 않는 폭력 사건의 건수와 경위를 기록할 것. 여기에는 가정 내 폭력, 노상강도나 특수강도로 인한 사적 피해, 폭력적인 혐오 범죄, 학교나 구치소, 교도소에서의 폭력 사건 등이 포함되지만 이에 국한되지는 않는다.

2. 친밀한 관계에서 벌어지는 사건, 성적인 요소가 은폐된 살인이나 상해 사건 등을 비롯한 성범죄를 보다 포괄

적으로 기록할 것. 그리고 사건 기록에 더욱 자세한 설명을 남길 것.

3. 폭력 사건의 발생 확률에 영향을 미칠 것으로 판단되는 조건 및 상황을 사전에 예측할 것(예컨대 잠재적 위험이 있는 신경계 질환, 음주 상태의 부부 싸움, 마약 거래, 야간에 우범 지역에서 현금을 취급하는 노동자).

4. 응급실, 병원, 장기요양시설에서의 폭력 피해자 치료 관련 정보를 수집하고, 폭력 사건의 촉발 요인에 관한 데이터와 연결하여, 이러한 데이터를 주요 측정 시스템으로 개발할 것.

5. 폭력 피해의 장/단기 심리적·재정적 영향에 관한 정보를 수집하고, 폭력 사건에 관한 데이터와 연계할 것.

6. 소규모의 지리적 영역이나 관할 구역에서의 폭력 패턴과 경향을 측정하여 예방적 개입 효과를 측정하는 기준으로 삼을 것.

7. 폭력 사건과 관련자의 속성을 더욱 상세히 기록하도록 정보 시스템을 개선하여 폭력의 위험 요인에 관한 정확한 연구와 폭력 감소를 위한 예방적 개입의 평가를 촉진할 것.

이러한 권고 사항은 분명 폭력 범죄의 인과성을 더욱 명확히 밝혀 줄 증거에 대한 요구를 반영하고 있다. 그럼으로써 범죄 행위에 관한 학술적 논고를 개선하려는 것이다. 그러면서 그들은 더 나은 코드(더욱 분명하고 포괄적인 범주, 증거 취급에서 한층 엄격한 절차, 새로운 해석 규칙)를 요청하는 데 집중한다. 그로 인해 기존에 자리 잡은 다른 코드들, 특히 사생활 보호의 권리와 충돌을 일으킬 조짐도 보인다. 이처럼 코드를 설정하는 영역에서는 설명보다 적합성에 관한 질문이 대두된다. 여기서 우리는 코드와 학술적 논고가 이유를 창출하는 절차는 전혀 달라도 이따금 서로를 보완한다는 사실을 알 수 있다. 코드는 학술적 논고가 설명하는 실증적 질서를 밝히거나 성립시켜 줄 때가 많다.

그렇긴 해도 위원단은 전반적으로 각기 다른 지향점을 가진 폭력 범죄 전문가들 사이에서 이루어진 현시점의 합의를 반영하는 학술적 논고를 구축했다. 국립연구회의의 다른 위원단과 마찬가지로 이들도 대중적으로 논란이 일어난 현상에 관한 인과적 설명에 과학적인 비중을 두었다. 이들은 필연적으로 당시 미국에서 널리 유통되던 단순화된 이야기(뉴스 보도, 사설, 정치 연설, 활동가들의 요구, 종교인의 설교, 기존의 공공 정책)를 넘어서고 그것에 이의를 제기했다. 또한 복합적인 원인을 내세우고 신뢰할 만한 행동과학 및 사회과학 분야의 연구를 바탕으로 인과 관계를 강조하여 문제를 더욱 복잡하게 만들었다. 우리 사회에서 폭력적 행동은 주로 관습이나 이야기, 코드를 통해 묘사되지만, 이들은 대인 폭력에 관한 학술적 논고를 제공했다.

공유자원의 관리

　국립연구회의의 또 다른 연구는 학술적 논고의 독특한 특성을 보여 준다. 1968년에 샌타바버라대학의 생물학자 개릿 하딘Garret Hardin은 미국과학진흥회의 공식 간행물인 『사이언스』 잡지에 '공유지의 비극'이라는 화제의 논문을 발표했다. 제한된 자원과 무한정 증가하는 인구 사이의 우울한 대결을 다룬 토머스 멜서스의 이야기를 재구성한 글이었다. 하딘은 공동 방목장을 사용하는 목동들의 예를 들어 이 비극을 보여 준다. 개개인의 목동은 가축 무리에 자신의 동물을 더 넣음으로써 이득을 얻는다. 전체 무리로부터 더 많은 수익을 얻으면서 과밀로 인한 대가는 일부분만 부담하기 때문이다.

부분적인 효용을 전부 더해 본 이성적인 목동은 자신이 추구해야 할 유일하게 합리적인 행동은 가축 무리에 한 마리를 더 추가하는 것이라는 결론을 내린다. 그리고 또 한 마리, 또 한 마리…… 그러나 이는 공유지를 함께 쓰는 모든 이성적인 목동이 도달하게 된 결론이다. 바로 거기에 비극이 있다. 각 사람은 제한된 세상에서 자신의 가축을 무제한으로 늘리게 하는 시스템에 갇혀 있다. 공유자원은 누구나 자유롭게 이용할 수 있다고 생각하는 사회에서 각자가 자신의 최대 이익을 추구할 때, 모두가 달려가게 되는 최종 목적지는 파멸이다. 공유자원의 자유로운 사용은 모두를 파멸로 이끈다.

생명공학과 원자력 에너지에 기대를 거는 낙관주의와 달리, 하딘은 공유지의 비극을 기술적 해결책이 없는 문제, 즉 자연과학에는 해결책이 없는 문제로 여겼다. 인간의 이타주의나 사려 깊은 절제심에 일말의 믿음도 표하지 않은 것이다. 그는 식량 공급의 확장을 둔화시킨다고 출산율에 저절로 제동이 걸리지는 않을 것이며, 환경 오염으로 인한 피해가 늘어난다고 사람들이 환경 오염을 멈추지도 않을 거라고 공언했다. 개인적인 차원에서는 계몽도 양심도 소용이 없기 때문이다. 그러면서 그는 두 가지 실현 가능한 해결책을 제시했다. 공유지의 사유화와 '피해자 대다수가 합의한 상호 강압'이다.

하딘은 필수 자원의 민영화만으로는 문제를 해결할 수 없다고 지적했다. 현 사용자들 안에서 자원을 분배하여 사유재산으로 만드는 건 원래부터 공유지에 대한 권리가 없던 사람들을 배제시킨다. 또한 일부 공공재(가령 물이나 공기)는 사유화가 불가능하다. 강압이 없는 사유재산은 새로운 공유지의 비극을 낳을 뿐이라고 그는 결론지었다. 선택지는 더 단순해졌다. 상호 강압 아니면 재앙이었다.

하딘의 요구는 '공유자산 관리'라는 완전히 새로운 분야를 개척했다. 공유자산의 관리에 열의를 보인 자연과학자와 사회과학자 들이 흔치 않은 협력을 통해 남획, 벌채, 급수, 인구 증가, 대기 오염을 연구했다. 이러한 연구나 하딘의 분석에 대한 비판을 시작으로 해당 분야의 전문가들은 두 가지 방향으로 작업을 전환했다. (1)실제로 파멸에 이르지 않은 공유자원의 운용 방식을 연구하거나, (2)집단적 배치가 성공하거나 실패할 조건에 관한 새로운 이론을 창출한 것이다. 이들은 공유자원의 사용에 집단적 제한을 가한 다수의 사례를 찾아 그러한 사례가 어떻게 작동했는지 모형화하기 시작했다.

당연한 수순으로, 국립연구회의는 이 새로운 분야의 전문가들을 모아 '공유재산 자원관리 위원단'을 구성했다. 2000년에 들어 이 위원단의 모체이자 1989년에 설립된 '지구 변화의 인간적 차원에 관한 위원회'가 지난 10년간의 공유재를 검토하기로 결정했다. 국립연구회의의 대인 폭력 연구와 마찬가지로, 위원단은 수많은 배경 논문을 의뢰하고 회의를 연 후에 『공유의 드라마』The Drama of the Commons라는 출판물을 간행했다. 하지만 이번에는 정부기관의 연구 요청을 기다린 게 아니었다. 국립과학재단과 록펠러 브라더스 펀드에 직접 연락을 취해 연구비를 따냈다.

연구에 참여한 과학자들은 학술적 논고, 더 정확히 말하면 일련의 학술적 논고를 작성했다. 그들은 이 책에서 '간접 효과와 매개 효과' 등 복합적인 인과 관계를 주장함으로써 암암리에 자신들의 글을 관습이나 코드, 이야기와 구분했다. 이들의 개별 보고서는 관개 시스템, 주제와 관련된 심리 실험, 배출권 거래, 지역의 자원관리 시스템에 대한 상급 기관의 영향, 관리 방식의 진화, 개발 중인 영역에서 대두된 일련의 이론적 문제 등을 다루었다. 그리고 의미 있는 결론들, 예를 들어 관개용수의 가격 책정 시스템은 공급량을 예측할 수 있는 안정적인 저장소(가령 댐의 후면)가 확보되지 않으면 보통은 실패한다는 간명한 발견 등이 제시되었다.

그러나 모든 연구자의 의견이 합치된 건 아니었다. 자원경제학자 제임스 윌슨James Wilson은 "공유자원 기관에 관한 조사 보고서는 거의 항상 뉴턴적 세계에서 (확률적이긴 해도) 비교적 완전무결하게 작동하는 생물학적 지식을 가정한다"고 비판했다. 그러나 윌슨에 따르면 적어도 수산업 분야에서는 이러한 가정과 달리 인과적 관계가 엄청나게 복잡해서 해양 개체군 변화의 결정 요인이 불확실한 경우가 대부분이었고, 그러한 불확실성은 관리 기관의 개입에 큰 힘을 보탰다.

상세한 인과적 메커니즘과 상호작용, 순서에서 의견 차이를 보인 공공자원 과학자들은 이와 같은 불확실성에 직면해 두 가지 방식으로 흥미롭게 대처했다. 첫째, 인적 요소에 관해서는 당면한 현상을 간소화한 합리주의적 설명을 받아들여 인센티브, 비용, 혜택을 강조했다. 대인 폭력에 관한 국립연구회의의 연구 때와 마찬가지로, 사회적 과정은 개인 행동의 직접적 원인이 아닌 촉발 혹은 완화 요인으로 사용되었다. 둘째, 상세한 인과적 순서가 아닌 특정 결과에 유리하거나 불리한 조건에 초점을 맞추었다. 이에 따라 연구원들은 자신들이 이룬 과학적 합의를 다음과 같이 개괄했다.

공공재의 효율적 관리는 다음의 경우에 한층 수월해진다.
1. 자원과 그것의 사용을 모니터링할 수 있고, 비교적 저렴한 비용으로 그 정보를 확인 및 해석할 수 있을 때(가령 나무가 물고기보다, 호수가 강보다 모니터링에 용이하다).
2. 자원과 자원 사용자의 인구, 기술, 경제, 사회적 조건의 변동률이 크지 않을 때.
3. 공동체 안에서 대면 소통이 활발히 이루어지고 사회 연결망(사회적 자본이라고도 한다)이 두터워 잠재적 신뢰도가 높고, 불신감에 대한 감정적 반응을 표현하거나 인식하는 것이 허용되며, 행동을 모니터링하거나 규칙 준수를 유도하는 비용이 낮을 때.
4. 외부인을 자원 사용에서 제외시키는 비용이 상대적으

로 낮을 때(신규 진입자는 수확의 부담을 가중시키며 규칙에 대한 이해가 대체로 부족하다).
5. 사용자가 효과적인 모니터링 및 규칙의 집행을 지지할 때.

여기서 확인할 수 있는 것은 상세한 원인이 아닌 유리한 조건이다. 공유자원 연구자들은 다양한 상황에 적용되는 경험적 조합을 구체화한다. 과학 연구에서 자주 이루어지는 중간 단계이다. 구체화에는 두 가지 목적이 있다. 연구자들이 실질적으로 설명해야 할 내용을 명확히 하고, 설명에 논리적 한계를 설정하는 것이다. 가령 상술한 조건을 폭넓게 적용하면 지역에 따라 달라지는 인적 정보, 성향, 지역 문화가 자원 관리 시스템의 성공이나 실패에 핵심적인 역할을 할 가능성은 거의 없다. 그보다는 구조적 과정(수산업계의 인맥이나 절차 등)과 천연자원의 역학(특정 어류의 고갈이 해저 먹이사슬에 미치는 영향 등)의 상호작용이 주요한 인과성을 드러낼 가능성이 크다. 적절한 학술적 논고는 그러한 상호작용을 제대로 포착해야 한다.

코드와 경합

그런데 여기서도 학술적 논고는 명확성을 위해 코드를 빌려온다. 범죄 연구에서 발생한 것과 유사한 측정의 문제가 공유자원 연구에서도 나타나기 때문이다. 예를 들어, 오염 방지의 비용편익분석에서 누구를 오염 유발자 혹은 수혜자로 간주할 것인가 하는 문제가 있다. 그러나 공유자원에 관한 현재의 논의에서 더욱 두드러지는 코드는 바로 재산권 코드이다. '누가 무엇을 소유하느냐'는 공유 체제에서 중요한 문제가 된다. 권리와 배제가 공유 체제의 실행 가능성에 커다란 영향을 미치며 공공 및 사유재산에 관한 법적 코드를 작동시키기 때문이다.

예를 들어, 당국이 자원을 사용하거나 오염시킬 권

리를 허가해 줄 때, 경제학자들은 그러한 권리를 통해 사유재산이 보장되어야 사용자들이 투자를 할 자극을 얻게 된다고 주장한다. 반면에 환경론자들은 "공기, 물, 물고기는 윤리적 차원에서 모든 사람의 것이며 사유재산이 되어서는 안 된다"라고 주장해 왔다. 이러한 시각에서 본다면, 공공의 권리를 사적 권리로 전환하는 것은 누구도 정당화할 수 없다. 경제학자와 환경론자의 논쟁에는 약간의 인과적 논리가 들어가 있지만, 그들이 내세우는 근거는 법률적 코드의 범주와 절차, 해석의 규칙이다. 형평성과 적합성의 원칙이 설명적 원칙을 대신한다.

국립연구회의의 공유자산 연구단이 그들의 전문 분야에서 상당한 합의를 이루기는 했지만, 현대 과학을 이용해 해당 주제에 학술적 논고를 제공한 건 그들만이 아니었다. 또 다른 국립연구회의 산하 과학자 그룹이 생물다양성의 관점에서 관련 연구를 동시에 진행하고 있었다. 그들은 "단일 지역의 개체군 혹은 종의 유전자부터 지방 군락의 전체 혹은 일부를 구성하는 종 그리고 전 세계 다양한 생태계의 생물군을 구성하는 군집 그 자체에 이르기까지 모든 유기체 수준에서의 유전적 변이"를 연구했다. 주로 진화생물학과 생태생물학을 전공한 생물

다양성 전문가들은 공유자원 연구자들과는 다른 언어로 자신들의 주제를 다루었다. 그들은 생물 다양성을 문서화하고 관리하는 일이 그 자체로 옳다고 여겼고, 대체적으로 지속 가능한 발전을 옹호했다. 또한 재생 자원을 관리하면 인간의 영향으로 전 세계의 생물 다양성이 감소하는 것을 막고, 심지어 다양성을 증가시킬 수도 있으리라고 보았다. 메릴랜드대학 칼리지파크의 천연자원 관리 프로그램 책임자 패트릭 캔거스Patrick Kangas는 다음과 같은 장애물들이 지속 가능한 개발을 방해한다고 지적했다.

- 재생 자원의 과잉 채취
- 지속 가능한 방식으로 제조된 상품의 수요 부족
- 지속 가능성이나 자연의 경제적 기여를 제대로 인정하지 않는 근시안적인 정치경제학
- 토지 보유권 문제와 토지 보유의 불균등한 분배
- 비생산적인 토지 이용 프로그램에 대한 정부 보조금
- 선진국이 저개발국의 토지 이용 및 환경 보호 정책에 영향력을 행사함으로써 초래되는 정치적 반발
- 특히 천연자원을 둘러싼 극심한 갈등

이 목록은 사회적 과정을 포함하고 있지만, 공유자원 분석과는 상당히 다르다. 공유자원 연구가들이 인간의 안정적인 협력 조건에 집중했다면, 생물 다양성 연구자들은 전 세계의 생태 과정에 대한 인간의 간섭(의식적이든 그렇지 않든)을 강조했다.

몇 년 후 열린 『사이언스』의 토양학 심포지엄은 생물다양성에 관한 독특한 시각을 보여 준다. 이 심포지엄에서 발표된 전문가 보고서는 토양의 퇴화, 극지방 영구 동토층의 용해, 식물의 생존력에 있어서 곰팡이의 역할, 토양 탄소 격리, 토양 처리의 인간적 접근, 지상과 지하 생물의 생태학적 연관성, 지하 생태계 등을 다루었다. 프레젠테이션은 토양 침식과 오염, 사막화, 기타 인간의 남용을 보여 주는 세계 지도에서 시작해 「상처받는 지구의 연약한 피부」Wounding Earth's Fragile Skin라는 논문으로 넘어갔다. 인간의 무지, 무관심, 파괴에 대한 경고가 심포지엄 내내 반복됐지만, 핵심적인 논의는 생물학적 연구를 바탕으로 한 학술적 논고에 의존했다.

코드는 과학 회의의 주요 의제로도 등장했다. 하지만 이 심포지엄에서 언급된 결정적인 코드들은 인간의 행동이 아닌 땅 밑에서 이루어지는 과정의 측정에 관한 것이었다.

토양 내 미세환경의 다양성을 설명하려면, 물의 분포, 불포화 용질의 유출, 다공성 매질의 확산을 모델링할 수 있어야 한다. 이 중 일부 기술은 비교적 발전되어 있지만, 다면적 유동을 모델링하는 기술은 아직 미흡하다. 토양학을 지상 생태계 연구와 비슷한 수준으로 발전시키려면 물리적 과정과 생물학적 과정의 상호작용에 중점을 둔 통합적인 접근 방식을 취할 필요가 있다.

두 그룹(공유자원 전문가와 생물생태학자)의 저명한 과학자들이 연구하는 현상에는 서로 중첩되는 부분이 있다. 하지만 그들은 어떤 현상을 설명해야 하는지에 관해 서로 다른 정의, 서로 다른 설명, 인간 개입의 영향을 평가하는 서로 다른 코드를 제시했다. 두 집단이 각기 선호하는 학술적 논고는 그들을 서로 다른 방향으로 인도했다.

인간의 진화에 관한
학술적 논고

 지금까지 살펴본 바와 같이, 학술적 논고는 당장 시급한 문제에 이유와 해결책을 제시할 때가 있다. 하지만 좀 더 일반적인 궁금증을 해소해 주기도 한다. 화산, 은하, 인구 증가, 기술 혁신의 조건, 기원, 목적, 원인 등이 그러한 예이다. 인류의 기원과 발달에 관한 진화론적 설명이 더욱 풍부해지고 더 많은 신뢰를 얻음에 따라, 그러한 맥락을 짚어 주는 학술적 논고의 오래된 장르, 즉 선사 시대와 인류 역사에 관한 진화론적 설명을 제공하는 책들이 새롭게 인기를 얻고 있다. 프랑스에서는 이러한 종류의 책을 세련된 표현으로 **오트 불가리자시옹***이라 부른다. **불게어**vulgaire는 '무례한'이 아니라 일반인이 '접근할 수 있는'이라는 뜻이고, **오트**haute는 일반인을 상당한 교육을 받은 독자로 좁히는 말이다.

아무리 진화론의 개념에 익숙한 독자라도 선사 시대와 인류 역사에 관한 진화론적 설명을 따라가려면 능숙한 경로 탐색 기술이 필요하다. 이 장르의 작가로 성공하려면 현재 인류에게 존재하는 부와 권력의 차이가 유전적 능력에서 비롯된 것이라는 은밀한 사상을 불식시키고, 자연선택이 유전자 수준에서만 발생하는지 아니면 개인이나 집단에도 적용되는지 같은 문제를 두고 벌어지는 전문가들의 논쟁을 다룰 수 있어야 한다. 또한 현시점에서 과학적으로 이루어진 합의와 추측을 구별하면서, 인과적 설명의 불확실성과 복합성 사이에서 균형을 잡을 필요가 있다.

이러한 경쟁에서 승리한 세 명의 저자를 비교해 보자. 생물학자인 찰스 파스테르나크와 루이기 루카 카발리-스포르차, 재러드 다이아몬드는 폭넓은 독자를 대상으로 진화론적 개념을 인류에 적용한 책을 발표했다. 이들은 모두 자연과학 분야에서 학위를 취득했다. 파스테

---

* 우리말로 치면 '고급 통속화'라는 뜻이다.

르나크는 세포막 연구로 널리 알려진 생화학자이고, 카발리-스포르차는 박테리아에서 인간으로 연구 대상을 전환한 유전학자이며, 다이아몬드는 조류의 진화를 연구했다. 세 사람은 각기 유전학의 인과적 설명을 간소화하는 방법을 찾아 유전학자가 아닌 독자들도 그들의 논증을 이해할 수 있도록 했다. 그러나 세 저자가 설명을 위해 설정한 논점의 차이가 각자의 해석이 전개되는 방식에 극적인 변화를 가져왔다. 파스테르나크는 인간과 다른 동물의 차이에 초점을 맞추는데, 이러한 탐구는 아이러니하지만 필연적으로 인간이 다른 모든 유기체와 공유하는 특징이 무엇인가를 고찰하도록 그의 글을 끌고 간다. 카발리-스포르차는 오늘날 지구상에 존재하는 유전적 유사성과 차이점의 지리적 분포를 설명한다. 다이아몬드는 세계 각 지역이 부와 권력에서 뚜렷한 차이를 보이는 이유를 질문하고, 인간의 생물학적 진화는 결정적 원인이 아니라는 결론을 내린다.

세 사람의 학술적 논고에 담긴 특징을 짚어 보기 위해 우선 파스테르나크와 카발리-스포르차의 저서를 간략히 소개한 다음, 뒤에서 다이아몬드의 설명 전략에 관해 자세히 알아보기로 하자. 파스테르나크의 『호모 쿠아에렌스』*는 두 가지 목표를 추구한다. 모든 생물학적 진화에서 일관된 주제를 찾아내고, 인간의 경험을 그러한 일관된 주제와 연결시키는 것이다. 파스테르나크는 단세포 원생동물에서 인간까지 모든 유기체를 아우르는 특징이 바로 탐구라고 보았다. 이러한 탐구는 매우 수동적인 것부터 극히 활동적인 것까지, 빛과 음식을 향한 반사적인 움직임부터 미지의 세계를 향한 의도적인 탐험까지 다양하다. 파스테르나크는 이 책의 서문에서 다음과 같이 말했다. "지난 5억 년 동안 동물은 고도로 발달해 왔고, 탐구 능력도 더불어 향상되었다. 그리고 **호모 사피엔스**에 이르러서는 그 능력이 정점에 도달했다. 우리는 물과 음식, 배우자와 안식처를 찾을 뿐 아니라 명확한 목적이 없이도 무언가를 찾아 나선다. 인간이 나일강의 발원지를 추적하거나 별의 기원을 밝히려 하는 건 필요가 아닌 순전한 호기심에 의해서이다." 그 뒤로 복잡한 본문이 전개되면서, 파스테르나크는 학술적 논고를 통해 이러한 설명을 보완한다. 성공적인 탐구가 자연선택을 유도한다는 것이다. 인간은 처음 출현할 때부터 다른 동

---

* '탐구하는 인간'이라는 뜻으로 원제는 『탐구』Quest이다.

물들과 구별되는 독특한 종이었다. 그들은 "직립보행과 기민한 손놀림, 말할 수 있는 능력, 엄청난 양의 대뇌피질 뉴런 등 특별한 신체적 자질을 물려받았다." 이러한 요소들이 결합되어 탐구하는 동물인 **호모**homo*를 탁월하게 만들었다.

파스테르나크에 의하면 **호모 사피엔스**는 우월한 탐구 능력 덕분에 만물의 영장이 되었다. 그러한 능력이 일찍부터 대규모 이주, 부단한 발명, 환경 변화에 대한 기발한 적응을 가능케 한 것이다. 이러한 주제를 탐구하며 파스테르나크는 자신의 분석을 크게 세 부분으로 나누었다. 탐구의 유전적 근원, 인간의 탐구가 가져온 결과, 그리고 탐구로 인해 벌어지는 최근의 유전자 변형 식품과 같은 논쟁이다. 각각의 논의에서 그는 필연적으로 인과적 논리를 단순화하여 인과적 메커니즘을 간단한 만화로 제공할 뿐 아니라 점증, 간접, 상호, 환경, 동시, 피드백 효과를 도외시한다. 동료 생화학자들이 대상이었다면 동일한 현상을 두고 학술적 논고를 제공했겠지만, 이 책에서 파스테르나크는 이야기를 중심으로 설명했다. 그

---

* 인간을 뜻하는 라틴어 학명.

렇다고는 해도 생화학적 메커니즘을 싫어하거나 두려워하는 사람은 파스테르나크의 주장을 이해해 보려고 노력하지 않는 편이 낫다.

카발리-스포르차의 『유전자, 사람 그리고 언어』도 별반 다르지 않다. 저자 본인은 장기적 관점을 취할 능력이 충분하다고 입증되었지만, 그의 저작은 진화의 중단기적 관점에 집중한다. 특정한 인류 집단에서 수천 년이 아닌 몇 세대에 걸쳐 돌연변이가 어떻게 축적되고 변화를 일으키는지 분석한 것이다. 그는 DNA, 언어, 문화 형태의 최신 분포를 역추적하여 인간의 이주와 집단 교류를 재구성하는 연구를 개척했다. 이 책에서 그는 진화론적 주제를 광범위하게 다루며 유전자 변이의 기초를 소개하고, 진화를 추적하는 수단을 개관하며, 인류의 기원과 집단 이주를 재구성한다. 인간 집단과 농업 기술, 혹은 둘 중 하나의 확산, 언어 간의 역사적 관련성과 변형, 문화적 전달과 진화 등도 다룬다.

카발리-스포르차는 집단 유전학적 관점이 유전자 재편성과 분산보다 더 많은 사실을 가르쳐 준다는 것을 점증적으로 보여 준다. 그러면서 민감한 문제로 한 발 들어가 다음과 같은 주장을 동시에 펼친다. 지역화된 집단은 독특한 유전자풀을 갖고, 그 유전자풀은 지금도 여전히 진화 중이며, 물리적 환경이 진화의 방향에 지속적으로 영향을 미친다. 또한 유전적 유산은 질병과 같은 환경 효과에 취약하지만, 현재의 인종은 고대의 상태 그대로 머물러 있지 않다.

피부색이나 머리카락 같은 인간의 외형적 특성은 기후에 적응한다고 그는 지적한다. 가령 적도 지방의 인간 집단은 대체로 어두운 피부를, 극지방의 인간 집단은 밝은 피부를 지니게 되었다. 외형적 특성의 차이에만 집중하면 그러한 특성은 분명 점차적으로 변화되었고 모든 인간 집단은 이종 교배를 할 수 있다는 중요한 사실에도 불구하고 서로 다른 지역의 사람들을 대조적인 집단으로 나누게 된다. 그렇게 되면 심지어 피부색과 머리카락이 인지 능력이나 그보다 눈에 덜 띄는 다른 특성들과 밀접한 상관관계가 있다고 생각할 수도 있다.

혈액형(A, B, AB, O)처럼 겉으로 드러나지 않는 일부 특성은 주요 인구 집단에 따라 분포율이 크게 다르다. 가령 아메리카 원주민은 약 98퍼센트가 O형이지만 동아시아에서 이 혈액형은 65퍼센트밖에 안 된다. 그러나 카발리-스포르차와 동료 유전학자들의 연구는 인종에 관한 논쟁에서 매우 중요한 세 가지 사실을 밝혀냈다. (1) 외형적 특성의 차이와 그 밖의 눈에 덜 띄는 유전적 유산 사이에는 아무런 상관관계가 없다. (2)인간 집단 사이에는 명확히 식별되는 혹은 유전적인 경계가 없다. (3)이러한 사실을 종합해 보면, 모든 인간 집단은 유전적 구성이 매우 유사하다. 인간과 가장 가까운 종인 침팬지에 비해 모든 인간은 서로 상당히 닮아 있다.

팔색조의 다이아몬드

일반인을 대상으로 진화를 설명할 때 인간과 침팬지를 비교하는 경우가 많다. 재러드 다이아몬드의 퓰리처상 수상작 『총, 균, 쇠』는 그보다 앞서 저술한 또 다른 베스트셀러 『제3의 침팬지』의 후속작이다. 제목에서 유추할 수 있듯, 후자는 인간 그리고 인간과 가장 유사한 두 동물인 침팬지와 보노보(피그미침팬지) 사이의 엄청난 유전적 유사성을 논의의 기초로 삼는다. 이들은 유전 물질이 상당히 겹치지만 역사적 경험에서 큰 차이가 난다. 따라서 작은 차이가 큰 차이를 만들어 냈다고 볼 수 있다. 특히 다이아몬드는 인간이 유전적으로 획득한 언어와 협동심 그리고 역설적이게도 파괴하는 능력이 세 번째 침팬지를 그 친척들과 차별화했다고 강조한다.

『총, 균, 쇠』라는 제목 역시 이 책에 담긴 질문을 그대로 드러낸다. 유라시아 대륙은 왜, 그리고 어떻게 오스트리아, 태평양, 아메리카 대륙보다 먼저 무기와 병균, 금속 가공 기술을 발전시켜 나머지 세계를 정복했을까? 다이아몬드는 전작에서 영리하게 진화론적 관점을 이용해 모든 종류의 인종차별(각 대륙의 사람들이 복잡한 개념을 생산하거나 향유할 능력을 서로 다르게 물려받았다는 주장)을 반박했다. 뉴기니에서 30년간 현장 연구를 한 다이아몬드는 뉴기니인들이 서구인보다 훨씬 예측 불가능하고 거친 환경에서 살아온 결과 평균적으로 더 똑똑해졌다는 가설을 제시한다.

그러나 이러한 논의는 책 전체에서 그리 큰 비중을 차지하지 않는다. 다이아몬드는 이어서 새로운 주장을 펼친다. 500만 년 동안 별개의 종으로 아프리카에 존재했던 인류가 약 200만 년 전부터 아프리카 밖으로 이주하기 시작했다. 유라시아 해안을 따라 동쪽으로 이동한 그들은 기원전 100만 년에 동남아시아까지 이르렀다. 기원전 50만 년경에는 북쪽으로 이동한 이들이 유럽에 정착했다. 그리고 인류는 12,000년 전에야 마지막으로 남아메리카에 도달했다. 그 무렵이 되어 인간은(여전히 단일 종이었다) 남극을 제외한 모든 대륙은 물론이고 대륙 사이에 있는 여러 섬에도 정착하기에 이르렀다. 기원전 11000년, 인간이 정착한 주요 지역에서 유전적 유산이나 사회적 성취에 주목할 만한 차이는 존재하지 않았다.

다이아몬드는 기발하고도 허풍스러운 말투로, 당시에 어떤 관찰자가 아프리카나 아메리카 혹은 오스트레일리아/뉴기니에서 곧 대약진운동이 시작되리라 예상할 수 있었겠느냐고 말한다. 그 후 몇천 년 동안 세계 각지에서 극적인 변화가 생겨났다. 하지만 기술과 정치력 면에서 재빨리 앞서 나간 건 유라시아 대륙이었다. 비슷한 사람들을 극적으로 다른 환경에 배치함으로써 자연이 놀라운 실험을 시행했다고 다이아몬드는 강조한다. 이 실험은 세계 여러 지역에 서로 다른 식량 생산 수단을 부여했고, 비슷한 능력을 지닌 사람들은 서로 다른 환경에서 각자 최선을 다했다. 그러자 환경이 사람들 사이에 차이를 일으켰다.

전 세계적으로 초창기의 가축화와 식량 생산의 다양화가 여러 이점을 낳았고, 그것이 기술과 사회 조직의 혁신을 가져왔으며, 결국 유라시아에서는 우수한 무기와

야금술*이 개발되기에 이르렀다. 이는 유럽보다 아시아에서 먼저 시작됐지만, 곧 유라시아 대륙 전체로 퍼져 나갔다.

그렇다면 병균은? 다이아몬드는 여기서 아이러니를 발견한다. 유라시아에서 대대적으로 행해진 동물의 가축화가 유라시아인을 다른 사람들보다 더 다양한 전염병에 노출시킨 것이다. 유라시아 대륙 내에서의 광범위한 인구 이동이 질병을 일으키는 병원균을 퍼뜨렸지만, 그로 인해 유라시아인은 면역력이 형성되었다. 결과적으로 유라시아 내에서는 상대적으로 면역이 발달했지만, 치명적인 세균에 노출된 적이 없는 인구 집단에 유라시아인이 접근했을 때는 치명적인 유행병이 급속도로 확산되었다.

이러한 주장을 할 때, 다이아몬드는 전제를 언급한 다음 역사적 귀결을 내보이는 식으로, 냉혹한 성공담처럼 제시하지 않는다. 그는 주요한 지리적 영역 간의 차이를 밝힌 다음 그러한 차이를 만든 이유를 찾는 방식으로 일련의 미스터리를 구성하여 자신의 학술적 논고를 더

---

* 광석에서 금속을 추출하는 기술.

욱 극적으로 만든다. 폭력 범죄 연구자들이 범죄율의 차이를 밝힌 다음 그 차이를 만든 이유를 찾는 것처럼, 다이아몬드도 결과에서 원인 순으로 글을 전개한다. 또한 그는 전통적인 접근법에 따라 근접 원인과 궁극 원인을 구분한다. 유라시아가 세상을 지배하게 된 근접 원인은 책 제목인 '총, 균, 쇠'에서 알 수 있듯이 무기와 질병, 금속 가공에서 비롯되었다고 다이아몬드는 선언한다. 궁극 원인은 유라시아와 다른 대륙 간의 환경 차이였다.

종합하자면 그의 주장은 다음과 같다. 사소한 문제들을 제거하고 나면, 대륙 간의 차이는 네 가지 주요 요인으로 설명할 수 있다. 첫째, 인류가 처음으로 전 세계의 주요 대륙에 도달했을 때(다이아몬드에 의하면 기원전 1만 1,000년) 각 대륙은 가축화가 가능한, 따라서 체계적인 식량 생산이 가능한 야생 동식물의 수에 현격한 차이가 있었다. 오스트레일리아와 뉴기니, 아메리카는 홍적세 후기에 대형 포유류가 거의 다 멸종해 버린 상태였다. 그 후 대륙 내에서의 인구 확산과 이주로 인해 소수의 풍족한 땅으로부터 가축화의 혁신이 퍼져 나갔다. 여기서 지리적 유리함이라는 두 번째 요인이 발생한다. 위상학적으로 심각한 장벽이 없는 데다 기후, 일조량, 위도와 관련된 그 밖의 환경적 변화가 적은 동서축으로의 확산이 더욱 활발히 이루어진 것이다. 셋째, 대륙 간의 확산에도 차이가 있었다. 예를 들어, 오스트레일리아, 뉴기니, 아메리카는 상대적으로 고립된 데 반해, 아프리카와 유라시아는 서로 가까웠다. 아프리카에서 사육되는 가축은 대부분 유라시아에서 건너왔다. 마지막으로, 대륙의 면적과 인구 규모가 클수록 경쟁이 심화되고 혁신의 요소가 늘어났다. 고립된 섬들은 세 번째와 네 번째 요인에서 크게 패하고 말았다.

그렇다면 왜 사하라 이남의 아프리카가 세계를 주도하지 않았을까? 그곳의 사람들은 다른 대륙보다 500만 년이나 앞서 지구상에 존재했는데 말이다. 다이아몬드는 크게 세 가지 원인을 지적한다.

1. 가축화가 가능한 토착 동식물종이 부족함
2. 토착 식량 생산에 적합한 땅이 적음
3. 동서축에 비해 남북축은 서식 환경의 차이가 커서 식량 생산과 발명품의 확산이 저해됨

다이아몬드는 이를 바탕으로 고고학, 언어학, 유전

학적 지도를 그려 기원전 1만 1,000년부터 현재까지의 아프리카 역사에 관한 학술적 논고를 제시한다. 가령 그는 서아프리카 내륙 사바나에 기반을 두고 있던 반투어를 사용하는 농부들이 기원전 3,000년경부터 아프리카 남부로 널리 퍼져 나간 과정을 추적한다. 이 책 전반에 걸쳐 그는 지역적 차이에 도식적인 역사를 겹쳐 폭넓게 설명한다. 유럽 역사가인 내 입장에서는 이제 막 재미있어지려는 순간 이야기가 끝나 버리는 느낌이었다. 그래서 유라시아인들은 도대체 **어떻게** 기술적 이점을 바탕으로 세계를 지배한 거지? 하지만 어쨌든 다이아몬드는 인종 혹은 문화 간의 커다란 차이가 지구상에 존재하는 불평등의 근본적 원인이라는 주장이 설 자리를 잃게 만들었다.

아프리카에 관해 다이아몬드는 다음과 같이 요약한다.

> 간단히 말해, 유럽이 아프리카를 식민지화할 수 있었던 건 백인 인종차별주의자들이 생각하는 유럽인과 아프리카인의 차이와는 아무런 관련이 없다. 그저 지리 및 생물지리학적 우연(특히 두 대륙의 면적, 축, 야생 동식물종의 차이) 때문이었다. 그러니까 아프리카와 유럽의 역사적

궤적이 달라진 건 궁극적으로 부동산의 차이에서 비롯된 것이다.

이 책의 비범한 점은 다양한 복잡성의 수준에서 여러 가지 주장을 연결한 것이다. 인종주의와 지리적 결정론에 관한 비교적 간단한 주장부터 지구상의 서로 다른 지역에서 인간과 환경의 상호작용에 관한 조금 더 복잡한 주장은 물론이고, 아프리카 반투족의 이동같이 특수한 현상에 관한 미묘한 (그리고 종종 추측에 근거한) 주장이 서로 결부되어 있다. 다이아몬드의 글은 두 가지 면에서 학술적 논고의 자격을 갖추고 있다. 신뢰할 수 있는 인과 관계를 진지하게 탐색하고 엄청난 범위의 전문 지식을 활용했다는 점이다. 우리가 다이아몬드의 말을 믿는다면, 그것은 그의 논리가 관습적으로 익숙해서도 아니고, 표준적인 코드에 부합해서도 아니며, 단순화된 이야기를 능숙하게 제공하기 때문도 아니다. 유효한 전문적 근거를 활용해 가능한 원인의 일부를 제외하고 다른 원인의 설득력을 높인 그의 설명 방식을 신뢰하기 때문이다.

학술적 논고에 관한 재고

 진화론을 기반으로 한 파스테르나크와 카발리-스포르차, 다이아몬드의 학술적 논고에는 중요한 공통점과 차이점이 있다. 그들의 저서는(그리고 유사한 다른 책들은) 같은 현상에 대한 여타 학술적 논고들과는 상당히 다른 설명 방식을 취한다. 전문가의 관점에서 보면 이야기처럼 보일 정도이다. 그러나 일반 독자의 입장에서 보자면, 그것은 당신과 내가 서로 근황을 나눌 때 사용하는 일상적인 이야기와는 매우 다르다. 이와 같은 최상의 진화론적 설명은 **양질의 이야기**superior stories라고 부를 수 있다. 그것은 인과적 과정을 단순화하여 이야기의 형식을 취하지만, 논리적이고 전면적인 학술적 논고에서와 같은 자격과 인과 관계를 통해 이야기를 전달한다. 여기서 우리는 이야기와 학술적 논고가 인과적 연속선을 공유하지만, 학술적 논고에는 특별한 형식의 인과적 분석으로 도출된 동인과 메커니즘이 사용된다는 것을 다시 한번 확인할 수 있다.

파스테르나크와 카발리-스포르차, 다이아몬드가 각자의 책에서 설명하고자 하는 바는 서로 다르다. 파스테르나크는 인간과 다른 유기체의 공통점과 차이점을, 카발리-스포르차는 인간의 특성에 관한 지리학을, 다이아몬드는 인간의 기술과 활동 면에서 대륙 간의 역사적 차이를 밝히려 한다. 여기엔 아무런 문제도 없다. 내가 이 책의 질문을 나만의 고유한 방식으로 선택한 것처럼, 저자들에게는 자신의 논제를 직접 설정할 권리가 있다. 그러나 이러한 차이가 중요한 건, 그것이 저자로 하여금 서로 관련된 동일한 지식 체계(이 사례에서는 광범위하게 보아 진화론)를 다른 방식으로 활용하도록 유도하기 때문이다. 파스테르나크는 그가 "탐구"라고 부르는 하나의 단일한 원리로 단세포 유기체부터 시작해 수많은 생물의 변화를 설명할 수 있다는 사실을 입증한다. 카발리-스포르차는 집단 유전학이라는 기술적 도구가 인간의 특성과 활동의 지리적 분포에 관해 놀랍고도 일관된 설명을 제공한다는 것을 증명하는 데 공을 들인다.

그런가 하면 다이아몬드는 다양한 물리적 환경과 인간의 상호작용이 사회적 배치에 나타난 현격한 차이와 변화를 설명해 준다는 사실을 보여 주려 한다. 그는 맺음말에서 동일한 접근 방식을 통해 중국이 기술적 역량에서 때로는 세계를 주도하고 때로는 뒤처지기도 한 이유를 설명할 수 있으리라는 희망을 드러냈다. 확실히 이 부분에서는 인류학, 경제학, 정치학 등 타 분야의 학술적 논고들이 반기를 들 만하다. 학술적 논고가 그것이 근거를 도출한 분야에 맞는 타당한 설명을 제공했다고 해서 반드시 논쟁의 여지가 없는 진실이라는 법은 없다. 이는 그들이 선택한 설명의 영역 내에서 학문의 사실성 여부, 학술적 논고의 저자가 제기한 질문 그리고 그 둘의 적합성에 달려 있다.

파스테르나크와 카발리-스포르차, 다이아몬드를 본받아, 양질의 이야기를 만드는 우리의 법칙을 정해 보자. 설명이 작동하는 공간을 단순화하고, 행위와 행위자의 수를 간추리며, 점증, 간접, 상호, 동시, 환경 및 피드백 효과에 대한 언급을 최소화한다. 설명(특히 인과적 메커니즘에 관한 설명)은 당신이 근거를 취하는 전문 분야 내에서 명백하고 변론 가능한 요소로만 제한한다. 마지막으로, 청중을 유념한다. 양질의 이야기는 듣는 사람들의 지식과 열정에 따라 달리 전달되어야 한다. 양질의 스토리텔링은 관계적 작업이라는 사실을 명심하자.

6장

네 가지 이유의 조화

정부 위원회는 다른 무엇보다 이유를 제시하는 기관이다. 영미 정치권에서는 전통적으로 국가적 위기가 발생하면 행정명령에 따라 왕실 위원회나 기타 위원회가 구성된다. 국립연구회의 보고서처럼 당국 간의 합의 사항을 공표하여 논란을 잠재우려는 의도이다. 당파성과 사욕에 치우치지 않는 명망 있는 시민들로 구성된 위원회는 일반적으로 증인들을 소환하고 보고서를 발행한다. 결국 그들이 하는 일은 해당 문제에 관한 자신들의 집단적 판단, 즉 이유를 제시하는 것이다.

1963년 11월 22일, 리 하비 오즈월드가 텍사스주 댈러스에서 존 F. 케네디 대통령을 암살했다. 이 사건은 전국민을 충격에 빠뜨렸고, 어떻게 된 일인지, 왜 그런 일이 발생했는지에 관한 수많은 이야기를 불러일으켰다. 대통령직을 승계한 린든 존슨은 대법원장 얼 워런을 수장으로 하는 위원회를 조직해 암살 사건을 조사하게 했다. 워런 위원회의 보고서가 실린 『뉴욕 타임스』 지면에서 해리슨 솔즈베리 기자는 케네디의 죽음을 둘러싸고 일어난 음모론의 열풍이 에이브러햄 링컨의 암살을 두고 아직도 유포되고 있는 억측들과 닮았다고 지적했다. 피해자가 누군지 고려한다면 그리 놀라울 일은 아니었다.

그건 아마 그 비극이 우리 안에서 일어났기 때문일 것이다. 그 과정의 상당 부분이 텔레비전을 통해 바로 눈앞에서 벌어진 까닭에 우리는 그 일의 극적인 국면을 미처 깨닫지 못했다. 왕이나 황제, 독재자, 대통령을 쓰러뜨리는 불의의 공격보다 충격적인 일은 세상에 또 없다는 사실조차 파악하지 못했다. 그러한 공격이 최고 권력자의 목숨을 앗아 갔을 때 사회 전체가 전율하는 건 너무나 당연한 일이다. 존 웹스터도 (희곡 『말피 공작부인』에서) 그렇게 말하지 않았던가. "다른 죄들은 그저 말을 할 뿐이지만, 살인은 비명을 지른다!"*

워런 위원회는 오즈월드가 공범 없이 단독으로 행동했다고 결론 내리고 공식 발표에서 이를 강조했다. 그에 반발하는 수많은 이론에도 불구하고 위원회의 조사 결과는 40여 년이 지난 지금까지도 굳건히 버티고 있다. 권위를 바탕으로 한 이유의 제시는 대체로 효과를 발휘한다.

이 마지막 장에서는 앞선 장들에서 언급했지만 결론을 내지 않은 권위적 이유 제시의 세 가지 문제점을 살펴보려 한다. (1)무엇이 이유에 신뢰성을 부여하는가. (2)전문적인 이유를 제공하는 사람들은 어떻게 하면 전문 분야 바깥의 사람들에게 자신들의 이유를 이해시킬 수 있을까. (3)사회과학자들은 이유를 전달할 때, 그리고 그것을 우리 같은 일반인들이 자신의 행동에 대해 내놓는 이유와 조화시키려 할 때 어떤 특수한 문제에 직면하는가. 뒤에서 보게 되겠지만, 정부 위원회는 이유를 널리 알리는 방법 중 하나에 불과하다. 또한 우리는 이유의 신뢰성

* 대학 때 연극 『말피 공작부인』에서 끝까지 살아남는 몇 안 되는 인물 중 하나를 연기했던 나는 솔즈베리의 인용을 흡족하게 받아들였다.—원주

이 늘 화자와 청중의 관계에 달려 있다는 사실을 짚어 볼 것이다. 이유를 제시하는 일은 언제나 관계 자체에 관해 무언가를 말해 주기 때문이다.

워런 위원회가 존 F. 케네디 암살 사건의 조사 결과를 보고한 지 4년이 지난 후, 존슨 대통령은 또 다른 위원회를 설립했다. 그가 새로운 위원회에 내린 임무는 빈민가의 폭동, 폭력 범죄의 증가, 1960년대의 요란한 시위, 1968년에 벌어진 마틴 루서 킹과 로버트 F. 케네디의 암살, 그 밖에 미국이 전반적으로 점점 더 폭력적으로 변해 가고 있다는 폭넓은 우려에 대응하라는 것이었다. 1968년 7월의 행정명령에서 존슨은 '폭력의 원인과 예방에 관한 국가 위원회'에 다음과 같은 내용의 보고서를 요청했다.

1. 암살, 살인, 폭행 등 우리 사회에서 발생하는 불법적인 폭력 행위의 원인과 예방법
2. 개인이나 집단의 법질서 무시, 공직자에 대한 무례, 공공질서 파괴의 원인과 예방법
3. 그 밖에 위원장이 위원회에 전달하는 기타 사항

존슨이 위원장으로 임명한 밀턴 아이젠하워는 드와이트 아이젠하워 전 대통령의 형제로, 펜실베이니아주립대와 캔자스주립대, 존스홉킨스대학의 총장을 역임한 인물이었다. 워런 위원회보다 훨씬 더 어려운 과제를 맡게 된 속칭 아이젠하워 위원회는 법학·범죄학·역사학·사회과학 분야에서 200명이 넘는 학자들에게 도움을 청했다. 나 역시 미국과 유럽에서 발생한 집단 폭력의 패턴을 비교하는 논문으로 소소하게 기여했다.

이 프로젝트에 참가한 학자들은 위원회가 법과 질서를 강조하는 엄격한 노선을 채택하지 않은 것을 하나의 승리로 여겼다. 오히려 위원회는 소수자와 청소년에게 기회를 열어 주고, 청년들에게 더 많은 정치적 발언권을 주며, 베트남전의 종식으로 생긴 경제적 이득(1969년은 평화회담이 갓 시작된 무렵이라 아직 먼 이야기였지만!)을 이용해 미국 내 복지 혜택을 늘릴 것을 권고했다. 그들은 불평등과 기회의 제한이 개인과 집단의 폭력을 야기한다고 추론했다.

위원회의 설립은 계속되었다. 2003년 3월 31일 월요일, '대미 테러 공격에 관한 국가위원회'는 세계무역센터에서 멀지 않은 뉴욕 맨해튼의 알렉산더 해밀턴 미 세관

청사에서 첫 번째 공청회를 열었다. 공청회에는 조지 퍼타키 뉴욕 주지사, 마이클 블룸버그 뉴욕 시장, 레이먼드 켈리 뉴욕시 경찰국장, 뉴욕 및 기타 지역에서 발생한 9·11 테러 생존자 다수와 피해자 대표단, 학계의 테러 전문가 등이 참석해 증언했다. 첫 번째 공청회에서 이루어진 증언들은 9·11 참사라는 잔인한 폭력을 다양한 각도에서 접근했다. 9·11이 발생한 이유를 말하면서 일부 증인은 관습을, 일부는 코드를, 일부는 이야기를, 일부는 학술적 논고를, 또 다른 일부는 몇 가지 유형을 섞어서 제시했다.

공청회라는 훌륭하게 연출된 드라마에서 우리는 매우 보편적인 과정이 전개되는 걸 보게 된다. 참가자들은 이유를 주고받을 뿐 아니라, 그럼으로써 서로의 관계를 조정한다. 테러와 정부의 책임이라는 토론 주제는 이유에 관한 논쟁에 한층 더 불을 지피게 마련이다. 따라서 우리는 이를 통해 사람들이 자신의 이유 제시가 가져올 결과를 진지하게 고민할 때 어떤 일이 발생하는지 관찰할 수 있다. 테러 공격과 그 예방에 관한 논쟁을 자세히 살펴보면, 삶과 죽음의 문제에 이유를 제시하는 일도 사회적 관계를 수립하고 확증하고 조정하고 개선하는 일상적인 활동과 여러모로 유사하다는 사실을 확인할 수 있다.

이 책은 9·11 참사의 이유를 찾는 사람들로 도입부를 시작했다. 앞에서 보았듯이 최초의 이유 제시자 중에 학술적 논고를 제공한 사람은 거의 없었다. 당시 사건에 직접적으로 연관돼 있던 사람들은 대부분 이야기의 형태로 이유를 제시했고, 멀찍이 떨어져 있던 사람들은 이야기와 관습, 코드 중에 하나를 선택했다. 각각의 가장 단순한 버전은 다음과 같았다.

> 이야기: 테러범들이 한 짓이지만, 공무원들의 무사안일이 그것을 방치했다.
> 관습: 현대 사회는 위험하다.
> 코드: 우리는 자유를 지키기 위해 테러에 맞서 싸워야 한다.

전문가들이 학술적 논고를 구축하는 데에는 더 오랜 시간이 걸렸다. 이러한 해석들은 폭넓은 문제를 다루었고, 특히 충격을 견디도록 설계된 건물이 어떻게 비행기 충돌로 무너질 수 있었는지, 미국 정보기관은 왜 테러를 예상 못 했는지, 이 특정한 테러범들은 왜 공격을 감행했는지, 좀 더 일반적으로는 테러 공격이 발생하는 이유는 무엇인지와 같은 질문에 답을 내놓았다.

전 뉴저지 주지사이자 이 위원회의 의장인 토머스 케인은 연설에서 관습을 언급하고, 적절한 코드와 학술적 논고를 촉구하는가 하면, 고유한 이야기를 꺼내며 모든 유형의 이유를 한 바퀴 빙 돌았다. 케인이 내놓은 관습에는 이 위원회가 당파적이지 않다는(실제로는 민주당 5명, 공화당 5명으로 양당적이었다) 주장과 이날의 공청회에선 추후의 위원회 활동에서 이루어질 증인에 대한 반대신문을 채택하지 않는다는 공지가 포함돼 있었다. 또한 그는 9·11의 재발을 방지할 조직적 코드를 요구했는데, 이는 알카에다가 9·11 테러를 준비하는 동안 안보 책임을 맡은 정부기관들의 임무 수행 정도를 조사하겠다는 의미였다. 케인은 위원회가 "왜 그런 일들이 발생했는지, 어떻게 그런 일들이 벌어질 수 있었는지, 그런 일들이 다시 일어나지 않게 하려면 우리는 어떻게 해야 하는지"에 관해 국내 테러 전문가들에게 자문을 구하는 중이라고 공표했다. 자신이 직접 제안하지는 않았어도 학술적 논고를 청구한 것이다.

케인이 제시한 이야기는 다음과 같다.

목숨을 잃거나 부상당한 사람들은 대다수가 미국인이었습니다. 사망자와 생존자들은 배경도 인종도 종교도 신념도, 심지어 국적도 다양했습니다. 그들에게는 단 하나의 공통점이 있었습니다. 그들 모두 그 시각에 지구 역사상 가장 훌륭하고 강력하고 생산적이고 창의적이고 다양하고 포용적인 민주주의를 유지하기 위해 각자 최선을 다하고 있었다는 것입니다. 테러범들은 바로 그 민주주의를 파괴하려 했습니다.
그들은 미국적인 삶의 방식을 특징짓고 미국을 전 세계 많은 이들이 갈망하는 희망의 요새로 만들어 준 자유와 활력, 다양성을 소멸시키려 했습니다.

그날 연설한 공무원들은 대체로 케인이 9·11에 대해 제시한 이유와 비슷한 발언을 했다. 그들은 대부분 이야기를 들려주었다.

공청회에서 증언한 생존자들도 마찬가지였다. 죽음이나 파괴, 실종이 '왜' 일어났는지 이유를 찾는 사람들은 어떤 개인, 단체, 세력에 도덕적 책임을 지우는 이야기를 강조했다. 실제로 9·11 위원회가 결성된 데에는 이러한 이야기에 대한 대중의 압력이 어느 정도 작용했다. 정부가 마지못해 서서히 어떻게 하면 9·11을 막을 수 있었을지에 관한 조사를 시작하자, 설득력 있는 이야기에 대한 요구가 터져 나왔다.

세계무역센터 사건으로 남편을 잃은 뉴저지주의 여성들은 집단으로 관공서에 조사 압력을 넣었다. 이들은 1988년 스코틀랜드 로커비 상공에서 폭파된 팬 아메리칸항공 103편의 조사를 요구했던 경험자들에게 조언을 얻었다. 그리고 위원회를 압박해 9·11 이전 테러 공격에 대한 정부의 자체적 대비(혹은 대비 부족)에 관한 공청회를 여는 데 중요한 역할을 했다. 이들은 자신들의 공청회 참여에 대해 『뉴욕 타임스』에 다음과 같이 설명했다.

> 그들 중 세 명은 캔터 피츠제럴드*에서 일하는 남성과 결혼했지만, 테러 공격이 끝날 때까지는 서로 모르는 사이였다. 브레이트위저 부인(33세)과 커사자 부인(43세)은 2000년에 부시 후보에게 투표했다. 벤아우켄 부인

---

* 미국의 금융 서비스 업체.

(49세)과 클레인버그 부인(42세)은 앨 고어 후보에게 표를 던졌다. 네 명 모두 그때나 지금이나 정치적 의도는 없다고 주장한다.

하지만 그들에게는 가슴 깊이 타오르는 질문이 있었다. "우리는 그저 우리 남편들이 왜 죽임을 당했는지 알고 싶었어요." 브레이트위저 부인은 이렇게 말했다. "왜 어느 날 출근했다가 다시는 못 돌아오게 됐는지요."

"테러는 일어나기 마련이다" 같은 형식의 대답은 이들이 받아들일 수 있는 대답이 아니었다. 민디 클레인버그는 9·11 공청회의 증인석에서 자신의 입장을 분명히 했다.

비정상적인 주식 거래가 발각되지 않은 게 우연인가요? 신청서가 미비한데도 비자 15건이 발급된 게 우연인가요? 공항 보안 검색대에서 커터칼과 최루 스프레이를 가진 탈취범들을 비행기에 탑승시킨 게 우연인가요? 연방항공청FAA과 북미항공우주방위사령부NORAD의 위기 대응 프로토콜이 발효되지 않은 게 우연인가요? 국가 비상사태가 정부 고위 관료들에게 적시에 보고되지 않은 게 우연인가요?

저한테 우연은 한 번만 일어나는 일입니다. 프로토콜 위반, 법률 위반, 연락 위반이 반복적으로 발생하면 더 이상 우연이라 할 수 없습니다.

개개인이 어느 시점에서 자신의 임무를 제대로 수행하지 않은 사실에 책임을 묻지 않는다면 테러범들이 다시는 우연의 덕을 보지 않으리라 어떻게 기대할 수 있을까요?

이 질문은 9·11 참사에 대한 정치적, 도덕적 책임을 묻는 이야기를 요구했다. 2004년에 발행한 이 위원회의 보고서에서 크리스틴 브레이트위저도 클레인버그와 같은 주문을 했다. 2004년 9월에 진행된 인터뷰에서 그녀는 "9·11로 3,000명이 사망했는데 누구 하나 책임을 지는 사람이 없었다"고 항의했다. 2004년 11월 대통령 선거에서 이 뉴저지 여성들을 포함한 9·11 생존자들은 위원회의 권고 사항을 지키지 않는 부시 행정부를 공개적으로 비난하는 '가족운영위원회'라는 압력단체를 결성했다. 그들의 이야기는 정치 운동으로 옮겨 갔다.

9·11 위원회가 증인들을 불러 모았을 때, 생존자들

의 진술은 연료를 가득 실은 비행기를 의도적으로 쌍둥이 빌딩으로 몰고 간 테러범들에게 집중되었다. 클레인버그와 같은 날 9·11 위원회에서 증언한 해리 웨이저 역시 그러한 이유를 지지했지만, 미국 정부도 만일의 사태에 대비했어야 한다고 넌지시 덧붙였다. 웨이저는 브루클린 칼리지와 포덤대학 로스쿨을 졸업한 후 국세청에 들어갔다가 뉴욕의 로펌 두 곳에서 일했다. 사고 당시에는 캔터 피츠제럴드의 부사장 겸 세무 변호사였고 타워 1의 104층에 사무실을 두고 있었다. 9월 11일 오전 8시 45분경, 그는 사무실로 올라가는 중이었다. 78층에서 101층 사이의 어딘가였다.

> 엘리베이터가 올라가다가 갑자기 폭발음이 들리더니 마구 흔들렸습니다. 그러다가 급강하하는 게 느껴졌죠. 엘리베이터가 승강로 벽에 긁히면서 양옆의 문틈으로 주홍색 불꽃이 튀는 게 보였습니다. 엘리베이터 안에 불이 붙었죠. 저는 불을 끄려고 두드리다가 손과 팔, 다리에 화상을 입었습니다. 겨우 불은 껐지만, 측면 문틈으로 다른 불덩이가 날아 들어와 제 얼굴과 목을 강타했습니다. 78층에서 엘리베이터가 멈춰 서고 문이 열린 덕분에 바

로 뛰어나왔죠.

심각한 화상을 입은 그는 78층에서 지상까지 걸어 내려왔다. 한 구급대원이 50층 언저리에서 그를 발견하고 나머지 길을 안내해 준 덕분에 구급차를 타고 뉴욕 장로교 병원으로 이송될 수 있었다. 그때부터 웨이저는 6~7주간 혼수상태에 빠져 있었다.

18개월이 지난 후에도 여전히 회복 중이었던 그는 다음과 같이 말했다.

저는 9·11에 일어난 일에 분노하지 않습니다. 단지 그날 무고하고 귀중한 생명이 수없이 세상을 떠났고, 그 가족들이 그날 너무 많은 것을 잃었다는 데 깊은 슬픔을 느낄 뿐입니다. 세상엔 언제나 미친 사람들이 존재했고 아마 앞으로도 그럴 것입니다. 그런 이들을 막아야겠지만, 그러려면 외과 의사가 암을 제거하듯 냉철하고 객관적인 자세를 유지해야 합니다. 그들은 저의 분노를 받을 자격이 없습니다. 또한 저는 분명 그 비극을 예견하고 방지할 수 있었던 사람들에 대해서도 분노를 느끼지 않습니다. 실수가 있었다면 그건 안일함으로 인한 것이었고, 그

안일함은 우리 모두가 공유한 것이었으니까요.

이쯤 되자 이유에 대한 평가가 분명해졌다. 그날 미친 사람들이 건물을 공격했지만, 우리의 안일함이 그러한 공격을 가능하게 했다. 웨이저의 이야기는 단순하지만 설득력 있게 전개되었다.

전문가들은 예상대로 이해하기 쉬운 버전의 학술적 논고에 집중했다. 스웨덴 출신의 망누스 란스트로프Magnus Ranstorp는 스코틀랜드 세인트앤드루스대학의 국제 관계학 강사로, 같은 공청회의 후반부에 진술했다. 그는 자신을 "호전적인 이슬람교와 테러리즘 문제를 연구하는 외국인 학자"라고 정의했다. 같은 세션에서 이루어진 참사 피해자, 구조대원, 생존자 들의 생생한 보고와 달리, 란스트로프는 중동의 테러리즘에 관한 냉철한 전문 지식을 또 다른 9·11 사태를 예방할 방법에 적용했다.

전문가가 아닌 공인들로 구성된 위원회에 맞추어 란스트로프는 적절한 단순화를 통해 테러에 관한 전문적 지식을 제시했다. 전 세계의 사회적 진화에 관한 재러드 다이아몬드의 학술적 논고처럼, 란스트로프의 테러에 관한 해석도 처음부터 근접 원인과 장기 원인을 구분했다. 그가 제시한 근접 원인은 현재 알카에다 및 기타 테러 네트워크의 조직과 역량에 집중되었다. 장기 원인은 테러 활동을 용이하게 하는 전 지구적 변화에 있었다.

여러 가지 면에서 9·11은 메리 칼도어가 "야만적인"wild 세계화라고 칭한 테러리즘의 세계적인 확장을 궁극적으로 표출하는 상징적인 사건입니다. 이 '새로운 테러리즘'은 세계화의 도구(서로 다른 문화 간의 소통과 교류의 확장 및 발전, 그리고 사람들의 끊임없는 이동)를 이용해 전 세계에 뻗어 있는 무한한 네트워크와 점조직을 갖춘 다국적 비국가 기업으로 변신했습니다. 이제 테러 행위는 거리와 상관없이 외딴 벽지에서도 원격 조정으로 실행할 수 있습니다. 새로운 테러리즘의 특징은 소위 테크노-웹이라는 것에 편승해 세계화를 탈취해서는 통신과 공격 유형에 한계가 없는 새로운 장을 열었다는 겁니다. 그들에게 있어 표적의 획득과 실행을 가로막는 건 오직 상상력의 한계밖에 없습니다.

이어서 란스트로프는 세 번째로 테러리즘의 '근본 원인'이라는 더욱 기본적인 인과론을 제시했다. 이러한 원인에는 해결되지 않은 민족적·국수주의적 열망, 빈곤, 청년 실업 등이 포함되었다. 그러나 란스트로프의 권고 사항은 테러 네트워크의 모니터링, 차단, 해체 방식에 초점을 맞추었다. 그는 테러의 근접 원인과 중간 원인에 집중했다.

테러리즘에 관해 종합적이고 전문적인 해석을 구축한 사회과학자들은 각자의 관심사에 따라 란스트로프의 세 단계 분석 중 일부를 취했다. 조직의 형태와 테러 네트워크의 전술에는 근접 원인을, 테러를 촉진하는 정치 전략에는 장기 원인을, 불평과 불만을 발생시키는 요인에는 근본 원인을 적용했다. 내가 이 공개 토론에 제출한 소소한 원고는 장기 원인에 집중했지만, 테러를 수행하는 사람들은 대부분 알카에다의 공모자들과 유사하며 따라서 대부분 혹은 모든 테러 행위는 동일한 원인에서 비롯되었다는 개념에는 강력히 반대했다.

테러를 바라보는
엄격한 시선

테러에 관한 나의 견해는 제쳐 두고, 다른 이들의 테러 분석을 살펴보면서 이유의 제시에 관해 더 깊이 파헤쳐 보자. 하버드대학의 사회과학 강사 제시카 스턴Jessica Stern은 『신의 이름으로 행해진 테러』Terror in the Name of God라는 제목으로 '내가 거기 있었다'는 일인칭 시점의 저서를 발표했다. 학술적 논고를 비전문가도 이해할 수 있도록 저술한 훌륭한 책이다. 수년간 테러 전문가로 활동한 스턴은(외교협회는 그녀에게 '슈퍼테러리즘 펠로우'라는 엄청난 직함을 부여했다) 언제부턴가 종교적 테러범들을 수소문하여 그들의 삶에 관해 구체적으로 탐문했다. 스턴은 그들의 자아 개념에서 이유를 찾으려 했다. 따라서 첫 번째 분석부터 근본 원인(개인의 자발성과 헌신의 원천)에서 근접 원인(테러 조직의 전략)으로 신속히 도약했다.

이 책의 표지에는 전 CIA 국장 존 도이치의 추천사가 실려 있다. "이제 미국인이라면 누구나 테러의 위협을 인식하게 되었다. 이 분야 최고의 전문가인 제시카 스턴은 술술 읽히는 책을 통해 세계 각지에 있는 실제 테러범들의 생각을 깊이 들여다봄으로써 개인의 신념과 테러의 관계에 관한 우리의 이해를 넓혀 준다." 모든 바람직한 학술적 논고는 명료한 질문에서부터 시작된다. 스턴은 두 가지 명확히 구분되는 질문을 던진다. (1)사람들은 어떠한 불만으로 인해 성전聖戰 조직에 합류하고 거기에 헌신하는가. (2)테러 지도자들은 어떻게 효율적으로 조직을 운영하는가. 그리고 질문의 답을 찾기 위해 위험한 지역들을 누비고 다닌 순례의 과정을 기록했다.

먼저 불만에 관한 것부터 살펴보자. 스턴은 1998년에 테러범 케리 노블과 처음 인터뷰를 했다. 당시 노블은 미등록 무기를 소유한 혐의로 유죄 판결을 받고 복역을 마친 상태였다. 1980년대 초반, 그는 '서약과 검과 주님의 팔'CSA이라는 사이비 기독교계 무장 단체에서 이인자 자리에 올라 있었다. CSA는 구세주의 재림을 앞당기려 했다. 그리고 그 방법으로 유대인, 흑인, 유엔, 국제통화기금 등의 적그리스도에게 스스로를 팔아넘긴 미국 정부를 전복하려 했다. CSA의 신도들은 그들의 적을 '시온주의자가 점령한 정부'ZOG라고 불렀다.

1985년 4월 19일, FBI와 주 정부 특수요원들이 CSA가 아칸소 교외에 건설한 1제곱킬로미터 규모의 무기로 가득한 합숙소를 포위했다. 3일 후, 유명한 인종차별적 설교자가 중재한 협상 끝에 교단에서 결성한 의용군이 항복했다. 케리 노블은 연방 교도소에 수감되었다. 그로부터 13년 후, 스턴은 텍사스의 트레일러 야영장에 살고 있는 전과자 노블과 그의 아내 케이를 만났다. 노블은 이제 사이비종교 반대활동가가 되었지만 종교적 열정만은 잃지 않았다. 스턴은 이렇게 기술한다. "그때까지 나는 수년간 테러를 연구하고 관련 활동을 해 왔지만, 그날의 대화는 내가 읽거나 들은 그 어떤 지식에서도 구할 수 없는 것이었다. 그것은 폭력만이 아니라 믿음에 관한 진술이었다."

노블과의 인터뷰를 계기로 스턴은 5년간 전 세계를 돌아다니며 기독교, 이슬람교, 유대교 무장세력의 조직원들을 만났다. 적을 혐오하는 데에서 그치지 않고 직접 살해한 경험이 있는 이들이었다. 스턴의 인터뷰 대상들은 **테러범**으로 분류된다. 테러, 즉 그녀의 정의에 따르면 "복수나 겁박, 혹은 대중에게 영향을 미칠 목적으로 비전투원에게 행하는 폭력이나 위협 행위"에 가담했기 때문이다. 또한 그들은 스턴의 책 제목처럼 신의 이름으로 위협 혹은 폭력을 가하기 때문에 **종교적** 테러리스트라 할 수 있다. 그들은 성전을 벌이고 있었다.

그렇다면 그들의 불만은 무엇이었을까? 스턴은 성전에 나서는 유대교, 기독교, 이슬람교 전사들을 '굴욕감에 빠져 자신의 고통을 특정한 타인들의 탓으로 돌리도록 학습된 사람'으로 본다. 그들은 세상을 정화하고 단순화하는 영웅적 행동에 참여함으로써 자신들의 삶을 깨끗하고 순수하게 만들고자 한다. 굴욕은 개인의 수준에서 발생할 수도 있고, 한 범주에 속하는 모든 사람, 가령 모든 이슬람교도나 모든 유대교도에 대한 낙인 때문에 발생할 수도 있다. 세상은 계속해서 굴욕의 대상들을 거부하고 끝없이 타락해 가기 때문에, '우리'와 '그들'의 분열은 갈수록 첨예해진다. 분열 자체가 분노를 유발하고, 적에 대항해 치명적인 폭력을 비롯한 모든 수단을 동원할 각오를 불러일으킨다.

스턴에 의하면 케리 노블은 어린 시절에 만성기관지염을 앓았다. 병으로 몸이 약했던 그는 1학년 체육 시간에 남학생이 아닌 여학생들과 수업을 받았다. 다른 소년들은 그를 괴롭혔다. 노블은 고등학교 때 졸업생 대표가 되고 싶었지만, 가족이 자주 이사를 다녀서 그럴 수가 없었다. 유년기에 질병을 앓았다는 이유로 군대에서도 그를 거부했다. 고등학교 졸업 후 "끔찍한 직장"에서 일하던 그는 어느 날 밤, 하나님이 그에게 교사 겸 목회자가 될 은사를 주시는 비전을 보았다. 그러한 비전을 바탕으로 마침내 CSA에 합류하게 되는 긴 여정이 시작되었다. 노블은 이 집단의 주장을 받아들여, '아마겟돈을 통해 성인聖人으로 거듭날 소수'와 '자신의 죄 때문에 신속하고 끔찍한 죽음을 맞이할 나머지'로 세상을 분류하게 되었다.

이처럼 개별적인 테러범들에 관해 스턴이 제시하는 이유는 고전적인 이야기의 형식을 취한다. 제한된 시간과 공간, 한정된 숫자의 행위자와 행위가 사용되고, 모든 원인은 행위자의 의식 속에 들어 있으며, 비극적인 대단원이 예정되어 있다. 그러나 두 번째 질문(테러 지도자들은 어떻게 효율적으로 조직을 운영하는가)에 들어서면, 그녀의 학술적 논고는 의식이 아닌 대인관계의 프로세스로 이동한다. 과연 어떤 테러 조직이 성공하고 번영을 누릴까? '지도자가 영적·정서적·물질적 보상을 조화롭게 제공하여, 세상을 정화하고 단순화하려는 사람들의 욕구를 충족시켜 주는 조직'이라고 스턴은 말한다. 물론 카리스마도 도움이 되지만, 영적·정서적·물질적 혜택을 꾸준히 제공하는 것이 훨씬 중요하다.

스턴은 테러 조직들을 면밀히 관찰했다. 2000년도에 그녀는 칼판 카미스 모하메드의 재판에 피고 측 감정인으로 참가했다. 모하메드는 1998년 8월, 탄자니아 다르에스살람 미 대사관 폭탄 테러에 가담한 알카에다의 하급 조직원이었다. 스턴은 모하메드에 관해 세상을 정화한다는 명분으로 테러에 헌신한, 예민한 청소년의 표준적인 이야기를 들려준다. 하지만 곧이어 모하메드를 끌어들인 조직적 프로세스를 언급하며 알카에다의 조직 구조에 관한 설명으로 옮겨 간다.

재판에 선 증인들은 조직의 구조를 제법 상세하게 밝혔다. 빈 라덴은 '에미르', 즉 지도자로 알려져 있다. 그 바로

밑에 십여 명의 위원으로 구성된 슈라 협의체가 있다. 슈라가 여러 위원회를 감독한다. 군사위원회는 훈련소와 무기 조달을 담당한다. 이슬람 학술 위원회는 '파트와'를 비롯한 종교적 칙령을 결정한다. 언론 위원회는 신문을 발행한다. 여행 위원회는 승차권과 위조 신분증을 입수하며, 재정 위원회의 관리를 받는다. 재정 위원회는 빈 라덴의 사업을 감독한다. 알카에다는 자선단체들과 광범위한 거래 관계를 맺었다. 첫째, 자선단체들을 이용해 정체를 숨기고 자금을 세탁했다. 둘째, 인도주의적 구호 활동의 일환으로 자선단체에 모인 기부금의 일부가 알카에다의 금고로 흘러 들어간다. 마지막으로, 그리고 아마 가장 중요한 점일 텐데, 알카에다는 사회복지 기능을 제공했다. '자선기금'의 수혜자이자 인도적 구호기금의 제공자인 테러계의 '유나이티드 웨이'*였던 것이다.

스턴은 알카에다 외에도 다른 여러 조직을 살펴보았다. 그녀는 히줄 무자헤딘이라는 카슈미르 이슬람 단체의 고위급 간부로 활동하다 돌아선 막불 판디트와의 대

---

* 미국의 비영리 자선단체.

화를 회상한다. 조직의 운영에 관한 스턴의 다양한 질문에 답한 후, 판디트는 이러한 투쟁의 동기에 대한 그녀의 견해를 물었다. 스턴은 주저하다가 이렇게 대답했다.

> 이건 부동산과 민족 정체성, 정치력, 수익을 위한 싸움이에요. 개인 차원에서도 조직 차원에서도요. 싸움이 계속 명맥을 이어 가는 건 조직이 거기에 의존하고 있어서예요. 양쪽 모두 그걸로 먹고사는 사람들이 있으니까요. 밀수. 무기 판매. 융자. 캠프 운영. '자선단체' 운영. 그들은 성전이라 부르는 곳에서 사람을 죽이고 죽임을 당하면 중요하고 쓸모 있는 사람이 될 수 있다고 민감한 청년들을 훈련시켜요. 지하드 지도자들은 저택에서 사는데, 조직원들은 목숨이 위태로운 생활을 하죠. 양쪽 정보기관은 직업적으로나 재정적으로 모두 이익을 얻어요. 그러니 왜 '지하드'가 끝나길 바라겠어요?

스턴은 더 나아가 굴욕감, 상대적 박탈감, 두려움이 일선 조직원들을 테러리즘으로 이끌지만, 테러 활동 전체는 부유한 동조자들(때로는 외국 정부를 포함한다)의 지원에 달려 있다고 말했다. 판디트는 한참을 조용히 있다가 결국 그녀의 분석에 동의했다. 그는 말단 종교적 테러범들의 개인적인 불만보다 정치과정이 테러 조직의 세력과 지속성을 더 잘 설명해 준다는 데 의견을 같이 했다.

청중과 양질의 이야기

하지만 장담컨대, 스턴의 말을 인용하는 사람들은 테러범들의 정신에 관한 부분만 취하고 정치과정에 관한 기술은 거의 언급하지 않을 것이다. 그녀의 글에서 심리학적인 부분은 우리 대부분이 무언가를 설명할 때 사용하는 이야기에 가깝다. 사회과학자들이 조직적 프로세스를 밝히는 학술적 논고와는 멀찍이 떨어져 있다. 스턴이 대상으로 삼은 독자는 동료 정치학자들이 아니라 교육 수준이 높은 독자와 정책 입안자였다. 그래서 자신이 목표로 하는 독자를 끌어들이고 그들에게 가르침을 주기 위해 암묵적으로 양질의 이야기를 선택한 것이다. 케리 노블의 이야기를 읽으며 우리는 그녀의 분석에 정신

없이 빠져들게 된다.

스턴은 비전문가인 청중에게 접근하는 법을 아는 저자나 화자가 학술적 논고를 쓸 때 사용하는 강력한 원칙을 채택했다. 우리가 이미 살펴본 바 있는 원칙이다. 청중을 전문가로 만들려 하지 말고, 당신의 메시지를 청중이 이해할 수 있는 형식으로 변환하라. '양질의' 이야기는 대부분의 경우 그러한 작업을 거친다.

양질의 이야기란 무엇인가? 일상적인 이야기와 마찬가지로 양질의 이야기도 원인과 결과를 단순화한다. 시간과 장소의 통일성을 유지하고, 제한된 수의 행위자와 행위만을 취급하며, 그러한 행위가 어떻게 다른 행위를 유발하는지에 집중한다. 오류와 예상치 못한 결과, 간접 효과, 점증 효과, 동시 효과, 피드백 효과, 환경 효과는 생략하거나 최소화한다. 하지만 제한된 틀 안에서 **행위자와 행위, 원인과 결과를 정확히 설명한다.** 유의미하고 신뢰할 수 있는 학술적 논고의 기준에 따라 근본적으로 단순화를 실시하지만, 그 이야기가 말하는 건 전부 사실이다. 양질의 이야기는 비전문가도 최소한 진실의 일부를 이해할 수 있게 해 준다.

학생들을 가르치는 교사로서 나는 대상을 확실하게

구분한다. 학부생들은 사회적 과정에 관해 무언가를 배우고 싶어서 내 수업에 들어온다. 하지만 그들 대부분은 의사나 변호사, 엔지니어, 사업가, 기업 간부, 공무원이 될 사람들이다.(컬럼비아대학은 전도유망한 학부생을 선발하기 때문이다.) 이런 학생들에게는 같은 현상에 관한 설명이라도 학술적 논고보다 양질의 이야기가 더 효율적이고 유용하다. 그들은 학술적 논고를 알아보는 법과 그 안에서 타당성의 표식을 찾아내는 법을 배워야 하지만, 사회적 과정에 관한 인과적 추론까지 낱낱이 파악할 필요는 없다.

나의 수업이 효과가 있다면, 학부생들은 사회적 과정에 관한 신문 기사를 더욱 비판적으로 읽게 되고, 그러한 사회적 과정이 자신의 삶에 등장했을 때 그것의 흥미로운 특성을 인식하고, 한 발 더 나아가 사회적 과정에 관한 더 나은 공공 정책을 선택할 기회가 왔을 때 그것을 지지할 수 있을 것이다. 그러므로 학부생들에게는 관련 주제에 관해 필요한 만큼의 학술적 논고와 측정 코드만을 제공하여 그러한 지식이 어디서 왔는지 생각해 보게 하고, 훗날 전문가가 될 소수의 학생에게 호기심을 불러일으킨다. 그게 아니라면, 내가 가장 생생하게 전달할 수 있는 양질의 이야기를 들려준다.

대학원생도 이야기를 좋아한다. 하지만 내가 그들에게 전달하는 건 대부분 학술적 논고와 관련 코드이다. 이러한 수업 방식이 결국에 가서 성공한다면, 그들은 연구를 통해 유효한 학술적 논고와 그러한 해석을 뒷받침하는 코드(적절한 증거와 절차, 결과 보고에 관한 코드)를 개선해 나갈 것이다. 어쩌면 내 대학원생 중 누군가가 이유 제시에 관해 나보다 나은 학술적 논고를 제시하거나 이유에 관한 증거를 수집하는 완전히 새로운 방법을 고안해 낼 수도 있을 것이다. 그들 중 대부분은 훗날 나처럼 학부생들에게 양질의 이야기를 들려줄 것이다. 이 모든 건 그들이 학술적 논고와 그에 수반되는 코드를 숙지한 이후에 가능한 일이다. 그래서 나와 대학원생들은 외부인은 알아들을 수 없는 용어를 사용한다.

나와 학생들의 관계는 매우 큰 현상 가운데 하나의 작은 사례, 즉 이유를 주고받는 일로 귀결된다. 그러나 이러한 관계는 이 책의 두 가지 기본 논제를 분명하게 보여 준다. 첫째, 적절한 이유의 제시는 화자와 청자의 관계에 따라 달라진다. 학술적 논고와 이야기의 경우에도 관습이나 코드와 마찬가지로 이 점이 강력하게 적용된다. 둘째, 이유의 제시는 당사자 간의 관계를 설립, 확증, 조정, 혹은 개선한다. 우리는 아리스토텔레스의 수사학에 관한 분석에서도 이러한 사실을 관찰할 수 있었다. 관습은 일상적인 관계 작업의 대부분을 수행한다. 우리에겐 참으로 다행이라 할 수 있다. 계속해서 코드나 학술적 논고, 이야기를 제시해야 한다면 우리의 삶은 나아지기는커녕 엄청나게 복잡해질 것이다. 하지만 이야기는 많은 이들이 이해할 수 있고 융통성과 설득력이 있다는 점에서 인류의 위대한 발명품이라 할 만하다. 삶이 복잡해질 때는 이야기가 관계 작업의 대부분을 차지한다.

이처럼 이유는 관계와 긴밀한 상호작용을 한다. 그럼 1장에서 이유와 관계의 관련성에 관해 추측했던 내용을 다시 살펴보고 그것이 유효한지 확인해 보자.

전문가인 화자는 자신의 분야 안에서 관습과 이야기보다 코드와 학술적 논고에 우선순위를 두고 그것을 강조한다. 우리는 변호사, 의사, 생물학자, 사회과학자 들이 하나같이 이러한 주장을 하는 모습을 볼 수 있었다.

특히 전문가인 화자는 관습과 이야기를 자신이 선호하는 관용어로 번역하고 다른 사람들도 그러한 번역에 협력하도록 지도하는 데 능숙하다. 우리는 이러한 번역이 의사의 진단과 범죄 심문에서 강력하게 작용하는 상황을 살펴보았다.

그러므로 어떠한 사회적 환경에서든 지식이 전문화될수록 코드와 학술적 논고가 더 우세해진다. 우리 같은 외부인들은 그와 같은 코드와 학술적 논고 때문에 말을 못 알아듣고 어리둥절해지는 일을 흔히 겪는다.

화자와 청자의 관계가 멀고 화자의 지위가 더 높은 경우, 또는 둘 중 하나에 해당할 경우, 화자는 인과적 설명보다 공식을 제공한다. 우리는 의사가 진단을 내리고 판사가 판결을 하는 극적인 사례를 보았다. 그러나 성직자, 예언자, 군주에게도 동일한 원칙이 적용된다.

공식을 내세우는 화자는 이를 통해 우월함과 거리감을 주장한다. 밀라노에서 기록물을 촬영하고 싶었던 나와 치암판 소장의 실망스러운 만남이 이 원칙을 증명해 준다. 수병들이 가불을 요청할 때 임금 지불 담당자인 내가 규칙에 따라 지급 여부를 결정하며 누린 재량권도 마찬가지이다.

청자는 대체로 그러한 주장에 반발하며, 이런 경우에 인과적 설명을 요구한다. 우리는 9·11 테러 생존자들이 자신들의 피해에 대한 책임을 물으며 해명을 요구하는 것을 살펴보았다.

이러한 요구는 보통 주어진 공식에 대한 회의적인 태도와 Y가 실제로 어떻게, 그리고 왜 발생했는지 구체적으로 따져 묻는 질문의 형태를 취한다. 민디 클레인버그가 9·11을 예방하지 못한 이유로 '우연'이라는 설명을 강력히 거부한 것을 떠올려 보라.

그러나 코드가 위압적으로 전달된 경우, 노련한 청자는 역시 코드를 이용해 제시된 이유를 반박하며 화자가 그것을 오용했다고 입증할 수 있다. 의료 과실 분쟁은 이러한 코드의 교환에 중점을 둘 때가 많다. 교도소 변호사(그리고 법률을 이용해 문제를 일으킬 만큼 해박해진 수감자)도 이러한 원칙을 따른다.

관계의 거리가 멀고 불평등할 때, 혹은 둘 중 하나에만 해당해도, 청자가 향후 화자의 안위에 영향을 줄 수 있는 가시적인 힘을 보유하고 있다면 화자는 공식에서 인과적 설명으로 옮겨 가게 된다. 9·11 생존자들은 정치적 압력과 광범위한 홍보를 통해 정부가 공청회를 열게 했다. 나도 학교에서 이러한 이의 제기를 자주 한다. "올바른 통계를 사용했다고 증명할 필요는 없어. 그 현상이 어떻게 해서 일어나는지를 설명해 봐."

물론 이러한 예시들만으로 원칙이 사실임을 입증할 수는 없다. 하지만 적어도 이 사례들은 이유 제시의 관계적 측면을 인상적으로 드러내 준다.

전문적인 이유를
널리 알리기

    그러나 관습과 이야기가 횡행하면 전문가들은 곤란해진다. 복잡한 코드나 학술적 논고에서 이유를 도출하는 사람들은 두 가지 대안 중 하나를 선택해야 한다. 청중에게 관련 사상의 요체를 가르치거나 대중적인 담론, 즉 관습이나 이야기에 가깝게 설명하는 것이다. 관습과 이야기 중 어느 것을 사용할지는 자신의 이유가 적합성과 인과적 설명 중 무엇을 따르느냐에 달려 있다. 일반 대중을 수시로 상대해야 하는 의사, 변호사, 신학자 등의 전문가는 대체로 코드와 학술적 논고를 변환하는 데 능숙하다. 나도 앞에서 내가 양질의 이야기를 선호하는 이유를 밝혔다.

물론 대법원 같은 고위 당국이나 노벨상을 수상한 핵물리학자 집단은 자신들의 판결이나 연구 결과를 발표하고 다른 사람들이 그것을 번역하도록 놔둘 수 있다. 서구인들은, 간혹 문제를 제기하기도 하지만, 대법원이나 핵물리학자들이 적어도 그들의 전문 영역 안에서 우월한 지식을 보유하고 있다는 주장을 대체로 받아들인다. 더욱이 일부 특수 지식집단은 학교에서 학생들에게 자기들만의 코드와 학술적 논고를 가르칠 만큼 충분한 권위와 절박성을 확보하고 있다. 자연과학자나 수학자는 일반 대중이 자신들의 전문 분야를 외면한다고 개탄하지만, 적어도 학교에서는 학생들에게 그 분야의 기본적인 지식을 가르치려 애쓴다. 그에 비해 언어학자, 인류학자, 경제학자가 제공하는 특수한 형태의 이유는 대학에 가지 않는 이상 대부분 학생들이 평생 접해 보지 못할 테니 얼마나 안타까운 일인가!

그런가 하면 사회과학자는 특수한 문제를 안고 있다. 내가 오랜 경험으로 증언하건대, 사회과학은 이야기, 관습, 코드와 복잡하게 뒤엉킬 때가 많다. 그들은 비전문가들이 습관적으로 관습과 이야기를 통해 전달하는 사회적 작용을 묘사하고 설명한다. 바로 거기서 수많은 문제가 발생한다. 사회과학자들이 해석하는 행동과 결과는 사람들이 어려서부터 관습과 이야기, 코드를 제시해야 한다고 배운 바로 그 행동과 결과이기 때문이다.

사회과학자가 제시하는 근거는 사람들이 자신의 행위에 대해 내놓는 이유들로 구성되는 경우가 많다. 하지만 사회과학적 설명은 관습이나 널리 이용되는 이야기, 행위에 대한 지배적인 코드를 수시로 반박한다. 설상가상으로 사회과학자가 제안한 설명에는 종종 사람들이 왜 그러한 이유를 내놓는지에 관한 인과적 해석이 들어간다. 따라서 사회과학자는 연구자, 저자, 교사, 공개 토론의 참가자로서 다른 이들에게 불쾌감을 줄 뿐 아니라 불신감마저 조성하고 있는 자기 자신을 발견하게 된다. 어찌 됐건 사회과학자가 학술적 논고를 들고 보통의 청중에게 다가가는 경우는 거의 없다. 혹시라도 그런 일이 벌어진다면, 일반적으로 다음의 세 가지 접근법 중 하나를 거친다. 눈에 띄게 실질적인 방식으로 대중의 삶에 개입하거나(예컨대 여론 조사), 사회과학 이론을 홍보하거나(예컨대 경제학에 관한 신문 칼럼), 효과적인 표어나 주장으로 공론의 장에 침투하는 것이다(예컨대 데이비드 리스먼이 유행시킨 '고독한 군중' 개념). 하지만 전반적으로 사회과학의 학술적 논고는 일반 대중의 귀에 닿지 못한 채 학계 내에만 머무르게 마련이다.

사회과학도 일반 대중과 소통하는 법을 찾아낸 다른 분야를 똑같이 따라 하면 어떨까? 실제로 공학자나 의사, 신학자 같은 전문가들은 일상적으로 학술적 논고 안에서 자신들의 설명을 찾은 후, 그러한 해석을 이야기로 고쳐 고객과 소통하거나 일반인에게 제시하곤 한다. 학술적 논고를 이야기로 변환하면 청자가 그 설명을 이해하고 받아들일 가능성이 더 커진다.

하지만 스토리텔링에 적합하지 않은 인과적 관계에 주목하는 학술적 논고라면? 일부 사회과학적 설명에는 점증, 환경, 상호, 동시, 간접 효과가 포함되어 있다. 가령 세계적인 이주의 흐름을 설명하면서 누가 어디로 가고 어떤 직업을 얻는지 같은 기존 대인 네트워크의 미묘하지만 강력한 영향을 빼놓을 수는 없는 노릇이다. 사회적 과정에는 대부분 이와 같은 복합성이 수반되며, 이것을 설명하려면 전면적인 학술적 논고가 필요하다. 하지만 사회과학자들은 설득력을 얻는 데 종종 어려움을 겪는다.

그렇다면 타당한 양질의 이야기를 전파하기 위한 의

도적인 활동은 과연 효과가 있을까? 사회과학자들은 눈에 띄게 실질적으로 개입하거나 사회과학 이론을 광고하는 것보다 유용하고 상세한 이야기를 침투시키는 방법으로 더 많은 성공을 거두었다. 실제로, 모든 부류의 사람들이 제도적인 불이익을 겪는다면 (모든 부류의 사람들이 공유하는 심각한 무능력보다) 특수한 인생 경험과 차별이라는 조합으로 그러한 불이익을 설명할 수 있다는 주장이 몇몇 사회과학자에 의해 널리 전파된 예가 있다. 이때 사회과학자들은 어떠한 교육법의 설계자가 아닌 대중적인 지식인으로서 무대에 등장한다. 책과 대중매체, 공개 포럼이 중요한 기회를 제공해 준다.

이런 식으로 이유를 제시할 때는 학술적 논고를 쉽게 알아들을 수 있는 이야기로 재구성하는 것 외에는 선택의 여지가 없다. 그러한 이야기는 관련된 모든 인과 관계를 포괄해서는 안 된다. 점증 효과, 환경 효과, 간접 효과, 상호 효과, 피드백 효과, 예상치 못한 결과를 하나부터 열까지 설명하려 들면 안 된다. 하물며 전문가들에게나 중요한 초기 조건이나 우연성 같은 핵심 사항들을 전부 열거하는 건 어불성설이다. 하지만 적어도 양질의 이야기는 그 안에 포함된 인과적 관계를 제대로 설명할 수 있다. 그것만으로도 이미 훌륭한 공헌이다.

실제로 거의 모든 분야의 전문가는 각자 나름대로 이와 비슷한 문제를 안고 있다. 전문적인 코드나 학술적 논고를 통해 도출한 결과, 권고 사항, 설명을 어떻게 하면 설득력 있고 알기 쉽게 보고할 수 있을까. 가령 역사학자는 연구 과정에서 기록물을 적절히 활용하고, 고고학 자료를 올바르게 발굴 및 해석하며, 예술품을 합리적으로 분석하는 난해한 코드에 크게 의존한다. 그들은 또한 공인된 역사적 사료, 이전의 연구, 자신이 분석하는 사건이 발생한 환경에 대한 지식을 바탕으로 학술적 논고를 구성한다. 하지만 교과서나 일반 독자를 위한 출판물을 집필할 때는 전문적 지식을 상당 부분 억제하거나 단순화할 수밖에 없다. 이럴 때는 양질의 이야기가 큰 도움이 된다.

철학자, 신학자, 우주론자, 생물학자, 의사, 변호사, 군사령관도 마찬가지이다. 그들은 다음의 네 가지 주요 대안을 섞어서 조화시킬 필요가 있다.

1. 동료 전문가만을 대상으로 말하기
2. 청중(의 일부)에게 전문화된 코드와 학술적 논고를 교

육하기

3. 자신이 제시할 이유를 양질의 이야기로 재구성하기

4. 해당 언어를 구사하는 번역가나 통역사의 도움을 받아 재구성하기

동료 전문가만을 대상으로 하는 건 가장 쉬운 방법이다. 하지만 당신이 하는 일을 다른 사람들이 오해하거나 왜곡하거나 무시해 버릴 위험이 있다. 자신의 전문 분야에 관해 청중을 교육할 능력과 기술이 있다면 금상첨화일 것이다. 번역가나 통역사(과학 저술가, 대중 강연자, 박식한 아마추어)에게 일을 맡기는 경우 번역가나 통역사가 유능하다면 고생을 크게 덜 수 있다. 그러나 어떤 분야의 전문가든 스스로 양질의 이야기를 만들다 보면 자신의 연구와 인류 전체의, 아니면 적어도 학교나 실험실, 회의실 밖 사람들과의 연결성을 생각해 보게 되는 장점이 있다.

학술적 논고로 이유 제시를 시작한다고 해도 반드시 논문과 강의로 귀결되는 건 아니다. 의사나 변호사는 환자나 고객이 이해하고 그에 따라 행동할 수 있도록 수시로 학술적 논고를 이야기로 변환해야 한다. 그렇게 함으

로써 이들은 환자나 고객과의 관계를 수립하고, 확증하고, 조정하고, 개선한다. 공포스러운 진단을 들은 환자에게 현재 가능한 유방암의 치료법을 어떻게 제시할 것인지를 두고 동료와 논쟁을 벌인 제이 캐츠를 떠올려 보라. 대안적인 치료법을 당당하게 배제하는 (그럼으로써 환자와의 상하 관계를 주장하는) 외과의와 달리, 캐츠는 환자가 충분한 정보를 얻고 선택에 자신감을 가질 때까지 다양한 대안들을 신중히 비교해 줘야 한다고 강조했다. 그렇다고 의사와 환자가 동등해져야 한다고 주장하진 않겠지만(캐츠는 전문적인 의학 지식을 통해 환자들은 모르는 개념과 정보에 접근할 수 있다) 그는 여기서 상호 존중의 관계를 주장한 것이다. 이처럼 우리가 제시하는 이유는 그것을 수용하는 사람들과의 관계를 형성한다.

우리는 이 책의 가르침을 반대로 읽어 낼 수도 있다. 사람들이 당신에게 제시하는 이유는 당신과의 관계에 대한 그들의 접근 방식을 반영한다. 관습과 이야기는 대부분의 경우 당신이 이미 인지하고 있는 관계들을 확증한다. 당신이 인정하고 싶지 않은 관계를 주장하는 '잘못된' 관습이나 이야기가 제시되면, 당신은 그것을 즉각적으로 인식한다. 누군가 당신에게 낯선 관용어로 된 코드나 학술적 논고를 제공하면, 재빨리 두 가지 해석 중 하나로 받아들이면 된다. 그 사람이 당신과의 관계를 오해했거나 난해한 지식을 내세워 자신의 우월함을 주장하며 존경을 요구하고 있는 것이다. 당신이 그 사람에게 관련 코드나 학술적 논고를 간추려 달라고 요청했다면, 당신은 적어도 이 대화를 이어나가기 위해 이미 불평등한 관계를 확립해 버렸다고 볼 수 있다. 영리하고 호의적인 대화 상대라면 당신의 요청을 받은 후 관습과 이야기에 가깝게 설명함으로써 관계의 균형추를 옮겨 줄 것이다. 이유의 제시는 폭넓은 사회적 작업을 수행한다. 그 작업에는 언제나 화자와 청자의 관계를 형성하는 일이 포함된다.

그런 이유로 나는 양질의 이야기로 이 책을 집필했다. 당신과 나, 그리고 모든 적극적인 인간은 일상을 살아가며 끊임없이 이유를 주고받기 때문에, 우리는 이유가 어떻게 작동하는지 알아 둘 필요가 있다.

참고문헌

Abbott, Andrew. 1988. *The System of Professions: An Essay on the Division of Expert Labor*. Chicago: University of Chicago Press.

Abbott, H. Porter. 2002. *The Cambridge Introduction to Narrative*. Cambridge: Cambridge University Press. (『서사학 강의』, 2010, 문학과지성사)

Abell, Peter. 2004. "Narrative Explanation: An Alternative to Variable-Centered Explanation?" *Annual Review of Sociology* 30: 287-310.

Adams, William M., Dan Brockington, Jane Dyson, and Bhaskar Vira. 2003. "Managing Tragedies: Understanding Conflict over Common Pool Resources." *Science* 302: 1915-16.

Adler, Bill, and Bill Adler Jr., eds., 2002. *The Quotable Giuliani: The Mayor of America in His Own Words*. New York: Pocket Books.

Atwood, Margaret. 1997. *Alias Grace*. New York: Anchor Books. (『그레이스』, 2017, 민음사)

Barkan, Steven E., and Lynne L. Snowden. 2001. *Collective Violence*. Boston: Allyn and Bacon.

Bashi Bobb, Vilna. 2001. "Neither Ignorance nor Bliss: Race, Racism, and theWest Indian Immigrant Experience." In Héctor R. Cordero-Guzmán, Robert C. Smith and Ramón Grosfoguel, eds., *Migration, Transnationalization, and Race in a Changing New York*. Philadelphia: Temple University Press.

Becker, Howard S. 1998. *Tricks of the Trade: How to Think About Your Research While You're Doing It*. Chicago: University of Chicago Press. (『학계의 술책』, 2005, 함께읽는책)

Berger, Bennett M., ed. 1990. *Authors of Their Own Lives: Intellectual Autobiographies by Twenty American Sociologists*. Berkeley: University of California Press.

Bertaux, Daniel, and Catherine Delcroix. 2000. "Case Histories of Families and Social Processes. Enriching Sociology." In Prue Chamberlayne, Joanna Bornat, and Tom Wengraf, eds., *The Turn to Biographical Methods in Social Science: Comparative Issues and Examples*. London: Routledge.

Berwick, Donald M. 2003. "Errors Today and Errors Tomorrow." *New England Journal of Medicine* 348: 2570-72.

Besley, Timothy and Anne Case. 2003. "Political Institutions and Policy Choices: Evidence from the United States." *Journal of Economic Literature* 41: 7-73.

Bosk, Charles L. 1980. "Occupational Rituals in Patient Management." *New England Journal of Medicine* 303: 71-76.

Brill, Steven. 2003. *After: How America Confronted the September 12 Era*. New York: Simon and Schuster.

Bronson, Po. 2002. *What Should I Do with My Life?* New York: Random House. (『천직 여행』, 2009, 물푸레)

Broyard, Anatole. 1992. *Intoxicated by My Illness, and Other Writings on Life and Death*. New York: Clarkson Potter.

Bruce, Robert V. 1993. "The Misfire of Civil War R&D." In John A. Lynn, ed., *Feeding Mars: Logistics in Western Warfare from the Middle Ages to the Present*. Boulder, Colo.: Westview.

Burguiére, Andre, and Raymond Grew, eds. 2002. *The Construction of*

Minorities: Cases for Comparison Across Time and Around the World. Ann Arbor: University of Michigan Press.

Burke, Kenneth. 1989. *On Symbols and Society.* Chicago: University of Chicago Press.

Burton, John R. and Jesse Roth. 1999. "A New Format for Grand Rounds." *New England Journal of Medicine* 340: 1516.

Burton, John W. 1997. *Violence Explained: The Sources of Conflict, Violence and Crime and Their Prevention.* Manchester: Manchester University Press.

Campbell, John L. 2004. *Institutional Change and Globalization.* Princeton: Princeton University Press.

Case, Christopher, and Ashok Balasubramanyam. 2002. "A Woman With Neck Pain and Blindness." *Medscape Diabetes and Endocrinology* 4, no. 1.

Catelli Case. 2003. "In the Matter of the Probate of the Last Will and Testament of Anna Villone Catelli." 361 N.J. Super. 478; 825 A.2d 1209; 2003 N.J. Super. LEXIS 235, from LexisNexis, April 21, 2004.

Cavalli-Sforza, Luigi Luca. 2000. *Genes, Peoples, and Languages.* New York: North Point Press. (『유전자, 사람, 그리고 언어』, 2005, 지호)

CBS News. 2002. *What We Saw.* New York: Simon and Schuster.

Cicourel, Aaron V. 1984. "Diagnostic Reasoning in Medicine: The Role of Clinical Discourse and Comprehension." Unpublished paper, University of California, San Diego. 2002.

———. 2002. *Le raisonnement medical. Une approche socio-cognitive.* Paris: Editions du Seuil.

Cole, Steven A., and Julian Bird. 2000. *The Medical Interview: The Three-Function Approach.* St. Louis: Mosby (2d ed).

Der Spiegel. 2001. *Inside 9-11: What Really Happened.* New York: St. Martin's Press.

Diamond, Jared. 1992. *The Third Chimpanzee: The Evolution and Future of the Human Animal.* New York: Harper Collins. (『제3의 침팬지』, 2015, 문학사상)

―――. 1998. *Guns, Germs, and Steel: The Fates of Human Societies.* New York: Norton. (『총, 균, 쇠』, 2003, 문학사상)

Dietz, Thomas, Elinor Ostrom, and Paul C. Stern. 2003. "The Struggle to Govern the Commons." *Science* 302: 1907-12.

Dolšak, Nives, and Elinor Ostrom, eds. 2003. *The Commons in the New Millennium: Challenges and Adaptation.* Cambridge, Mass.: MIT Press.

Drew, Paul. 2003. "Precision and Exaggeration in Interaction." *American Sociological Review* 68: 917-38.

Duenes, Steve, Matthew Ericson, William McNulty, Brett Taylor, Hugh K. Truslow, and Archie Tse. 2004. "Threats and Responses: On the Ground and in the Air." *New York Times*, June 18, A16-17.

Dwyer, Jim. 2004. "Families Forced a Rare Look at Government Secrecy." *New York Times*, July 22, A18.

Eden, Lynn. 2004. *Whole World on Fire: Organizations, Knowledge, and Nuclear Weapons Devastation.* Ithaca: Cornell University Press.

Edgerton, Robert B. 1967. *The Cloak of Competence: Stigma in the Lives of the Mentally Retarded.* Berkeley: University of California Press.

Eisenhower Commission. 1969. *To Establish Justice, to Insure Domestic Tranquility: Final Report of the National Commission on the Causes and Prevention of Violence.* Washington, D.C.: U.S. Government Printing Office.

Falwell, Jerry. 1997. *Falwell: An Autobiography.* Lynchburg, Va.: Liberty House Publishers.

Feige, Edgar L. 1997. "Underground Activity and Institutional Change: Productive, Protective, and Predatory Behavior in Transition Economies." In Joan M. Nelson, Charles Tilly, and Lee Walker, eds. *Transforming Post-Communist Political Economies.* Washington, D.C.: National Academy Press.

Fink, Mitchell, and Lois Mathias. 2002. *Never Forget: An Oral History of September 11, 2001.* New York: HarperCollins.

Fishkind, Russell J., Edward T. Kole, and M. Matthew Mannion. 2003. "Minimize Undue Influence Claims Through Proper Drafting and Execution of the Will." *New Jersey Law Journal*, May 26, from LexisNexis, April 17, 2004.

Fitch, Kristine L. 1998. *Speaking Relationally: Culture, Communication, and Interpersonal Connection*. New York: Guilford.

Franzosi, Roberto. 2004. *From Words to Numbers: A Journey in the Methodology of Social Science*. Cambridge: Cambridge University Press.

Frazier, Ian. 2004. "Bags in Trees: A Retrospective." *New Yorker*, January 12: 60-65.

Futrell, Robert, and Barbara G. Brents. 2003. "Protest as Terrorism: The Potential for Violent Anti-Nuclear Activism." *American Behavioral Scientist* 46: 745-65.

Gaddis, John Lewis. 2002. *The Landscape of History: How Historians Map the Past*. Oxford: Oxford University Press. (『역사의 풍경』, 2004, 에코리브르)

GAO [United States General Accounting Office]. 2003. *Medical Malpractice Insurance: Multiple Factors Have Contributed to Increased Premium Rates*. Washington, D.C.: U.S. Government Printing Office.

Glanz, James. 2004. "Reliving 9/11, With Fire as Teacher." *New York Times*, January 6 (Web edition).

Goffman, Erving. 1961. *Asylums: Essays on the Social Situation of Mental Patients and Other Inmates*. Garden City, N.Y.: Doubleday. (『수용소: 정신병 환자와 그 외 재소자들의 사회적 상황에 대한 에세이』, 2018, 문학과지성사)

───. 1963. *Behavior in Public Places: Notes on the Social Organization of Gatherings*. New York: Free Press.

───. 1971. *Relations in Public: Microstudies of the Public Order*. New York: Basic Books.

───. 1974. *Frame Analysis: An Essay on the Organization of Experience*. New

York: Harper and Row.

——. 1981. *Forms of Talk*. Oxford: Blackwell.

González Callejo, Eduardo. 2002a. La *Violencia en la Política. Perspectivas teóricas sobre el empleo deliberado de la fuerza en los conflictos de poder*. Madrid: Consejo de Investigaciones Científicas.

——. 2002b. *El terrorismo en Europa*. Madrid: Arco/Libros.

Gould, Roger V. 2003. *Collision of Wills: How Ambiguity about Social Rank Breeds Conflict*. Chicago: University of Chicago Press.

Greenberg, Michael. 2004. "Freelance." *Times Literary Supplement*, December 10: 16.

Hardin, Garrett. 1968. "The Tragedy of the Commons." *Science* 162: 1243-48.

Hardin, Russell. 2002. "Street-Level Epistemology and Democratic Participation." Working Paper 2002/178, Instituto Juan March de Estudios e Investigaciones, Madrid.

Harding, Susan Friend. 2000. *The Book of Jerry Falwell: Fundamentalist Language and Politics*. Princeton: Princeton University Press.

Heitmeyer, Wilhelm and John Hagan, eds. 2003. *International Handbook of Violence Research*. Dordrecht: Kluwer.

Hershberg, Eric, and Kevin W. Moore, eds. 2002. *Critical Views of September 11: Analyses from Around the World*. New York: The New Press.

Hoerder, Dirk. 2002. *Cultures in Contact: World Migrations in the Second Millennium*. Durham: Duke University Press.

Horowitz, Irving Louis. 1977-1978. "Autobiography as the Presentation of Self for Social Immorality." *New Literary History* 9: 173-79.

——. 1990. *Daydreams and Nightmares: Reflections on a Harlem Childhood*. Jackson: University Press of Mississippi. Insurance Information Institute. 2004. "Medical Malpractice." III Insurance Issues Update (Web edition).

Jackman, Mary R. 2002. "Violence in Social Life." *Annual Review of Sociology* 28: 387-415.

Jehl, Douglas, and Eric Lichtblau. 2004. "Review at C.I.A. and Justice Brings No 9/11 Punishment." *New York Times*, September 14, A18.

Katz, Jack. 1999. *How Emotions Work*. Chicago: University of Chicago Press.

Katz, James E., and Mark Aakhus. 2002. "Preface and acknowledgments." In James E. Katz and Mark Aaakhus, eds., *Perpetual Contact: Mobile Communication, Private Talk, Public Performance*. Cambridge: Cambridge University Press.

Katz, Jay. 2002. *The Silent World of Doctor and Patient*. Baltimore: Johns Hopkins University Press (rev. ed. [1984]).

Kitty, Alexandra. 2003. "Appeals to Authority in Journalism." *Critical Review* 15: 347–57.

Kleinberg, Mindy. 2003. "Statement of Mindy Kleinberg to the National Commission on Terrorist Attacks Upon the United States, March 31, 2003." www.9-11commission.gov/hearings/hearing1/witness_kleinberg.html, viewed November 10, 2003.

Kogut, Bruce. 1997. "Identity, Procedural Knowledge, and Institutions: Functional and Historical Explanations for Institutional Change." In Frieder Naschold, David Soskice, Bob Hancke, and Ulrich Jürgens, eds. *Ökonomische Leistungsfähigkeit und institutionelle Innovation. Das deutsche Produktions-und Politikregime im internationalen Wettbewerb*. Berlin: Sigma.

Krug, Etienne G. et al. 2002. *World Report on Violence and Health*. Geneva: World Health Organization.

Kushner, Harvey W., ed. 2001. "Terrorism in the 21st Century." *American Behavioral Scientist* 44, no. 6.

Lawcopedia ['Lectric Law Library Lawcopedia's Law and Medicine]. 2004. "Medical Malpractice." www.lectlaw.com/tmed.html (copied May 5, 2004).

Lieberman, Robert C. 2002. "Ideas, Institutions, and Political Order: Explaining Political Change." *American Political Science Review* 96: 697–712.

Lipton, Eric, and William K. Rashbaum. 2004. "Kerik Withdraws as Bush's Nominee for Security Post." *New York Times*, December 11, A1, A15.

Luker, Kristin. 1975. *Taking Chances: Abortion and the Decision Not to Contracept*. Berkeley: University of California Press.

March, James G., Martin Schulz, and Xueguang Zhou. 2000. *The Dynamics of Rules: Change in Written Organizational Codes*. Stanford: Stanford University Press.

Marjoribanks, Timothy, Mary-Jo Delvecchio Good, Ann G. Lawthers, and Lynn M. Peterson. 1996. "Physicians' Discourses on Malpractice and the Meaning of Medical Malpractice." *Journal of Health and Social Behavior* 37: 163–78.

Massey, Douglas S., Camille Z. Charles, Garvey F. Lundy, and Mary J. Fischer. 2003. *The Source of the River: The Social Origins of Freshmen at America's Selective Colleges and Universities*. Princeton: Princeton University Press.

Maynard, Douglas W. 2003. *Bad News, Good News: Conversational Order in Everyday Talk and Clinical Settings*. Chicago: University of Chicago Press.

Mazower, Mark. 2002. "Violence and the State in the Twentieth Century." *American Historical Review* 107: 1158–78.

McAdam, Doug. 1988. *Freedom Summer*. New York: Oxford University Press.

McCord Case. 2002. "Evans v. St. Mary's Hospital of Brooklyn." *New York Law Journal*, July 19, from LexisNexis, May 5, 2004.

McKeon, Richard, ed. 1941. *The Basic Works of Aristotle*. New York: Random House.

Mills, C. Wright. 1963. *Power, Politics, and People: The Collected Essays of C. Wright Mills*. New York: Ballantine.

Morris, Aldon. 1984. *The Origin of the Civil Rights Movement: Black Communities Organizing for Change*. New York: Free Press.

Moss, Philip, and Chris Tilly. 2001. *Stories Employers Tell: Race, Skill, and Hiring in America*. New York: Russell Sage Foundation.

Murphy, Dean E. 2002. *September 11: An Oral History*. New York: Doubleday.

NAS. 2004. National Academy of Sciences website, www.nationalacademies.org/about/history.html.

New Jersey State Bar Association. 2003. "A resolution expressing the position of the New Jersey State Bar Association on medical malpractice reform." *New Jersey Law Journal*, May 19, from LexisNexis, April 30, 2004.

Newman, Katherine S. 1988. *Falling From Grace: Downward Mobility in the Age of Affluence*. Berkeley: University of California Press.

Nierengarten, Mary Beth. 2001. "Using Evidence-Based Medicine in Orthopaedic Clinical Practice: The Why, When, and How-To Approach." *Medscape Orthopaedics and Sports Medicine eJournal* 5, no. 1.

Niles Case. 2002. "In the Matter of the Trusts Created by Laura J. Niles." A-7/8 September Term 2002, Supreme Court of New Jersey, from Lexis Nexis, May 17, 2004.

Niles Foundation. 2002. "Laura J. Niles Foundation." www.ljniles.org. 9/11. 2003. National Commission on Terrorist Attacks Upon the United States, Public Hearing, Monday, March 31, 2003. www.9-11commission.gov/archive/hearing/9-11Commission_Hearing_2003-03-31.html, viewed July 12, 2004.

———. 2004. National Commission on Terrorist Attacks Upon the United States, The 9/11 *Commission Report*. New York: Norton.

Noonan, John T. Jr. 2002. *Persons and Masks of the Law: Cardozo, Holmes, Jefferson, and Wythe as Makers of the Masks*. Berkeley: University of California Press (2d. ed. [1976]).

Nora, Pierre, ed. 1987. *Essais d'égo-histoire*. Paris: Gallimard.

North, Douglass C. 1997. "Understanding Economic Change." In Joan M. Nelson, Charles Tilly, and Lee Walker, eds. *Transforming Post-Communist Political Economies*. Washington, D.C.: National Academy Press.

Ostrom, Elinor. 1990. *Governing the Commons: The Evolution of Institutions for Collective Action*. Cambridge: Cambridge University Press. (『공유의 비극을 넘어』, 2010, 알에이치코리아)

―――. 1998. "A Behavioral Approach to the Rational Choice Theory of Collective Action." *American Political Science Review* 92: 1-22.

Ostrom, Elinor, Thomas Dietz, Nives Dolšak, Paul C. Stern, Suisan Stonich and Elke Weber, eds. 2002. *The Drama of the Commons*. Washington, D.C.: National Academy Press.

Pape, Robert A. 2003. "The Strategic Logic of Suicide Terrorism." *American Political Science Review* 97: 343-61.

Pasternak, Charles. 2003. *Quest: The Essence of Humanity*. New York: John Wiley. (『호모 쿠아에렌스』, 2005, 길)

Petroski, Henry. 1992. *To Engineer Is Human: The Role of Failure in Successful Design*. New York: Vintage. [1982]. (『인간과 공학 이야기』, 1997, 지호)

Plummer, Ken. 2001. "The Call of Life Stories in Ethnographic Research." In Paul Atkinson, Amanda Coffey, Sara Delamont, John Lofland, and Lyn Lofland, eds. *Handbook of Ethnography*. London: Sage.

Polletta, Francesca. 1998a: " 'It Was Like a Fever . . . ': Spontaneity and Identity in Collective Action." *Social Problems* 45: 137-59.

―――. 1998b. "Contending Stories: Narrative in Social Movements." *Qualitative Sociology* 21: 419-46.

―――. 2002. *Freedom is an Endless Meeting: Democracy in American Social Movements*. Chicago: University of Chicago Press.

―――. 2005. *It Was Like A Fever: Storytelling in Protest and Politics*. Chicago: University of Chicago Press.

Polletta, Francesca, and James M. Jasper. 2001. "Collective Identity and Social Movements." *Annual Review of Sociology* 27: 283-305.

Post, Peggy. 1997. *Emily Post's Etiquette, 16th edition*. New York: HarperCollins.

Pretty, Jules. 2003. "Social Capital and the Collective Management of

Resources." *Science* 302: 1912–14.

Ranstorp, Magnus. 2003. "Statement of Magnus Ranstorp to the National Commission on Terrorist Attacks Upon the United States, March 31, 2003." www.9-11commission.gov/hearings/hearing1/witness_ranstorp.html.

Rashbaum, William K., and Jim Dwyer. 2004. "Citing Debacle Over Nomination, Kerik Quits Giuliani Partnership." *New York Times* December 23, A1, B10.

Reaka-Kudla, Marjorie L., Don E. Wilson, and Edward O. Wilson, eds. 1997. *BioDiversity II: Understanding and Protecting Our Biological Resources*. Washington, D.C.: Joseph Henry Press.

Reiss, Albert J. Jr., and Jeffrey A. Roth, eds. 1993. *Understanding and Preventing Violence*. Washington, D.C.: National Academy Press.

Richardson, Kristin M. 2002. "September 2002: Baylor Grand Rounds." *Medscape Diabetes and Endocrinology* 4 no. 2.

Riesman, David, Nathan Glazer, and Reuel Denney. 1950. *The Lonely Crowd: A Study of the Changing American Character*. New Haven: Yale University Press. (『고독한 군중』, 2009, 홍신문화사)

Riley, Matilda White, ed. 1988. *Sociological Lives*. Newbury Park, Calif.: Sage.

Roland, Alex. 1999. "Science, Technology, War, and the Military." In John Whiteclay Chambers II, ed. *The Oxford Companion to American Military History*. Oxford: Oxford University Press.

Rosenbaum, Thane. 2004. *The Myth of Moral Justice: Why Our Legal System Fails to Do What's Right*. New York: HarperCollins.

Roth, Julius A. 1972. "Some Contingencies of the Moral Evaluation and Control of Clientele: The Case of the Hospital Emergency Service." *American Journal of Sociology* 77: 839–56.

Rothman, David J. 1991. *Strangers at the Bedside: A History of How Law and Bioethics Transformed Medical Decision Making*. New York: Basic Books.

Salisbury, Harrison E. 1964. "An Introduction to the Warren Commission

Report." In *Report of the Warren Commission on the Assassination of President Kennedy*. New York: New York Times.

Samuel, Raphael. 1981. *East End Underworld. 2: Chapters in the Life of Arthur Harding*. London: Routledge and Kegan Paul.

———. 1998. *Island Stories: Unravelling Britain*. Edited by Alison Light with Sally Alexander and Gareth Stedman Jones, London: Verso.

Schmid, Alex P., ed. 2001. *Countering Terrorism Through International Cooperation*. Milan: International Scientific and Professional Advisory Council of the United Nations Crime Prevention and Criminal Justice Programme.

Schwartz, Barry. 1975. *Queuing and Waiting: Studies in the Social Organization of Access and Delay*. Chicago: University of Chicago Press.

Scott, James C. 1990. *Domination and the Arts of Resistance: Hidden Transcripts*. New Haven: Yale University Press. (『지배, 그리고 저항의 예술』, 2020, 후마니타스)

———. 1998. *Seeing Like a State: How Certain Schemes to Improve the Human Condition Have Failed*. New Haven: Yale University Press. (『국가처럼 보기』, 2010, 에코리브르)

Scott, W. Richard. 1995. *Institutions and Organizations*. Thousand Oaks, Calif.: Sage.

Senechal de la Roche, Roberta, ed. 2004. "Theories of Terrorism: A Symposium." *Sociological Theory* 22: 1-105.

Shenon, Philip. 2004. "9/11 Families Group Rebukes Bush for Impasse on Overhaul." *New York Times* November 28, A20.

Smelser, Neil J. and Faith Mitchell. 2002a. *Terrorism: Perspectives from the Behavioral and Social Sciences*. Washington, D.C.: National Academies Press.

———. 2002b. *Discouraging Terrorism: Some Implications of 9/11*. Washington, D.C.: National Academies Press.

State. 2001a. U.S. Department of State. Office of the Coordinator for Counterterrorism, "Patterns of Global Terrorism 2000." www.usis.

usemb.se/terror/rpt2000/index.html.

———. 2001b. U.S. Department of State. International Information Programs. "Powell: 'A Terrible, Terrible Tragedy Has Befallen My Nation.'" www.usinfo.state.gov/topical/pol/terror/01091105.html.

———. 2002. U.S. Department of State. Office of the Coordinator for Counterterrorism. "Patterns of Global Terrorism 2001." www.usis.usemb.se/terror/rpt2001/index.html.

Stern, Jessica. 2003. *Terror in the Name of God: Why Religious Militants Kill*. New York: HarperCollins.

Stinchcombe, Arthur L. 1997. "On the Virtues of the Old Institutionalism." *Annual Review of Sociology* 23: 1–18.

Stolberg, Sheryl Gay. 2004. "9/11 Widows Skillfully Applied the Power of a Question: Why?" *New York Times* (Web edition).

Sugden, Andrew, Richard Stone and Caroline Ash, eds. 2004. "Ecology in the Underworld." *Science* 304: 1613–37.

Swidler, Ann. 2001. *Talk of Love: How Culture Matters*. Chicago: University of Chicago Press.

Tetlock, Philip E., Jo L. Husbands, Robert Jervis, Paul C. Stern, and Charles Tilly, eds. 1989. *Behavior, Society, and Nuclear War: Volume I*. New York: Oxford University Press.

Tilly, Charles. 1969. "Collective Violence in European Perspective." In Hugh D. Graham and Ted R. Gurr, eds. *Violence in America: Volume I*. Washington, D.C.: U.S. Government Printing Office.

———. 1993. "Blanding In." *Sociological Forum* 8: 497–506.

———. 1995. "To Explain Political Processes." *American Journal of Sociology* 100: 1594–1610.

———. 1996. "Invisible Elbow." *Sociological Forum* 11: 589–601.

———. 1998. *Durable Inequality*. Berkeley: University of California Press.

———. 1999. "The Trouble with Stories." In Ronald Aminzade and Bernice Pescosolido, eds., *The Social Worlds of Higher Education: Handbook for*

Teaching in a New Century. Thousand Oaks, Calif.: Pine Forge Press.

—. 2000. "Chain Migration and Opportunity Hoarding." In Janina W. Dacyl and Charles Westin, eds., *Governance of Cultural Diversity*. Stockholm: Centre for Research in International Migration and Ethnic Relations.

—. 2001. "Relational Origins of Inequality." *Anthropological Theory* 1: 355-72.

—. 2002a. "Event Catalogs as Theories." *Sociological Theory* 20: 248-54.

—. 2002b. "Violence, Terror, and Politics as Usual." *Boston Review* 27, nos. 3-4: 21-24.

—. 2003a. "Political Identities in Changing Polities." *Social Research* 70: 1301-15.

—. 2003b. *The Politics of Collective Violence*. Cambridge: Cambridge University Press.

—. 2004a. *Social Movements, 1768-2004*. Boulder, Colo.: Paradigm Press.

—. 2004b. "Terror, Terrorism, Terrorists." *Sociological Theory* 22: 5-13.

Tilly, Chris, and Charles Tilly. 1998. *Work Under Capitalism*. Boulder, Colo.: Westview. (『자본주의의 노동세계』, 2020, 한울아카데미)

Timmermans, Stefan, and Marc Berg. 1997. "Standardization in Action: Achieving Local Universality through Medical Protocols." *Social Studies of Science* 27: 273-305.

Turk, Austin T. 2004. "Sociology of Terrorism." *Annual Review of Sociology* 30: 271-86.

Van de Mieroop, Marc. 1999. *Cuneiform Texts and the Writing of History*. London: Routledge.

Waizer, Harry. 2003. "Statement of Harry Waizer to the National Commission on Terrorist Attacks Upon the United States, March 31, 2003." www.9-11commission.gov/hearings/hearing1/witness_waizer.html, viewed 11/10/03.

Weber, Linda R., and Allison I. Carter. 2003. *The Social Construction of Trust*. New York: Kluwer/Plenum.

Weinholtz, Donn, and Janine Edwards. 1992. *Teaching During Rounds: A Handbook for Attending Physicians and Residents*. Baltimore: Johns Hopkins University Press.

World Bank. 2002. *Building Institutions for Markets: World Development Report 2002*. Oxford: Oxford University Press.

Young, I. M., and J. W. Crawford. 2004. "Interactions and Self-Organization in the Soil-Microbe Complex." *Science*. 304: 1634-37.

Young, Robert Vaughn. 2001. "That Wilder Shore: Intoxicated with Anatole Broyard." www.phoenix5.org/essaysry (copied January 6, 2004).

Zelizer, Viviana A. 2005. *The Purchase of Intimacy*. Princeton: Princeton University Press. (『친밀성의 거래』, 2009, 에코리브르)

왜의 쓸모
:관계와 힘의 구조를 파악하는 네 가지 프레임

2025년 8월 4일   초판 1쇄 발행
2025년 10월 14일   초판 2쇄 발행

지은이   **옮긴이**
찰스 틸리   최지원

펴낸이   **펴낸곳**   **등록**
조성웅   도서출판 유유   제406-2010-000032호(2010년 4월 2일)

                                        주소
                                        경기도 파주시 돌곶이길 180-38, 2층 (우편번호 10881)

전화   **팩스**   **홈페이지**   **전자우편**
031-946-6869   0303-3444-4645   uupress.co.kr   uupress@gmail.com

                    페이스북   **트위터**   **인스타그램**
                    facebook.com   twitter.com   instagram.com
                    /uupress   /uu_press   /uupress

편집   **디자인**   **조판**   **마케팅**
정민기, 조은   상록   상록   전민영

제작   **인쇄**   **제책**   **물류**
제이오   (주)민언프린텍   라정문화사   책과일터

ISBN 979-11-6770-131-2 03300